日本国立小学

365天

◎谭琦 著

生活·讀書·新知三联书店

∴ 汤岛圣堂是一座孔子庙，周围集中了东京的几所优秀大学（上）

∴ 上学第一天

∵ 和乐会（上）
∵ 做艾蒿年糕（下）

∵ 夏季校服（上）
∵ 学艺附小的传统型
  蓝兜塞路书包，
  男生用黑色的（下）

∴ 去镰仓上社会课（上）

∴ 日光移动教室发表会（下）

目 录

日本国立小学 365 天

关于本书

　　从 2015 年年末到 2016 年春,儿子度过了他紧张的高考季。面对众多选择,他报考了 5 所大学的医学部医学科。现在他已是顺天堂大学医学部的学生了。

　　1997 年,我从东京回到北京。转年春天,儿子出生。他在北京度过了幼儿园四年和小学五年的时光,11 岁转学到东京上小学六年级,考入了日本国立小学。

　　从决定让儿子去日本上学,到陪他在日本国立小学度过一年的校园生活,我得以亲身经历、深入了解和思考日本教育与中国教育的不同。形式的不同、内容的差异,根子或许还是在于目的和理念的分歧。把这些介绍出来可能会引发争议,但那或许也是出版本书的意义所在。希望本书能成为中国父母和教育工作者的知彼契机,进而更清楚地认识自己。

　　日本的学校分国立、公立和私立三类。国立的由国家办学,公立的由地方政府办学。从广义上说,国立也属于公立。国立和公立之外的学校就是私立，由学校法人办学。学校法人不是企业，是依据《私立学校法》设立的法人，与中国民办学校有类似之处，也有不同。21世纪初小泉内阁时期，日本从中国经济特区政策中获得启发，开始允许企业办学。学校法人办学需遵守严格的相关规定，可用政府补贴运营，学生也可享受国家的补助；而企业办学是企业自行融资，学生不享受国家补助。

国立学校既注重沿袭传统，又贯彻最先进的教学理念，带有一定的试验和研究性质，教育模式在国立学校试验成熟后才推广到公立学校。而私立学校更注重学习成绩的提高和升学。仅从学习成绩来说，国立学校是顶级学校，私立小学虽有几所名校超过国立，但更多的则在国立之下。公立的除几所尖子学校外，一般不如私立的。国立学校会优先完成各项教育活动，在提高学习成绩方面并无更多对策，学生都是去私塾补习应付升学。在费用方面，私立的最高，国立的次之，公立的最低。日本近年来经济不景气，所以，公立学校的人气就因费用低而大幅度上升了。

国立的和私立的需通过考试入学，而公立中小学则是按居住地区分配名额，入学不考试。国立小学的考试比私立的要白热化许多，考试合格后还要抽签，最终靠运气确定入学与否。国立学校因入学难，在日本被称作"难关学校"，无论大学、高中、初中，还是小学，都是优秀学生的聚集地。所以，能考入国立学校的孩子被视为精英。

国立中小学是国立大学的附属学校，设有内部升学制度，具体细则各校不一。小学时能进国立的已成为一种前途光明的保障，考进国立小学，就有望升入国立中学，进而进入国立大学，这样一种升学机制被称作"精英路线"。当你说出孩子在国立学校时，别人会马上表现出赞赏和羡慕，至于到底是真心实意还是虚情假意都没必要追究，但避免炫耀自己是常识，必须谨记。

国立小学原则上不能在 6 年间中途入学，必须在一年级第一天入学，六年级最后一天毕业。但文部省在某些国立大学附小增设了国际班，我们才有机会考入学艺大学附小。这所学校通常是要取得考试资格都须抽签，考试合格后还要按 1∶3 的比例再次抽签才能确定入学与否。总之，儿子得以在此度过小学六年级，可以说是用掉了我们一生不少的运气。

入学报到时，学校发来一本印有学校名称的日记册，要求学生从入学那天起开始写日记。于是，留下了五册关于校园生活的记录。

在这一年里，每月一大活动，每周一小活动，我不仅是家长，还做了父母教师会（PTA）委员，参与了学校所有的大小活动，每天都有发现和感悟。我在此基础上写成这本书，用以介绍日本的教育活动及其文化背景，并附上儿子的日记作为参证。学校要求国际班的学生每天写日记，因此我可以从儿子的日记中读到他在日语方面的进步，以及对中日学校文化的不同感受。

总结日本国立小学的教学特点，应该是：学得少、做得多、写得多。活动过多必然会压缩学习知识的时间，但孩子们在各种活动中取得的显著进步，让家长能够实实在在地感受到孩子们的无限潜力。学得少，为的是多做、多写，有目的的自学能力随之提高。据统计，出身国立小学的学生多在领导能力方面更胜一筹。

写作需要观察、宏观和微观思维、运筹和组织等许多方面的能力，全面的思考、策划和观察、描述能力等都因写作而得到培养和提高。经此锻炼，孩子们在人前发言可以出口成章，而且，针对某件事情可以习惯性地说出经过、其间的体验、自己思想的转变以及收获等。在写作上也像发言那样，包括：开始怎样，后来怎样，自己开始怎么认识的，后来经过什么事情又怎样转变了，最后是结果和收获、展望等，有层次、有变化，也具有一定的行文节奏和韵律。

衷心祝愿所有的孩子们全面成长和健康发展，期待更多的孩子成为通行世界的有用之才。

谭 琦

寄　语

我曾用笑脸应对一切，现在，总是笑容，只有笑脸。

我是 2010 年 3 月 13 日小学毕业的。大家一定会问：不是 7 月毕业吗？和中国不同，日本是在樱花盛开的春天毕业、入学和升学的。

我出生在中国北京，从幼儿园到小学五年级都是在北京度过的，准确地说，我在中国上到小学五年级第二学期的第一个月，就到日本上六年级了。日本也是按出生年月决定入学时间，每年的樱花季节开始新的学年，所以，从 4 月 2 日到次年 4 月 1 日出生的分在同一个学年。我是 1998 年 3 月 2 日出生的，所以，几乎是全年级最小的。

在中国，同学过生日时经常邀请我去他们的家里，我 11 岁的生日第一次和同学一起度过，因为家里不够宽敞，就邀请同学们去好伦哥举办了生日聚会。我邀请了六七个要好的朋友，没想到，来了比预想的三倍还多的同学，带的钱不够，还尴尬地从同学那里借钱结了账。更没有想到的是，这个热闹的生日聚会成了我去日本上学前在北京度过的最后一个生日。自然，当时也完全不能想象，在中国的 11 年给我留下了以后几年里要去填补的日本小学的空白，填补空白的这几年又告诉我努力意味着什么。

2009 年 3 月 16 日，妈妈说找到了适合我的日本学校，正在考虑是否要去应考。日本文部省为帮助"国际生"适应日本的学习生活，在日本全国各地的一些国立大学附小设立了"国际班"，东京及其周边一共有 3 所这样的学校：茶水女子大学附小、东京学艺大学附属大泉小学和千叶大学附小。上学因为要求离校单程不超过一小时，根据当时在日本的住址，我只能选择茶水附小和学艺附小。听妈妈讲这些时，感觉在日本上学离我还很遥远。报考时间最早是 3 月 23 日，之前还有在校证明、成绩单、体检报告等很多文件需要准备。报考前几天，3 月 18 日，就听妈妈说，已经订了 3 月 21 日去东京的机票，而且是单程票。

我一直非常喜欢日本，也因为动漫和游戏而非常熟悉日本。由于准备去日本上学，妈妈早就给我买了日本小学一到五年级的教科书。日本的国语课本我只学了一年级上册，平假名算是记住了。听说要去日本，我真的是喜出望外，马上拿起日本的国语一年级下册准备努力学习片假名。在去往东京的飞机上，片假名算是基本记住了。

应考时填的报名表有一栏是关于日语水平的，我填的是："基本不会"，就是比"完全不会"高一个级别，其实，只会相当于英语 26 个字母的平假名和片假名，还属于完全不会日语的水平。就是在这样的背景下，我开始了在日本的学习旅程。

为了应考，妈妈还给我买了日本小学五年级的国语和数学习题集，因为在中国没能读完五年级，所以，妈妈让我把没学过的部分找出来补习一下。国语一点儿没做，因为完全不会，数学也只做了 10％，然后就去应考了。

我最希望考入学艺附小，但茶水附小考试在先，也不敢不去应考；如果茶水附小考上了，也只能去那里了。考完试以后，我在饭店里睡觉，妈妈去看榜。那天下着雨。很不幸或说很幸运，我没考上茶水附小，考六年级的学生一个都没被录取，原因没有解释。

茶水附小和学艺附小的考试时间有一周之差，那正好是樱花含苞待放时节。应考学艺附小前，妈妈带我游览了很多地方。我一直想在樱花季节看看日本，只是这段时间中国没有假期，这下算是实现了愿望。

应考学艺附小是 3 月 31 日。上午考试，下午发榜。之前为踩点已经来过学艺附小附近的大泉车站周边。与地处东京中心且文化氛围浓厚的茶水地区相比，感觉大泉属于郊外。茶水附小有 130 年的历史，学艺附小有 70 年的历史，而我之前就读的中国实验小学当时连 7 年的历史都没有吧。后来才知道，日本小学有百年历史的属于普遍情况。茶水附小的树很粗很高，学艺附小也是被绿色包围，都有浓厚的历史氛围。

考上考不上都不明其因，也许因为我数学考得好吧，除了一题没学过，其他的都做对了。总之，我考上了学艺附小。因为不懂日语而一直紧张的表情，这时总算露出了笑容。老师说："不懂日语没关系，只要有笑脸，一切难关都可以渡过。"这句话，支撑了我在学艺附小的 365 天。

在告别学艺附小的发言中，我这样说："我曾用笑脸去应对一切，的确很奏效，现在，总是笑容，只有笑脸。"

经历了日本国立小学毕业学年的 365 天，我发现，学校生活原来这么有意思——从移动教室的查资料自学，到制作海报和演讲；从锯木头开始做椅子，从裁剪开始做围裙；从种菜开始学做饭，以及从旱鸭子到完成一小时的海泳。有了自信，学习兴趣也增强了；作文方面，用 10 分钟写 200 字没问题了；最重要的是，发现了自己的梦想！

学艺附小注重开展茶道、编草鞋、穿兜裆布游泳等日本传统文化活动，也经常有国内外教育研究活动。而且，它是日本最早设立国际学生班的，已经有 40 年历史了。"国际生"要每天写日记，写完的日记要在次日早晨交给班主任，老师批改后下学时再发给我们。学校活动多，所以，日记内容很丰富。学校非常注重学生的创意、表达、组织、领导等能力的培养，这些能力的培养主要通过活动的开展和写作的训练来达成。毕业时，六年级学生要完成一部 100 页稿纸的将近 10 万字的《成长记》，内容包括从出生到小学毕业的种种事，入学前的信息需要通过采访父母获得，目的在于回顾自己最初的 12 年历程，并确立自己未来的奋斗目标。

我非常希望把日本国立小学的生活告诉中国的同学和老师，以及同学的爸爸妈妈们。日记是用日文写的，我翻译成中文放在这本书里，与大家共勉。

东京学艺大学附属大泉小学 71 届毕业生

檀聪

赶考篇

来到东京孔子庙

　　儿女出生后，我一直在北京生活，持日本护照，所以考虑是否应该让他们去日本上学。

　　春节去北海道旅行，计划回程时看看东京的学校。日本是不过春节只过新年的国家，中国春节放假期间，日本照常工作。所以，我们一家四口就趁这个时间去东京教育委员会咨询孩子们在日本上学一事。日本的文部省相当于中国的教育部，东京教委相当于北京教委。

　　来到东京教委，传达室大叔问我是否预约了。因为离开日本已有一段时间了，对日本的常识性规矩已有些生疏。乘坐电车犯了车票插入检票机而忘记拿的错误，咨询东京教委也忘了应该预约。大叔唠叨着只接待有预约的，但看我们拖家带口远道而来，还是无可奈何地去落实了我们的谈话对象。其实，来咨询的除了我们没有别人，但日本注重形式，不预约就是不懂规矩。守规矩是第一重要的，然后才能谈论其他。

　　坐等没多久，一位先生走出来，招呼我们进了谈话室。上来就犯了常识性错误，我很忐忑，感觉眼前微胖的中年先生略显傲慢，朗朗笑声中流露出居高临下的姿态。

日本学校多有欺负人和自杀事件，有报道说，家长咨询教委时经常遭遇礼貌性的回绝，好像教委早已商定好不回复任何具体内容。指导咨询者去其他部门已成为定式，其他部门也采取类似对策，于是，咨询者只能回到原点，且继续被策略性地引导到其他部门。如此情况轮到我来体验了。

微胖先生刻意强调他不了解中国，也许那是在表达对中国的不屑。他讲述了自己去欧洲工作的经历，两个孩子也跟去了，在当地交到很多朋友，适应过程很顺利。然后，他对一句日语都听不懂的儿子发问："你知道多少日本的动漫和游戏呢？"言外之意，要是不了解，就难以像他的孩子那样交到朋友，也难以适应日本的生活。幸好儿子是"游戏王"，熟知日本动漫人物和游戏名，儿子的反应让微胖先生流露出意外的神情。他提醒我们，到日本上学的关键是要和同学们有共享的话题。

这个提醒让我感到意外，本以为学习成绩最重要，一直是把交朋友、共享话题当手段，而非目的。对目的和手段的认识不同，会导致文化差异，就好像是把优雅生活还是拼命赚钱当生活目的，形成的文化面貌定会截然不同。

儿子4岁时，我到日本出差带着他，为使他不打搅我的工作，就给他买了第一个游戏机。后来他就迷上了游戏机，也爱看漫画，学校的功课属于次之再次之的事情。我一直反省，不该为自己的工作牺牲了孩子的正道。微胖先生的提醒让我如释重负，感觉游戏和漫画或许可以成为儿子融入日本生活的开局牌。

好比北京教委不了解教育部的动向，东京教委完全不知道国立小学设立的国际班的情况，也或许是东京教委不便提供文部省的相关信息，总之，我们在东京教委毫无收获，得到的回答是：日本中小学属区教委管理，建议我们去文京区教委咨询一下。

日本的区教委都设在区政府内，所以，我们就去了马路对面的文京区政府。

文京区是日本名校集中地，供奉中国孔子的汤岛圣堂就地处文京区，被誉为日本学校的发祥地，台湾人捐助建成的世界上最大的孔子雕像就矗立于其中。

汤岛圣堂是一座孔子庙，东京大学、茶水女子大学、东京医科齿科大学、顺天堂大学等都在周围，它附近的坡道以孔子出生地被命名为"昌平坂"。江户时代，这里曾有昌平学校传授中国儒学，与当时的开成洋学堂规模并列。之后儒学派在与洋学派的对立中渐渐隐去，本来要发展成大学的昌平学校被开成洋学堂取代。开成学堂后来成为东京大学的前身，开成中学每年有 1/3 以上的学生考入东京大学。

东京的顶尖中学有"御三家"之称，指的是三所私立男校：开成、麻布、武藏，所谓顶尖的主要标准是考入东京大学的人数。近年来，顶尖中学版图稍有变动，但开成中学仍把持学霸地位。在日本人眼里，哈佛出身不如东大出身；还有人说，开成的中学生比哈佛的大学生更优秀，又据说，东京大学是世界上最难考入的大学，而考入开成比进东大还难。

汤岛圣堂是祈愿考学顺利的地方，因此各地考生都来造访。孔子像的正面对着一棵两人都抱不过来的楷树（黄连木），早年从中国曲阜取种育成。中国的孔子庙曾是科考的圣地，废除科举的清朝谕令也粘贴在孔子庙里。孔子的学问在中国几度中断，在日本却一直得到传承。

在日本说"走在昌平坂",有追求学问之意,孔子并非仅用来祭奠,而是有其现实意义的。

孔子庙附近的文京区政府教委,其办公环境是大开间开放式的,两排办公桌对列构成一个办公区,办公区之间没有隔断,只是以过道空间加以分隔。封闭办公区的也是一排办公桌,用作咨询台。站到咨询桌前就有办公人员主动前来询问事由。

到文京区教委咨询,我改成只身前往不带家属了,免得孩子吵闹惹人烦。其实,此时拖家带口才符合常识。日本因出现少子化现象,鼓励多生孩子,与中国的独生子女政策正相反。一家两三个孩子属于普遍情况,妈妈带学龄前儿童出席学校家长会很常见。区教委是区属公立中小学的管理部门,所以,带家属到区教委咨询属于正常现象。

听说日本各区都为外国孩子和海外归国子女提供了日语补习服务,而文京区教委的工作人员却告诉我,文京区对国际生完全没有特别的考虑。

咣当!大门关闭!至此,我完全不知道接下来要如何落实孩子在日本上学的事情。

奇迹般地成行了

文京区把话说绝了。我不服气之余，也冷静地回忆了一下对日本社会的认识。日本是一个不那么容易融入的国度，它规矩具体，系统化程度高。

某一天，我按"归国子女教育"的关键词搜索，居然找到了适合孩子的学校。日本文部省在全国30个地区设置了"国际班"，其中包括东京的两所国立小学。

国际班对掌握了知识而不懂日语的孩子实施特殊教案，包括日语和日本文化、日本社会道德规范等方面的补课。也有一种看法，认为国际学生进公立学校会适应得更快。的确，公立学校里有区教委派遣的教师给孩子补习日语，但公立学校的孩子从出生起就受到日本文化的熏陶，国际学生在这方面是缺乏的。好比会说日语但不一定能在日本生活，即使公立学校能补习日语，但日本文化常识却难以补足。我们还是决定报考设有国际班的国立小学。

首选是茶水女子大学附小。茶水女子大学虽只招收女生，但它附属的中小学是允许男女生共同学习的。报考截止时间为 3 月 23 日中午 12 点，时间非常紧张。我们发现招生通知是在 3 月 16 日，离报考截止日期只有一周，离考试的 3 月 25 日只有 9 天。报考需准备一系列文件，办理各种手续，然后要买机票与儿子一起成行。按中国的办事效率考虑，好像只能放弃，不会产生尝试之意。优柔寡断浪费了 2 天时间，想到毕竟是在日本，还是决定尝试一下。

周一中午 12 点报名截止，最晚周日要飞到东京。周日的机票没了，周六的只剩 1 张，经停上海，没有回程票。我们买了单程票，算是一种赌博。茶水附小六年级只招收 2 名男生，考上基本靠侥幸。

报考须提交在日本的居住证明，住址是报名资格。几天内确定住处不可能，只能先借朋友家的住址取得居住证明。顺利取得了在中国的学习证明和成绩单，可在体检上遇到了挑战。日方要求在日本体检，但周六日不能做体检，而报名截止时间是周一上午，当天在日本体检显然又来不及。经联系，校方同意孩子在北京的中日友好医院接受体检。

来到中日友好医院国际医疗部咨询，说是检几个科就得挂几个号，而国际医疗部都是专家号，挂一个号要 300 元，做一张简单的孩子体检单要支付几千元，实在不合理，于是改国人体检方案。日方体检表上没有验血项，但医院体检室说，不验血就不能出体检报告，出验血结果需 3 天，报告一周后才能取。找人疏通关系，终于可以做到抽血当日取结果了，可又说报告尚需等几日。

历经曲折，终于在出发前一天拿到了体检报告。我和儿子奇迹般地成行了。

路上我再三叮嘱儿子，这是去考试，没考取还得回北京继续上学——因为随着体检、办证，儿子已经以为他将从 4 月开始在日本上学，和好朋友也说了，还在同学中引起了轰动。在机场候机时儿子告诉我，他把"神奇宝贝"（一款 DS 游戏）过关得到的人物分别送给了几个要好的同学，自己要重新过关。

我们乘周六的上海经停飞机前往东京，飞机落地前 1 小时我才真正意识到，未来的 10 天将决定我们未来 10 年的生活。

报考截止当天一大早，我先跑到区政府登记入住朋友家，取得了居住证明。中国办理居住登记是去派出所，日本是各区政府内设有居住登记办事处。区政府 9 点开门，也就是报名截止时间前 3 小时。我赶在开门前来到区政府，居然已有很多人在排队等候了。取得居住证明后要坐 1 小时电车去领取户籍证明，来不及报名的可能性出现了。

日本的户籍和居住管理是分开的，户籍一般注册在出生地，类似中国的户口。但日本的户籍地可以随时变更，想登记到皇宫也是可以的，手续简单。皇宫、北方领土、钓鱼岛、竹岛等都是日本的"人气"户籍地。

给我办理居住证明的是一位残疾人。日本政府机构尽量安排残疾人就业，所以，到区政府办事经常能遇到残疾工作人员。按一般程序，办理入住手续时会领到孩子所属学区小学的入学通知书，接着就要去学校报到，之前须办好孩子的健康保险。

东京都各区都有中小学生就医完全免费的政策，但免费的前提是要加入国民健康保险，按规定缴纳保险费。加入国民健康保险不是医药费全免，是 1/3 自费。中小学生的自费部分享受区政府补贴，实际相当于免费就医。

我们借朋友家的地址取得了居住证明，所以领到了一张孩子在当地学区就学的入学通知书。因为孩子即将考国立小学，入学地点未知，实际住址也无法确定，所以，没有马上办理保险手续。办事员提醒说，孩子的保险要马上办好，否则磕了碰了很麻烦。的确，在日本看病有无保险还不单单是花钱多少的问题，没保险连挂号都有麻烦。结账也须根据保险证种类，否则就算你全款支付，计算机系统也不能执行下一步程序。所以，无保险，就医难。

领取居住证明后，我赶紧前往户籍所在地的区政府领取户籍证明，办完时已过了 11 点。

到达茶水附小时是报考截止时间前 5 分钟的 11 点 55 分。学校窗口办事人员仔细审阅着我们的报考文件，忐忑不安的 5 分钟过得太漫长了，感觉好像时间停滞了。她如果发现任何问题都将报废我们一周来的所有努力，庆幸报考文件没有被审出什么纰漏。

报考文件顺利递交，中午吃了顿踏实饭。东京已近樱花季节，所有街道上都挂着樱花节的旗帜。樱花虽未绽放，欣赏花苞亦成一趣。

奇迹般地成行了

陪考茶水附小

　　茶水女子大学在中国也很知名，原名东京女子师范学校，拥有"世纪人生"的董竹君女士就曾入读这所学校，日本的优秀女性也多出身于茶水大学。茶水附小建于 1877 年，从幼儿园到大学都在同一个校园里。

　　茶水附小每年只招收 50 名学生，男女各半，报名者数量达招收数量的 60 倍之多，需抽签取得考试资格。150 人可以取得考试资格，考试合格者取男女各 50 人，再经抽签最终录取男女各 25 人。日本皇室成员悠仁亲王于 2013 年 4 月入读该校。

　　为确保准时应考，我们搬到了学校附近的酒店。从酒店到学校可以步行，也可以乘坐地铁。入住酒店后，我们步行去了一趟学校。正值下学时间，看到身穿黑色校服的低年级小学生从校门走出，和日本动漫里描绘的一样，男生冬天也着短裤，与校服配套的帽子沿袭了日本明治时代的传统风格。

　　说到日本的学帽，还有一番由来可讲。现在路上看到日本小学生戴的黄帽子叫"通学帽"，到校后摘下，只上下学路上用。与各校校服配套的校帽，叫"校服帽"，而"学帽"专指一个多世纪前的传统样式。最早采用学帽的是开成学校，在1873年。

看到三两个小学生下学走在路上，儿子问："日本上下学没有家长接送吗？"

在中国放学时间看到的是家长或保姆挤在校门前等着接孩子，而日本小学生从一年级开始就必须自己上下学，不允许家长接送。上下学属于学校生活的一部分，途中的保险由学校负责。

公立中小学是就近上学，方便、安全，但只能步行，不得使用自行车；私立学校各有不同的规定；国立小学要求上下学单程不超过1小时。很多学生需乘坐公交车上下学，家长不得陪同。

1小时的路程对一年级小学生来说是可想而知的高难度。儿子已经11岁了，但还是不安地问我："考进这所学校是住在附近吗？"然后他开始注意电车线路图了，并主动学习和努力掌握如何自己乘车。此时我才理解报考说明中写的：上下学路程远会增加学生的身体负担，危险性也相应提高。

考试当天，儿子上了6点半起床的闹钟，但6点15分他就醒了。他应该还不太懂临考紧张这回事，只是感觉一切都很新鲜，所以兴奋。

站在学校门口，看到双臂展开才只能环抱不到1/5树干的大树，我的第一反应是：这所学校历史悠久。

8点半开始考试，我和孩子8点10分来到小学门前，有老师出来开门并让我们进去换了鞋。

要说日本的小学和中国的小学有什么不同，最直观的就是在日本进校要换鞋，中小学都一样，家长去学校要自带拖鞋。去过日本可能有体会，游览古迹或日式居酒屋都会遇到进门脱鞋的情况，袜子不干净则会很尴尬。日本古来就有土足（即穿着鞋的脚）不能进门的习惯，说话或做事不得体也用"好像土足进门"来比喻。中小学禁止土足进入是在明治时期教育义务化之后。

日本风雨多，来台风是常事。明治时期道路还基本没有铺装，农村更是难称有道路。石子路还好，大多数的路是稍下雨就泥泞得没法走，孩子们一般要走几公里无名农道去上学。明治政府积极推进道路建设，但也意识到，日本不能没有教育。不等道路建设完成，政府就开始了学校建设，让孩子们可以就近上学。

过去日本农民住土屋，在家中做出土足空间，可以不脱鞋就处理一些事情。学校里不可能开设土足空间，道路建设又有待完善，所以就制定了进校换鞋的规矩，后来成为学校的传统。现在也有小学在操场入口到换鞋区之间留出低于校舍地面的通道，贯穿校舍内走廊，供土足通过。

考试通知里写了要带"上履"，在日本生活了那么多年，因为没有出入过中小学，竟然不知道"上履"是什么。咨询朋友后才知，"上履"是没有在室外沾过土的鞋，拖鞋可以，新运动鞋也可以。开始还以为带"上履"是茶水附小的特殊要求，后来才知道，其实所有中小学都是进门首先看到鞋柜，孩子们进校第一件事是换校鞋。

校鞋是白球鞋，没有鞋带，脚面部分像舞蹈练功鞋，鞋底和运动鞋一样厚。我给孩子买了一双运动鞋作为上履，我自己买了折叠拖鞋，便于携带。

我们到得最早，进门右手是一个下沉式地板候考区，摆了些椅子。没什么引路标识，我们就土足踏进了候考区，坐在那里的椅子上换了鞋。后来发现，人家都是在门口站着换了上履才走进地板区的。看来，在日本生活的基本功除了跪坐，还有站着换鞋。

8点半，学校老师出现了，召集孩子们站到一起，然后就带去考试了。

考试内容还包括家长面谈。孩子们离开以后，家长们被领到一个教室里等待面谈。大部分家长是夫妇一起来的，还有的兄弟姐妹都来陪同。看到大家都是地道的日本人，想必孩子们在家也是用日语交流。虽然是"国际生"，但他们说日语应该不成问题。而我的孩子在家用中文交流，听不懂日语，也不会说日语，写作更不行。完全不会日语的学生确实难以交流，学校恐怕也要认真掂量。"国际班"有研究性质，学生日语基础太差不免影响研究成果，更何况小学六年级面临毕业和升学。我开始感到形势不妙，也担心：一句日语都不会的孩子被带去考场，能搞清状况吗？

按学生考号一家一家地被叫去面谈，每个家庭是 10 ~ 15 分钟，回来的家长都说很紧张，好像自己经历了考学面试。

轮到我了。

进入面谈室，迎面是一男一女两位考官老师。他们首先确认了孩子的姓名、生日和住址，然后开始提问。

问：孩子的日语情况怎么样？

答：一年前给孩子买了日本的小学教科书，但中国学习负担重，难以兼顾。平假名、片假名能读能写了，汉字凭中文能懂大意，但不知日语读音；熟悉日本动漫。

问：那日常用语呢？

答：爸爸是中国人，所以在家也没有说日语的环境。

问：那妈妈是在日本长大的吗？

答：不是。

问：就是说，家长也没有日本中小学的经历？

答：没有。

考官露出惊讶的神情。确实，进校带拖鞋之类的常识都不了解，怎么能辅导孩子快速融入日本大环境？

问：从妈妈的角度观察，觉得孩子有哪些特点呢？

答：应该说是个开朗、快乐的孩子。在学习方面，可能因为掌握起来比较容易，没什么上进心。人缘比较好，朋友多。

问：朋友多？

答：是。

问：在学习上，什么科目的成绩比较突出呢？

答：数学比较好。还有就是喜欢计算机，甚至在读编程书，想自己编游戏。其他爱好还有无线电和围棋。

问：那就是理工科比较擅长了，将来也想向理科方向发展吗？

答：是。

问：选择我们这所学校的主要原因是什么呢？

答：语言方面应该有了环境会很快跟上，但是孩子在日本的生活、常识、文化等方面完全没有基础，去公立学校恐怕难以补上日本文化课。了解"国际班"的理念后感觉非常适合自己的孩子，所以就赶紧报考了。

问：现在是六年级了，面临升学，所以，作为学校还是有些担心。

答：从孩子的情况看，我觉得他还是可以跟上的。

家长面谈结束，孩子的考试也结束了。看到很多孩子来和家长会合，只是不见我的孩子。等了好长一会儿，才看到儿子走过来，说是因为作文写得太少而被单独带去了另一个地方。

听儿子介绍说，六年级的几个考生日语都很好，从美国回来的，英语也很好，写作文是日语和英文各一篇。考试内容没有数学、汉字之类，只有写作文和做手工、折纸。

作文考试是发一张 A4 纸，写自己喜欢的事情。从美国回来的考生洋洋洒洒地写满了一张纸，纸不够还向老师要，而我的孩子一共只写了三行，还是英文、日文、中文各一行。听不懂日语，压根儿没明白老师的讲解，不知道让干什么，以为就是填个表，其实那就是考作文呢，等明白了，考试已经结束了。

我责怪孩子，应该明白小学五年级的标准是写 400 字作文。孩子说，他记住了我的告诫：废话不用写，三行就三行，一行就一行。

作文考成这个状况也算情有可原，毕竟源于语言问题。老师还问了些中国的学校几点上课、几点放学、放学后做什么的问题。孩子基本能懂，实在不懂的，就和老师笑笑说，太难了。折纸和手工以为完全不是问题，结果发现，仍然差距甚远。

下午 3 点发榜，孩子在饭店睡着了，我自己去看榜。我步行去学校，途中下起雨来，只好冒雨走了好一阵。

录取标准是不明确的，就看是否符合研究课题的需要，至于研究课题是什么，更是无从知晓。

走近学校门口，看到七八位西装革履的先生从学校走出，边走边谈论："这种孩子应该留下，有研究价值。"

听说为国际班的考试一共来了 20 多位专家评委，我猜想，这几位应该是其中的专家，或许他们在议论完全不会日语的孩子也有研究价值？

挂钟指向 3 点整，面谈的考官推出一个白板，上面写着四年级 4 名和五年级 2 名学生的名字。六年级本来有两个名额，但一名学生都没有录取。

茶水附小的思路真是让人感到意外。我的理解是，有两个名额就一定是录取两名学生，结果居然连一名学生都不录取。四年级有 15 个名额，也只录取了 4 名学生。

学校没解释为什么不录取，我只能猜测，我的孩子肯定是条件最不好的一个。国际班是实验性质的，与实验宗旨吻合就有价值；如果对中国来的孩子不重视，或觉得像我们这种没有日语环境的不够典型，也许就不录取。

国际班的教程从四年级开始，两年内编入普通班。六年级学生没有编入普通班的机会，又面临毕业和升学，需要在一年内跟上普通班的进度，且具备升入中学的条件。

学生的语言劣势让家长的辅助变得尤为重要。国际班经常接待教学参观，课时相应减少，更需要家长的配合，而父母若没有日本中小学经历，在家庭辅导方面也会呈现劣势。

我看到有一对父母在安慰他们的女儿说，让她们应考是错误。这对打扮漂亮的姐妹俩来自英国，气质优雅，但她们还是为没有考入茶水附小而难过地落着泪。

动漫街里的国立小学

国立大学附小在日本共有 70 多所，包括东京的 6 所，附属于 3 所大学，其中东京学艺大学有 4 所附属小学，只在大泉附小设有国际班。学艺大学相当于中国的师范大学，毕业生多从事教育工作。

学艺大泉附小在大泉学园车站附近，大泉学园是日本几大学园城之一，于 20 世纪 20 年代开始开发，地处东京及其周边的武藏野地区。武藏野铁道的开发者是现在的西武集团创始人，曾靠开发学园城起家。大泉学园城的开发以引进两所师范大学为基础逐渐发展起来，一所是筑波大学，另一所就是学艺大学。

由于有学园城的历史，大泉学园车站周边学校很多。乘坐前身为武藏野铁道的西武线电车在大泉学园站下车，出站后看到一张地图，名字带"大泉"字样的小学太多了，一下真搞不懂哪个是我们要应考的学校。

大泉学园车站有南北两个出口，学艺大泉附小在南出口，北口则去往东映摄影场。

喜欢动漫的人应该对大泉地区不生疏，它是日本动漫的发祥地，堪称世界著名的动漫城，与举办世界最大动漫电影节的法国安纳西缔结了动漫产业协定，实施创作和拍摄的交流活动，也协办电影节。安纳西国际动漫电影节是 1960 年从戛纳电影节中独立出来的。

此外，动漫《银河铁道999》的作者住在大泉，站内发车音乐采用了《银河铁道999》的主题曲，《银河铁道999》中作为乘务员的主人公还被任命为大泉学园站的名誉站长。为让名誉站长就任，站内设立了一个高 165 厘米、重 30 公斤的《银河铁道999》主人公乘务员雕像。大泉地区所在的练马区政府还特制了一个电动车模型纪念品，车体用《银河铁道999》里的动漫人物形象做装饰，并将此作为涉外交流的礼物。《银河铁道999》的作者松本零士也曾做过一天站长。

不知往哪走就去派出所咨询。车站附近都有派出所，警察和蔼可亲。骑车带人从警察局门前通过，警察会笑眯眯地提醒注意安全。万一走丢了或遇上麻烦就去找警察，忘带交通费回不了家，警察会借钱给你。

警察给我们指了一条巴士走的路。巴士主要用于电车不经过的地区，许多巴士路都很窄，车道两旁的步道只是一个人可以通过的宽度，不可能两个人并排走。而且，有些路段有护栏，有些路段没有，没有护栏的地方就是在地上画条白线示意步道范围。

学校是走到了，可一派正在施工的景象，完全看不出这学校到底什么样。在挂有名牌的校门前，我给学校打了电话，据说还有个正门，我们当时所在的是旁门。让人不解的是，电话那头的老师告诉我，考试当天来就可以了，无须事先领取任何文件。所以，最后也没能进入学校。

学艺附小是先考试再提交报名资料，没考上也无须白忙。这是很为考生着想的招生办法，可这个程序让我们的入学一直存在不确定因素。

学校规定上学单程要在1小时之内，用朋友家取得居住证明应付入学手续，不知是否符合规定。仅乘车时间不到1小时，但加上换车走路的时间就超过1小时了。除发生意外，电车一般很准时，计算路程时间可精确到1分钟。

上下学交通路线首先要求注明从居住地到最近的车站走路需要几分钟。中小学不允许骑自行车上下学，且要求学生自己上下学，不可能家长车接车送，所以，这段路程只能填写走路所需时间。从朋友家走到车站实际需要11分钟，加快脚步，小跑着，将就可以填写10分钟。

乘坐早上7点的电车，第一段车程8分钟，换车间隔7分钟；第二段车程23分钟，再换车间隔6分钟；第三段车程13分钟，到达学校附近的车站是7点57分；从车站走到学校需要5分钟，加起来是72分钟，去掉换车间隔的13分钟是59分钟。

我可以填写59分钟的上下学交通路线，但显而易见，那是不可行的。

前日探路没走到正门，回酒店后仔细研究了地图，考试当天怕迟到，所以过早地来到学校。为了应考，我们又在考试头一天搬到了离学校较近的酒店，只是学校远离繁华市区，从酒店到学校仍需乘坐电车半小时。

我们按地图顺利地走到了正门，第一次看到了学校的真面目。第一次探路时看到的工地是学艺附中正在建设的新校舍，小学部分的树和茶水附小一样粗，看得出也是历史悠久。因为到早了，就在校园内转了转。树木碧绿茂密，给人沉稳、漂亮的感受。

时间到了，我们走进校舍。大家在入口处换上自带的拖鞋，然后拿号进入。好像谁都不愿意要 1 号，我就主动上前打了头阵。然后，孩子和家长分开，孩子去信息室考试，家长留在食堂等待面谈。

食堂水池上方贴着卫生常识和清洗注意事项，都是手绘原作，画得成熟、细腻，简直不相信是小学生的作品。看内容可以确定，那是给学生看的，可见，在水池边清洗碗筷的都是学生。

与水池垂直的一侧摆放了几个大垃圾桶，注有"可燃""塑料""再利用"等字样。日本孩子从小学就开始学习垃圾分类了。

学艺附小的考试主要是数学和国语，作文包含在国语考卷中，还有做手工、家长面谈。上午考试，下午发榜。

这次的家长面谈过于简单，只问了即将搬到哪里住。

日本人的表达方式的确特殊，按我的思维，如果校方认为上学路线不可行，起码也得批判一句，但他什么都不说，我也可以理解为上学路线没问题。对日语的表达实在要注意它无声部分的意义。也就是说，59 分钟的上学路线已无须讨论，不搬家就不符合入学条件，其他也不用多说了。

我赶紧把订房文件拿出来，声明要搬到学校附近居住。其实，那时我心里打定的主意仍是等有了学校录取通知书再签订租房合同。

考试结束，孩子们来到食堂和家长会合。儿子说，国语有些给平假名写汉字的题。

写汉字没问题，平假名孩子也认识，但日语汉字的读音与中文完全不同，即使能读出平假名，也不知道对应的汉字是什么。比如"公园"一词，和"后援"读音一样，也就是中文所说的"同音字"，日语叫"同音词"。孩子凭借玩游戏看动漫的基础，没写出简单的"公园"二字，倒写了日本小学生还没学的"后援"，算错。

此外，猛一看日语汉字和中文一样，其实不仅有简体与繁体之差，细微差别也很多。比如，有的地方中文写点，日文写横；中文写撇，日文写竖；等等。日本对汉字书写要求很严格，把"点"写成"横"，或把"撇"写成"竖"都算错字。

国语考试包括一篇作文，吸取茶水附小的考试教训，这回没把作文考试当填表。作文题目是写中国学校的朋友。

算数应用题文字看不懂，但能猜出让干什么，所以，除了没学的圆面积，其他都做了。

发榜是下午2点，中午和孩子在附近餐馆吃饭。我问他作文写了什么，他说，这次没遵循废话不说的原则，能写的全写上了。还得意地说，他尽量使用日语，有些汉字词语就参考中文意思用。作文写到中国学校的女同学经常受到老师表扬，男同学调皮。想起在漫画里看到日语有"不良"一词，所以写男同学调皮就用了"不良"一词。

我实在听不下去了——"不良"在日语里不是不好的意思，而是小流氓之意，照儿子这么写，中国学校的男生都是不良少年。日本人本来就对中国人没什么好印象，得知这个孩子每天和不良少年在一起，那肯定不会录取了。

我沮丧万分，本来准备考不上学艺附小就去区立小学，此刻主意改变，打算考不上就回北京。上区立小学什么时候都可以，也不用考试，索性休整后再来。

孩子从得意变成无奈和垂头丧气。我当即就给在北京的孩子爸打电话，让他把回程机票赶紧订了。

学艺附小的发榜也是别具一格。所有考生和家长都在发榜时间来到学校楼前，然后校方安排大家到食堂集中，再按考号顺序分别叫到不同教室。校方老师和家长、孩子一同面谈，谈话席间解释考试情况，并宣布考上或没考上。

在学艺附小一直没见到任何女老师，一位身穿黑色西装制服的年轻男老师带我和孩子坐到四张课桌拼成的面谈桌旁。老师打开孩子的考卷，我看到数学考卷上有个蜘蛛评分图，评定思路、理解、知识、技能等各方面的能力。蜘蛛图顶端都有大红点，说明该考生各方面的到达程度都是最好的。老师开始解释，数学考得很好，除了可能还没学的圆面积题，其他题都做了，做了的都对了，可以算满分。国语只写了几个汉字，有些恐怕是中国的简体字，还要加油。老师面带笑容地轻松解释，孩子表情紧张，肯定听不懂老师说什么呢，不时看看我和老师的表情，估计也看不出是喜是悲，只能干着急和等待。

此时，老师的谈话开始谈到"不良"一词了，他从微笑变成眉头紧锁，问："中国的学校都是'不良'少年吗？"我马上解释，"不良"在中文里是不好的意思，孩子写的不良学生就是指不太遵守纪律的学生。我感觉自己的解释还是会让人家联想到流氓学生，于是赶紧又补充："其实那些调皮学生都是很聪明的男生，经常到我们家里来，都是很不错的孩子。"

老师又露出了笑容，说："数学很好，国语差距较远，正适合在我们这里学习……"我赶紧小声对儿子用老师听不懂的中文说："估计你被录取了。"

日语的表达方式真是暧昧至极，考上还是没考上都要估计着听。接下来老师说了些什么，我也没注意听了，总之，考上了。而且，因为国语不行而考上，觉得很新鲜。

孩子一直没有表情，老师问我孩子性格怎么样，担心他不能适应。然后对孩子说："不会日语没关系，只要有笑脸，一切都会解决。"我翻译给孩子听，孩子的面容松弛下来，露出了笑容，恢复了日常的活泼状态，做了一个鬼脸，也是笑脸。老师马上肯定地说："对，这样就没问题了。"

面谈在愉快的气氛中结束了。

没考上的学生和家长走了，留下的四、五、六年级各 1 名学生和家长又听了一个说明会。校方说，考试是通过了，但是否录取还要等副校长面试后才能最后确定。4 月 4 日副校长面试和提交文件，如果文件有问题或副校长面试没通过，还是不能录取。

我的问题仍是不知考上与否，所以犹豫是否要签订租房合同。

从 1% 的希望到 1% 的不确定因素

4 月 4 日是接受副校长面试的日子。一早有朋友提醒说，是不是要穿正装。我突然想起，考试的时候大多数学生都是正装打扮。虽然没明确要求，但接受面试时怎么也不能穿牛仔裤吧。

小学男生的正装也是西服，为面试买一套又觉得不值当，但起码要正式些的深蓝色裤子配白衬衫。下午 2 点面试，必须在上午备齐。

去专门出售学生服的地方已经来不及了，只能在一般商场买小号成人服。商场 11 点才开门，从速买下裤子和衬衫，外加黑皮带、黑皮鞋、白袜子。皮带太长，必须截掉一段。办完这些事就要赶紧去学校了。

中国的校服大多是运动服，日本的校服一般是上好的毛料制服，白衬衫需每天熨烫，很是讲究。孩子有生以来第一次穿得这么正式。衬衫最上面的纽扣要扣好，儿子非常不习惯，吃午饭时都提心吊胆的，生怕把白衬衫弄脏，特意把夹克穿在了身上。

通过考试的 3 名学生都约在下午 2 点向校方提交入学文件，并接受副校长的面试。因尚未签订租房合同，我心里一直打鼓，于是又早到了，我们被提前领进了会议室。

接受副校长面试前先向主管事务的老师提交入学文件，其中包括朋友家的居住证明。几天前家长面谈时我已声明即将住进新居，也把新居的住址告诉了老师。所以，老师审查资料后马上就问："怎么不是搬家后的居住证明？"我当然不能交代尚未签订租房合同，就解释说，次日的 4 月 5 日才入住新家，要入住后才能领取居住证明。老师很为难，然后起身去询问副校长是否可以先面试。不一会儿，老师回来了，宣布不能面试。按学校的规定，即使是在校生，若搬家到单程 1 小时以上的地方，也必须离开这所学校。

反省自己想蒙混过关的侥幸心理已无济于事，一堆资料交到学校，结果是没有新居住证明、不能接受副校长面试。难道我们只能放弃入学了吗？

好在学校并没有马上判死刑。老师说，开学日是 4 月 7 日，4 月 5 日入住后，4 月 6 日可以领取居住证明，4 月 6 日下午 2 点再来提交入学资料，之后可以安排面试。

谁让我自作聪明谎称 4 月 5 日可以入住的？自作自受！

老师最后还向我确认，房子是确定了的吧？我哪敢说没定呢，回答只有一个：定了，没问题！

到底还是必须先签订租房合同才有入学的可能！其实，这很符合日本人的一贯办事原则：你真心要做什么，就不该留有退路。我忘了。

日本在追求学问方面崇尚孔子精神，而在做事方面却传承着武士道精神，打仗视死如归，凡事先坚定自己的意志，凭侥幸、靠算计，则没有胜算的可能。日本的公立高中和国立大学都只能报考一个志愿，也是同理。

我真是慌了、瞎了、傻了!

从学校出来,我们直奔租赁公司,带着 1% 的希望,使出 100% 的挑战力量。

租房小姐说,通过担保公司和房主审查之后,租赁公司才能和我签约。如果当天不能签下租约,儿子将遭遇考上国立小学却上不成的局面。老妈怎能给儿子带来如此人生灾难?!必须在当天下午 5 点前搞定租房协议,次日入住,周一还将面临取得各种手续的紧张挑战。

在中国做收入证明,找个公司盖上章就行了,这里需要提交的收入证明是纳税证明,没在日本纳税则无法取得收入证明。我不能提交收入证明,就请来日本朋友做保证人,但又出现新问题。有保证人而没有收入证明,也不能用我的名义来租房,而用保证人的名义来租房又将带来一系列新的麻烦。

采用担保公司是由承租人向担保公司缴纳担保费,担保公司审查和管理保证人,从而实现对租赁公司的利益保障。

担保公司方面的手续也很麻烦,要和保证人取得联系,还要和我的工作单位取得联系。此外,还有一件令我担心的事情,租房小姐要和房东沟通租房人的情况。中国人租房难,有中国经历的日本人也一样。

不管怎样,只能办到哪步说哪步了。在向担保公司提交的申请材料中,我填写了年收入,但没有纳税证明。我解释说,收入是在中国取得的,但工作单位是日本公司。租房小姐和我一直聊得不错,也很卖力地促成租房事宜。可是,又有问题!日本的工作单位我填写了朋友的公司,4 月 4 日是周六,公司没人,担保公司无法确认。我马上又联络公司社长,请他安排职工接待担保公司的电话访问。

朋友很热心,及时赶到租房公司陪我一起挑战极限。

担保公司很快就和在场的保证人确认了相关信息,然后就让我们静等结果。租房小姐建议我们出去逛逛,说担保公司那边有了消息会马上联络我。

这段时间可真是难熬!

去附近商店闲逛,当然没有任何购物的心情。平时孩子一进商场就马上奔游戏柜台去了,此时也完全没了那个兴头。

2个小时后,租房小姐来电话了。这个电话到底要向我宣布什么消息呢?

急于知道而又没有勇气接听电话。

为确认我的工作单位,一定要打公司的固定电话。社长到底有没有安排公司人员专程去公司等待担保公司的来电,真的很悬。所以,我不敢接听这个电话。

保证人朋友的单位信誉好,担保公司同意受理我的租房担保手续。此刻,入学希望从1%变成了99%。

担保公司通过了审查,终于可以签订租房合同了。保证人在,现金也有,租房合同算是搞定了。4月5日可以入住。

然而,入学仍存在1%的不确定因素。

我必须在4月6日上午到朋友家所在的区政府办理居住地迁出手续,再到我的新居所在区政府办理居住地迁入手续,然后才能取得居住证明,还要上好健康保险。

3月21日到东京后一直住酒店,总算在两周后基本定下来。我上一次离开日本是1997年3月,12年后再次在日本居住,感觉压力很大,困难重重。

入住新居的 4 月 5 日是周日，作为我们租房保证人的朋友夫妇开车来帮我们收拾空房和买东西。他们带来一个旧吸尘器，不太好用，但派上了很大的用场。还是夫人擅长捕捉生活要领，她说，窗户都是不透明的，窗帘不急，只要有被褥即可凑合第一晚。

此时，儿子已经不为是否要回北京而困扰了，即使没能确定国立小学的入学，也可以去附近的区立小学，不用回北京了。他在日本上学的愿望伴随着新居入住实现了。

入住仍是不顺利的。新居热水器有问题，入住后发现没热水。水暖工来了说，第二天才能修理，要给换个新式热水器。太糟糕了，4 月 6 日面试前不能洗澡，只能狼狈应对了。

在附近找到一家公共洗浴店，可不巧，周一休息！

住进日本新居的第一天，不能洗澡、没有窗帘，还赶上半夜附近着火，消防车在窗外闪着红灯，一直到天亮。恐惧、不安、狼狈，都让人不能入睡。

总之，在折腾的形势下迎来了国立小学的面试。

我一早用凉水洗漱后直奔朋友家所在区政府，路程为 1 个半小时，8 点半开门时我正好赶到，顺利办理了迁出证明。拿着迁出证明，再赶路 1 个半小时来到新居所在的区政府，已是 11 点了。顺利办完迁入、居住证明、健康保险等手续，看到区政府大钟正在敲响 12 点。这期间要是稍有不顺利，完全不能想象可以办成这些事。

孩子穿上了那套蓝裤子和白衬衫。2 点前，我们走进了学校。

这次提交的资料没问题，副校长可以接见我们了。

副校长是个开朗、幽默的人，尽量用简单的日语慢慢地和孩子说话，孩子用所知道的日语沉着应对副校长，不时还有一些风趣的对话。

听说我是做翻译工作的，副校长表示出兴趣——学校要国际化，希望我贡献一臂之力。

副校长和孩子又谈了一会儿之后，坐在一旁负责审查入学资料的主任老师站起来，我们也跟着站了起来。老师向孩子伸出右手说："祝贺你！"孩子也赶紧伸出双手和老师握手。此时，老师交给孩子一个印有学校名称的绿皮日记册，和蔼地解释说："国际班的学生要每天写日记，今天就开始吧，一两行也可以。"

次日要开学，儿子去领取再利用的旧校服，我听了一大堆繁杂的入学说明，感觉编入日本国立小学真是太麻烦了。

这一天，儿子第一次用日语写日记。日记册是左开右翻的竖版格式，竖列书写感觉很有传统汉语的韵味。第一天的日语日记，儿子写了4行。

檀聪日记

2009 年 4 月 6 日（星期一，晴）

今天，我接受了东京学艺大学附小的副校长面试，非常紧张。能够在这样一所学校学习，真的感觉非常幸运。

班主任留言

即日起的一年，请多关照。

春 篇

开学季

开学典礼

　　日本的入学仪式和毕业典礼都非常隆重，甚至幼儿园都有隆重的入园和毕业仪式。父母都是着正装出席孩子的入学典礼。黑色正装披戴落樱的花瓣，成为校园里春天四处可见的景致。

　　出席开学典礼要佩戴胸花。最高级的胸花用鲜花做成，其次是保鲜花。保鲜花是把鲜花做成标本，也是真花。丝绢绸缎胸花也很精美。无论什么材质的胸花，都表现着生活的姿态。

　　在胸花色调方面，入学典礼要鲜艳，毕业典礼讲究淡雅。鲜艳的胸花为的是突出庆贺气氛，淡雅的胸花则是为避免喧宾夺主。不过分强调自我，与周边环境调和，突出他人，可谓大和文化的核心，这一点体现在生活的很多细节之中。

　　日本是春季入学和毕业，与其他国家和地区不接轨，对留学生的来去也造成麻烦。但学校都有樱花树，樱花盛开的美景让日本传承了一切从春天开始的文化习俗。行政年度也不是从 1 月 1 日开始，而是从 4 月 1 日开始。

小学六年中只有一年级入学时举行入学典礼，二至六年级举行开学典礼。开学典礼没有入学典礼那么隆重，家长也不参加，但由于编入国际班的特殊情况，学校允许我和其他两位家长观摩了开学典礼。

　　全校一共700多名学生，3名国际生要走上主席台作自我介绍。用母语做这件事不难，会日语也不难，因为不会日语才来到这所学校，而一进学校就要在全校师生面前讲话，实在具有挑战性。

　　体育馆朴素而庄重，沉稳的色调昭示了学校悠久的历史，设备虽陈旧，却一尘不染，体现出日常工作的敬业。主席台两侧悬挂着书写有力的校歌歌词和教育理念，自然地流露出深厚的文化氛围。

　　关于自我介绍的内容，老师辅导说，要包括四项内容：叫什么名字、从哪里来的、有什么兴趣爱好、请大家多关照。原来，日本学生从小学就要掌握自我介绍的发言要领。教育就是在任何生活细节中灌输正确的方式。

　　所有学生已经坐定，此时，我看到3名新生跟着解释考试情况的那位年轻男老师从体育馆外边走进来。校服是深蓝色西装配白衬衫，领部有翻出的白领装饰，成为庄重色调中的亮点；下装，男生是到膝盖以上的小短裤，女生是过膝盖少许的中长裙。

　　开学典礼由面试我们的副校长主持。副校长喊"起立"，全体小学生整齐、迅速、抖擞的起立动作把我镇住了，我禁不住在心中暗语：真是训练有素！

　　开学典礼的主要内容是辞旧迎新，欢送调走的老师和欢迎新来的老师。教师是定期在国立和公立学校之间调换的，所以，新学年开始总有些老师离开或来校。然后，轮到新生发言了。

　　儿子在北京上学的时候，从进校门开始就一直不遵守纪律。老师曾找到我提醒说，应该去医院检查是否有多动症倾向。总之，他属于调皮的学生，完全不可能获得人前发言的荣誉。而现在，要站在主席台上，面对这么多人，用还不熟练的日语作自我介绍。

在这里，人前发言不是荣誉，而是每个学生都有的能力训练机会。我惊讶地发现，那个一直以来的调皮学生居然自信地走上了主席台，然后大声地、用不大流利的日语作了符合要领的自我介绍。

开学典礼最后是全体唱校歌，歌声让我感动，我忍不住流下热泪。700多名学生唱出来的是一个干净的声音，各声部清晰、和谐，可谓天籁之声，也让我感慨：孩子能在这样一所学校度过他的小学六年，真是一件幸福的事情。

今天的郑重，将留下未来的珍贵记忆。

檀聪日记

2009 年 4 月 7 日（星期二，晴）

今天是开学典礼，我在 700 多人面前作了自我介绍。完全没有过如此状况，所以，着实紧张了好一阵子。我把自我介绍的日语在心里重复了好几遍。临场最紧张，但到说的时候，不知为什么，紧张的感觉就完全消失了。我是这样说的："我叫檀聪，从中国北京来。我的爱好是打篮球，请多关照。"

班主任留言

可想而知，今天一定很辛苦，但你做得非常好！

国立小学的行头

确定入学后，学校发来一大堆通知，是关于交费、服装、文具等的，我被吓着了。在中国，从自己上学到孩子上学，从没经历过如此复杂的校园生活细节。

从学校出来是下午3点半，要在学校指定的商店买齐20多样东西，还要在学校指定的医院完成体检，取得体检表，次日提交。

商店下午5点关门，按学校给的地图，我们顺利找到了商店。说是商店，其实不过是写字楼里一间不大的屋子，店员好像是母子。

店里除了学艺小学的用品，还有附近其他区立小学的体育服、校帽等。货架上注明了小学名称，学艺附小占据的货架面积最大，可见规定物品之繁多。

一进门，岁数较大的女店员就友好地向我询问是哪所学校的。我说大泉小学，她又问："是附属大泉小学吗？"我明白了，区立的也有大泉小学，说国立的要加"附属"二字。

此时，一位女士在我眼前从"大泉小学"的货架上拿走了体育服上衣。我想，小学六年期间孩子成长快，体育服要更新几次吧，除了一年级新生，妈妈们都应该很熟悉这家店了。

是啊，我看着也不像一年级新生家长，况且，一年级新生的购物高峰早已过去。看我生疏的样子，店员就能猜出我是附属大泉小学的。

店员夫人继续询问：“是百合班的吧？”学艺附小的国际班叫百合班。年级各班不是编成1班、2班、3班，而是菊花班、紫藤班、梅花班、百合班。店员夫人听说是六年级，就把20多样东西全拿了过来。

校服及其配件已经有了，然后还有现在店员夫人摆在我面前的这20多样。按学校的要求，所有这些东西上必须缝制名牌，且名牌的尺寸和缝制名牌的位置都有图纸细致说明。

我对照手里的购物单一样一样地去认识，只看名称还真有很多不知道是什么东西，有些不知道用于什么。购物单上居然有上下学使用的布兜、布袋等。难怪社会上传说，国立小学的人自成系统，你和他们很难有共同语言，确实开始感受到了。也听人说，国际班应该是两年，只一年还摸不清规律，两年终于明白路数了，就该进入普通班了。我们只有一年的时间，也就是说，注定要在不明不白中混到小学毕业。

首先，布兜有三种，体育服要装在一个印有学校名称的布袋里，浅蓝底、深蓝字。用餐服和餐垫也要装在一个印有学校名称的规定布袋里，白底蓝字。还没去学校规定的鞋店买校鞋，但装校鞋的口袋要在这里购买。校鞋也是三种，分别有不同的鞋口袋，在这里才能买到统一样式。

作为生活常识，学校不用塑料袋，只能用棉布袋。塑料袋会弄出声响，布袋也更环保。

学校规定要准备三个手提布袋，一大两小，大的装音乐课用的口风琴（一种有键盘的吹奏乐器）、竖笛、乐谱、歌本，叫音乐袋；一个小布袋装图工课用具，叫图工袋；另一个小布袋装学校带回的换洗衣服和鞋。

图工课用具是一个图工包，里面有水粉色膏、水粉笔以及调色、涮笔配件。市场上有卖各式各样的图工包，但学艺附小规定了自己的样式，是没有花纹图案的纯蓝色。小学都有专门的图工教室，上图工课时，学生们就拿上自己的图工包到图工教室上课。

布袋尺寸也有要求，没规定在哪家店买，但在学校指定的这家店可以买到。只有黑、蓝、浅驼色三种可选。在布袋内侧规定的位置要缝上名牌，名牌大小为 3 厘米 ×6 厘米。

那么多名牌要做，好在允许使用熨烫材料。不过后来才体会到，还是缝制的结实，一次到位，熨烫的名牌时常要返工。

值得赞叹的是，名牌布的大小做得很有讲究。放上两张明信片后，剩下的部分正好裁出 6 个 3 厘米 ×6 厘米的名牌。明信片大小的名牌布正好用于两套体育服后背的大名牌。

连雨伞都有规定。

从安全角度考虑，学艺附小规定学生必须使用纯黄色雨伞，不得有花纹。一个不折叠的，一个折叠的。折叠伞放在学校，以备突然下雨。

结账的时候我问能否使用信用卡，年轻的男店员负责收款，他亲切地告诉我说，不能刷卡，但如果现金支付有困难，可以把东西先拿走，改日再送钱来。

在遇到一系列意想不到之后，这件事让我更为意外。我支付了现金，走出了让我不断唏嘘的小店。

小店对面就是学校规定买校鞋的鞋店。三种校鞋分别是室内用鞋、体育馆用鞋和室外用鞋。室外用鞋和上下学的鞋一样，要求不能有鞋带，考虑小学生的年龄特点，保证安全。体育馆用鞋是粘扣式运动鞋，室内用鞋是脚背部松紧带式。

校鞋要用油性笔在脚跟和脚背部写上姓。日本是一家只有一个姓，不允许夫妻异姓。

每个学生都有自己的鞋柜，鞋柜上贴有学生姓名。鞋柜空间刚好可以放进三双鞋。早上学生到校，第一件事就是换上室内用鞋，把室外用鞋放进鞋柜。到操场活动和去体育馆要换室外用鞋和体育馆用鞋。所以，在一天的校园生活中，除了要换装若干次，还要换鞋若干回。

还有一个行头很有日本特色，就是防灾帽。日本自然灾害多，地震、台风是家常便饭，火灾也多，所以，防灾帽是必备品。避难训练一年数次，也是教学的重要内容，有针对震灾、火灾、风灾等的避难训练。避难训练和真发生灾害时都要戴防灾帽。

防灾帽是个很厚的软头盔，防火。防灾帽两侧写有学生的姓名和血型，姓名位置是按坐标规定的。根据科学分析，这个位置在出现灾情时最容易被看到。平时，防灾帽放在一个配套的口袋里，这个口袋设计得正好可以挂在椅背上，方便取出且快捷。

市场上可以买到防灾帽，品牌也有很多，但学艺附小的防灾帽有规定品牌和样式。

使用文具也有规范。通过规范内容也认识了一些新文具和使用方法。有一个叫"道具箱"的硬纸盒，道具箱的底和盖各是一个纸盒，盒盖可以整体套住盒底，打开后的两个纸盒正好排列放入位斗，用的时候像拉开左右两个抽屉。道具箱的尺寸比 A4 纸稍大，厚约 8 厘米。道具箱里装什么要按学校发来的详单一一确认，年级不同，内容有异。

六年级要求装入彩色铅笔、订书器、胶条、三角板、半圆仪、圆规、剪刀等等。道具箱里的学具也要一一用油性笔写上名字或贴上不干胶名签。

学艺附小对铅笔盒和铅笔都有要求，铅笔盒必须是单色的，不能有任何图案，铅笔是无色或单色的，不得有卡通人物。而且，铅笔只装 5 支，不能多装。如此规定是为了让学生专心学习，不因文具而分心。

那天回家后一直做名牌，手不停地做到凌晨 3 点还没弄完，实在太累、太困了，但也只能放弃睡觉。

在学校领了旧的校服，虽然上衣过于宽大，短裤过于短小，但新购须等两周以上，上衣内襟要绣名字。回收的校服尺码不全，且上衣内襟绣着别人的名字，只能张冠李戴。

校服包括西装上衣、短裤和帽子，冬夏各一套，两种样式，冬装是深蓝色，夏装是浅灰色。冬夏两套合人民币 2 万元，而六年级学生，冬装只能穿大半年，夏装小半年。学校为国际班学生特设的旧校服回收利用制度实在很有用。

校服是西装，西装内要求穿白衬衫，冬装配长袖，夏装配短袖。校服上衣有个白领可摘下换洗，要求不得有污渍，所以，洗熨白衬衣和白翻领的"二白"就成了每天的家务项目。袜子的颜色也有规定，男生是黑色或深蓝色，女生是白色。

你是不是要问，学生穿那么正式的西装校服，上体育课怎么办？上体育课要换穿运动服，扫除换穿作业服，吃饭换穿用餐服。所以，每天在学校要换穿衣服若干次。

体育课是换穿学校规定样式的运动服，半袖圆领衫和短裤，冬夏一致。值得一说的是体育帽，是一面红一面白的薄布帽子。红白两面戴是为体育课打比赛时分清各方。

容易弄脏衣服的图工课和扫除时要穿作业服。作业服也有冬夏两种样式，冬季服是长袖，蓝灰色；夏季服是短袖，天蓝色。作业服套穿在校服外边，是一种比校服上衣长而大的外套形式。

午餐时间换穿用餐服，学生自己配餐、送餐，再用餐。用餐服包括白大褂和白帽子，还有学生自备的口罩和餐垫。换穿用餐服有不弄脏西装校服的作用，最主要还是为了保证配餐、送餐的卫生。戴餐帽可以防止头发进入餐具或食物，戴口罩是为了防止唾液和呼吸传播病菌。

药店和杂货店设有专门货架摆放各种口罩，防 PM2.5 的、有香味的、盒装一次性的，男女款各异，种类丰富。我对清洗消毒没信心，一般买一次性的，每个口罩都有包装的那种，每天拿出一个戴到学校比较方便。制服用量大，口罩消费可观，它们都是日本日常生活的必备品。

许多生活常识和规矩是日本妈妈自己从小养成，现在传承给孩子们，其中也有我所不知的，比如小学生自带餐垫一事。学校通知里没注明，儿子第一天上学我就没给他带餐垫，让孩子尴尬了，我也觉得惭愧。儿子回来告诉我，大家都用餐垫布把吃饭时掉在上面的面包渣包好带回家。

防止环境污染的理念已普及全球，但把垃圾带回家的规矩应该还是日本独有的吧。减轻环境负担和尽量不增加学校垃圾的意识已渗透到小学生的午餐细节里，我深深为之感慨。

檀聪日记

2009 年 4 月 8 日（星期三，晴）

今天一天没上课，主要是为明天的入学典礼做准备，搬桌椅，布置、打扫会场。在中国上学基本全是脑力劳动，而日本多是活动身体。一天下来很累，倒感觉精力变得十分充沛，思维还很活跃。在中国总是运动量不够，于是情绪不振，觉得没劲，就想在学校做点坏事捣捣乱。可到了日本，想好好的，不想捣乱了。

今天有件好事，就是和从菲律宾回日本的宏君说了话，算是交上了第一个朋友，他比我早半年来到这所学校。宏君带我跑遍了教学楼里的各个地方，在走廊里被老师抓到。老师告诉我们，学校规定走廊内不能乱跑。

班主任留言

学校规定不能在楼里跑，所以，为了不挨老师骂，改成快走吧！

上学的目标是交一百个朋友

在中国，普遍觉得学习好是上学的最大目标。日本虽然是一个不大的岛国，但仍然出了不少世界级精英人物，考察国家面积与世界名人比例，抑或是国民教养程度，日本可算是名列前茅。而他们对于上学的目标却有不同的认知：不光是学习好，更是要交朋友。

开学典礼是 4 月 7 日，一年级的入学典礼是 4 月 9 日。入学典礼非常隆重，毕竟六年只有一次，不仅爸爸妈妈参加，爷爷奶奶也出席。家长们都排着队在校门口给孩子拍纪念照。

给孩子清理校服的时候，发现兜里装着一张歌词纸，标题是："上学以后"。孩子说，那是他第一天上学的教材，在一年级入学典礼上要唱那首歌，已经练习和预演了。

《上学以后》是所有日本人都会唱的一首歌，多少年来，上学后首先学唱的就是这首歌，歌词内容是一年级小学生的教育目标。

上学以后

能交上一百个朋友吗

要一百个人一起吃饭

在富士山顶吃饭团

啊唔 啊唔 啊唔

上学以后

能交上一百个朋友吗

要一百个人一起跑

绕着日本跑一圈

哐叽 哐叽 哐叽

上学以后

能交上一百个朋友吗

要一百个人一起笑

向世界挥手

哇哈 哇哈 哇哈

　　"上学以后，能交上一百个朋友吗？"这句话是一年级小学生的努力目标。儿子说，他只会唱第一句，但感觉真的是非常好的目标。虽然他已经六年级了，但因为刚进这所学校，也算是新生。他将在这所国立小学度过第一年，也是他小学的最后一年，目标是交上一百个朋友。

　　学校不只是学习知识的地方，特别是在小学阶段，教科书的学习只是学校生活的一部分，更为重要的是培养良好的生活习惯和掌握社会常识，积极参与扫除、配餐等各种活动，还有交朋友。

有个从上海来的五年级女生，妈妈是上海人，爸爸是日本人。妈妈习惯了中国式教育，只抓学习，在家里对孩子的学习盯得很紧。在她看来，学习成绩好就是好学生，日后升学也会有好结果。这个女生的确学习成绩优异，但总挨老师批评，得不到学校的认可。家长被叫到学校面谈，原因是这个女生不积极参与扫除，也不主动交朋友。孩子妈非常不解——没想到，学习那么好却成了劣等生。她好奇地咨询了班主任，班主任告诉她，日本的学校注重综合培养，学习好是要肯定的，但不是唯一指标。比如，她的孩子对集体活动不关心，看到别人的毛巾掉了，认为不是自己的，就不去捡。

其实，不是因为学习好就成了劣等生，而是只学习好也不能算是优等生。

在日本，朋友多是最受肯定的。儿子上课话多，爱接下茬，在中国是经常挨批的后进生，而到了日本，摇身一变，成了老师经常表扬的模范生，老师肯定他积极调节上课气氛，还对他表示感谢。因为活跃，交朋友就变得容易，老师就会认为这个学生具有凝聚力和领导才能。

国际班的主任老师曾经对我说，可能有些国家鼓励学生步调一致，但在日本的学校，做得和别人一样等于没做，只有做到和别人不一样才有可能得到认可。这也许是日本漫画等优秀原创作品多产的原因之一吧。

可能有人会问，那为什么日本人集体意识很强？其实，日本的集体意识是建立在个性的基础之上的，追求在集体中发挥个性，与集体相得益彰，从而形成了强大的集体力量。

儿子一直坚持"先交朋友再学习"的观念，只是在中国不被肯定，

日本国立小学 365 天

到日本以后变得如鱼得水。高中毕业的时候，儿子已经有许多朋友了。

初三的时候，区里选派每校两名学生共 68 人去澳大利亚做短期留学交流，儿子是其中之一。高考结束了，又是他在组织同学聚会。高中毕业典礼之后，又有各种高中同学的圈子活动。还有学艺附小的国际班同学聚会，也是他负责召集。

高考结束后，儿子可忙活了，先是和初中同学开会，订去札幌玩几天的计划。去札幌的契机是有个初中同学搬家了，一直没机会见，而这个同学考的大学在札幌。去札幌为的还是能见朋友。

儿子认为，学习再好、本事再大，没朋友也没用。

顺天堂大学医学部的英文作文考题是："灾难时你要带上哪三样东西？"儿子写的第一样东西就是小学毕业相册。他说，看到这本相册，就能想到，一句日语都不会的自己在小学六年级时来到日本，当时完全交不上朋友，后来会日语了，也就有了朋友。有了语言，沟通就可以实现；有了朋友，精神就有了支撑。

有位东京大学毕业的朋友总提醒我，不要给孩子灌输"理科就要学医、文科就要当律师"的观念，走入社会之后，比学历更重要的是体力和交流能力。

檀聪日记

....

2009 年 4 月 9 日（星期四，晴）

今天是入学典礼。早上到学校后还是先扫除，扫除的时候看到一些矮小的一年级新生。

入学典礼是二到六年级在校生先到体育馆坐好，然后放音乐隆重欢迎一年级新生入场。进体育馆之前，我看到很多樱花花瓣飘落，真是太美了，非常激动。之后，又在乐声中，感受了像婚礼一样的一年级新生入场仪式。

回想自己在中国一年级入学的时候，什么仪式都没有，感觉很遗憾，甚至想，要是一年级来日本就好了。中国没有樱花，也没有入学典礼。也许是中国太大了的缘故吧，什么事都显得不那么重要，但在日本，做任何事都是那么精心。

最有意思的是，我看到学校正门前，很多人为拍照在排大队。

班主任留言

小学的入学典礼一生只有一次。大家都想照相留念，所以要排队。

深入才有兴趣

　　我们常说，有兴趣才能深入，其实可能是深入了才有真正的兴趣。

　　小学的俱乐部有点像中国的兴趣班，但中国的要交费，在日本，则是教学的一部分，而且，种类多到两位数。各校俱乐部大同小异，学艺附小一共有 23 个俱乐部：戏剧、发明、美术和绘画、铁道、歌剧、乐器、生活、科学、折纸、围棋和国际象棋、漫画、手工、计算机、足球、器械体操、网球、羽毛球、乒乓球、篮球、排球、剑道、空手道和柔道、跑步。

　　俱乐部活动从四年级开始，四、五、六年级学生根据自己的兴趣在学年即将结束时选定新学年要参加的俱乐部。可以每年更换、体验不同的俱乐部，也可以一直参加同一个俱乐部，但每个学生每次只能参加一个俱乐部，因为学校规定的每次俱乐部活动时间只有一次，每年 10 次。在俱乐部时间里，学生们分别在不同的俱乐部参加活动。

　　新学年开始，各俱乐部不同年级的学生在一起，首先要讨论当年的活动计划和实施办法，老师只是顾问，不决定活动内容。如果学生有什么需求，老师会给予配合，并提供信息和建议。

　　活动计划制订之后，俱乐部成员开始深入探讨大家的共同兴趣。一年活动结束的时候，每个学生要针对活动实践做总结报告，并一一演讲。

　　俱乐部的宗旨是志趣相投的同学凑在一起，彼此交流。与中国兴趣班最大的不同是，没有老师讲课或辅导。通过俱乐部活动，学生的策划和组织能力得到了锻炼和提高。

　　此外，俱乐部有配合校方活动的工作任务。

　　国立小学的特点之一是活动多，基本每个月都有一次大型活动。一所小学总共只有十几位老师，那么充实的活动内容，主要靠学生和家长协作完成。学生和家长是策划人、设计者、记者、编辑。

　　俱乐部与校方活动的合作各有具体分工，比如做海报是绘画、折纸等俱乐部来承担，乐器、生活、科学俱乐部等也各有不同的任务。

　　学校规定 8 点 20 分到校，早到的学生可以在操场做运动。8 点可以开始运动，只有 20 分钟的早练时间。儿子加入的是篮球俱乐部，为了能顺利跟上俱乐部活动，他一般早练就去打篮球。要保证 20 分钟的早练时间，他必须 7 点 35 分出门，走到学校需要 20 分钟，7 点 55 分到校，在教室放下书包后马上去操场。

　　儿子在中国没读完五年级就直接到日本上六年级，本以为把五年级后半学期的数学补上就可以跟上进度了，后来发现，融入学校生活的关键不在于用日语听课和学习。出身中国教育体制的孩子到日本所面临的重大课题之一是运动——体育知识缺乏，技能有限，身体素质还达不到日本的标准。

　　中国的小学运动时间设计有限，执行起来又随意打折扣，基本没有正规的运动训练，更没有系统的体育知识学习。日本中小学的体育教学有教科书，叫《保健体育》，在中国属于体校专业课内容。体育课不仅包括跑步、跳高、跳远等技能训练，也有笔试，要了解身体结构、运动原理。儿子到日本上学首先是体育课跟不上，参与篮球俱乐部的活动成为一件需要付出许多努力的难事。

篮球俱乐部的活动内容主要是打比赛。既不懂日语也不懂游戏规则，别人传球过来也不太明白要怎样做，所以，马上就被视为不会打球，逐渐地就被忽视而没人再把球传过来，只能在场上空跑瞎转。此刻，孩子曾面临考验，是放弃逃跑，还是坚持积极参与。当然选择只有一个，即使左右不是，仍要积极参与。痛苦地坚持了一段时间，逐渐能投球了，进而投球投中、听到了喝彩声，随着投中的次数多起来，打篮球终于变成了兴趣。

更重要的是，因为打篮球交到了更多的朋友。学校活动是交朋友的场合和渠道，积极参与各种活动才能实现交上一百个朋友的目标。

一进学校就领到一本 A5 大小的蓝色小册子，叫《菊子手册》。这本手册一般是一年级入学时发到学生手里的，贯穿小学六年，一直使用。要求不能丢失、保持整洁。我们是六年级入学时领到的，每天都放在孩子的书包里。

手册的第一页是介绍校徽的由来。学艺附小的校徽是菊花，学校称作"菊子园"。菊花寄托了父母和老师对学生们的希望：像菊花一样成长。

"像菊花一样"意味着什么呢？

菊花耐寒耐暑，可以坚韧地扎根到土壤很深的地方。一直忍耐艰辛，为的是迎来开花的日子。到了秋天，各种花卉开始枯萎的时候，菊花才绽放美丽。中国也有很多描写菊花的古诗词，"待到秋来九月八，我花开后百花杀。冲天香阵透长安，满城尽带黄金甲。"（唐·黄巢《不第后赋菊》）

也就是说，菊花的性格是："纯洁""明亮""健壮""坚韧不拔"。

在《菊子手册》里有每一年的俱乐部活动记录页，学生自己填写回顾和总结栏。这个总结是对设计好的选项进行评价，A是"做得好"，B是"做得一般"，C是"尚需加油"。从选项的设计可以看出俱乐部活动的教学目标。

1. 是否中途不倦怠而做到了坚持到最后？

2. 有过"太棒了""哦，原来如此"的感想吗？

3. 参加活动的时候下功夫了吗？

4. 是和朋友合作着参与活动的吗？

5. 一直带着责任感采取行动吗？

6. 主动地参与活动了吗？

儿子给自己的评价是：

1.A

2.B

3.B

4.A

5.A

6.B

从儿子自己的评价也可以看出，他有坚持意识，比较善于交朋友，有责任感，但缺乏主动性，下功夫不够，所以还未能体验多少成就感。

所以说，俱乐部也是一种教学，除了深入兴趣，还有做事方法的指导和人格的培养。

檀聪日记

2009 年 4 月 10 日（星期五）

今天是决定俱乐部首领的日子，可是，我还没有俱乐部。虽然俱乐部可以每年更换，但大家一般都几年坚持在同一个俱乐部里。老师问我："决定参加什么俱乐部了吗？"不懂日语也不会选，因为开学作自我介绍的时候说了喜欢篮球，老师就把我推荐到了篮球俱乐部。后来听说，还有漫画、游戏等其他俱乐部，感觉选择篮球俱乐部很失败。

作自我介绍说喜欢篮球是因为当时只知道"篮球"这个词的日语，其实，我根本就没打过篮球，而且也完全不懂篮球规则。不过，打篮球对身体好，就在篮球部加油吧！

班主任留言

漫画俱乐部是画漫画，游戏俱乐部是下国际象棋、军旗等。是我推荐你进了篮球部，对不起。

2009 年 4 月 12 日（星期日，晴）

我非常喜欢日本的漫画。在中国看《银魂》的时候知道有一个漫画杂志叫 *JUMP*。后来，不记得是从哪里知道还有 *MAGAZINE*、*SUNDAE*、*CHAMPION* 几个漫画杂志。我最喜欢 *JUMP*，*CHAMPION* 就没什么意思。

现在最想看的是《家庭教师 HIT MAN REBON》。还有 *MAGAZINE* 里的《魔法老师 NEGIMA》！NEGI 是老师的姓，中文译成涅吉，日语"魔法"的发音是 MAHO，所以，NEGIMA 可以说成是"涅吉魔"。

今天，终于把 *JUMP*19 搞到手了。

班主任留言

老师也觉得 NEGIMA 有意思。是不是还有 *MAJOR*、"柯南"呢？！

老师和学生是打打闹闹的关系

国立小学的很多学生需要乘坐公交车上下学。学校规定，最初的两周家长可以陪同上下学，让孩子熟悉上下学路线，以保证安全。

通常是一年级新生才有如此待遇，但国际班学生是插班生，六年级也要遵守这条校规。儿子觉得让同学看到家长接送很没面子，就和我拉开距离，他在马路那边走，我在马路这边走。

轻轨在居住区的大街小巷中穿过，铁道过路口为事故多发地段，小学生不得自己过铁道，中学生家长择校时也尽量选择上下学无须过铁道的。

学艺附小在铁道南侧，家住铁道北侧的学生必须从车站内通过。即使楼下就是铁道过路口，也必须绕道走到车站。

我家住车站北侧，孩子每天从车站附属的人行过街桥过铁道。学校规定，走着上学和乘车来校不能利用同一出站楼梯，为的是缓解来往的人流。日本地方小，所以才造就了如此的细致规矩和井然秩序吧。

上下学途中也属于学校的职责范围，学校要承担安全责任，学生也要遵守校规。学校有规定的上下学路线，并严格监督执行，上下学时间有老师轮流骑车巡视。

和在校内一样，学生在上学路上不允许带手表、零钱、手机。即使家长在身边，也不能从家长那里拿钱去路边自动售货机买水喝，或进便利店买东西吃。此外，禁止穿着校服到学校之外的地方活动，例如，不能下学后和家长一起直接去亲戚朋友家聚餐，也不能跟家长顺道去商店买东西。下学后必须直接回家，脱掉校服，换上校服之外的衣服，即私服，然后再做什么就不归学校管了。

接孩子下学的一天，我在学校大门口等。放学没个准点，左等右等孩子都没出来，我就去了教室。

来到教室门前，看到一些小女生和年轻的男老师在打打闹闹，吵吵嚷嚷之中听不到敬语，年轻男老师处于被小女生欺负的境地。男生和老师也是打打闹闹的，儿子站在一边发呆，一副不习惯和难以融入的样子。本来决心到日本以后要改头换面、遵守纪律、不再调皮，结果发现，在日本，调皮的学生才风光。

教室是推拉门，上课不关门。国际班的三、四、五、六年级教室之间有隔断，但在教室一侧留了通道，学生在课上也可以来回走动串班，六年级学生有时会去四年级教室拿个教具过来。

来到学艺附小没几天，每天都有新鲜事儿。

午餐时间播放的音乐是《20世纪少年》的主题歌，由学生的广播委员选曲并播放，当然符合小伙伴的兴趣。课上学生和老师聊的是漫画、电影《赤壁》《20世纪少年》续集。儿子说，这种话题，在中国不要说课上，课间也是可能被禁止谈论的，而且，即使允许谈论，老师也不懂。这里的老师特别注意和学生要有共同语言，每天交日记，班主任的评论不是每天都有，但只要是关于漫画的事，老师就一定会写评论。

日本的小学教育很考虑年龄特点，教学方法大大区别于中学，没有期中、期末考试，只有单元小测验。与中国大为不同的是，一个班主任教很多科目。图工、音乐、理科、家庭课在专门的教室上课，也有专门的老师教，而算数、国语、历史、地理，包括体育，都是班主任教。

儿子的班主任是一位 30 岁出头的单身男老师，讲起历史滔滔不绝，对中国历史也很了解，对学生的汉字书写要求特别严格，还颇为熟悉漫画，在儿子的日记后留言说，他也喜欢《涅吉魔》，还要继续针对 *MAJOR*、"柯南"交流看法。

老师和学生是可以一起聊漫画的关系，师生志趣相投，是老师的追求，也是学生的幸运。

檀聪日记

2009 年 4 月 13 日（星期一，晴）

今天在学校发生了一个小事故，上厕所时把校服短裤的拉链拽坏了。我告诉了同班的宏君，他说，没关系，谁都不会看到的。于是，我一直忍到吃午饭时都没吭声。

吃过午饭我挺不住了，就告诉了老师。老师给我找了一条尺寸略小的短裤。

回家后我和妈妈说了这件事，妈妈也是刚来大泉不久，不知道哪里卖拉链，或者说，从没买过拉链。后来是在百元店买了长度和质量都不太满意的拉链，好歹给换上了。居然能换上新拉链，我完全没想到。

班主任留言

　　要是简单些的坏法，老师就能修了……真遗憾。

家庭课

　　家庭课可以说是日本基础教学中对我冲击最大的一门课。

　　日本教育大纲规定，小学从五年级开设家庭课。家庭课不像中国的兴趣班，学做几个菜、缝制几件工艺品，而是小学五、六年级和中学生的必修课，有系统的教科书和相关实践用材。五年级全年 60 课时，六年级 55 课时，每周两节课。小学课程规定必须设置专门的家庭课教室，具备上下水、煤气炉等设施，可供学生学做饭菜。小学设置的特殊大教室有理科、美工、音乐教室，再就是家庭课教室。

　　如果仅仅为掌握生活技能，可以从妈妈那里学习，显然家庭课的目的还不止于此。那还有什么呢？

　　根据文部省制定的教学方针，小学家庭课的目的是通过衣、食、住、行的实践和体验活动让学生意识到自己的成长，提高对家庭生活的关心度，并理解其重要性。

　　原来如此。教育是启发和引导，家庭课启发孩子理智地面对日常生活，思考自己与家庭的关系，体会家庭生活的快乐，从而培养作为家庭成员积极参与实践的生活态度。

翻开小学家庭课教科书的五、六年级合订本，内容充实、生动，包括四个方面的内容：家庭生活与家人、家常饭菜的炊事基础、舒适的衣服与家居、身边的消费生活与环境。可见，家务也有那么多的学问，"炊事基础"只是其中一小部分，重点还在于人际关系和与衣食住行相关的环境教育。

"家庭生活与家人"的学习让孩子们认识到，自己的成长与家人的关系是多么地密不可分。当然，这一点是不言而喻的事实，但要成为孩子的理性认识才能称得上教育。除了自己和家人的关系，还有自己家和邻居的关系、家庭和社会的关系、家庭生活与家长工作的关系。

家庭教育的具体实施当然还是通过日常生活必备的基础知识和基本技能，做到能应用。"家常饭菜的炊事基础"部分就是学做饭菜了，但这个学做饭菜也不只是了解先放油再炒菜的炊事操作流程。学生首先要理解家常饭菜的作用，家庭教育中的"家常饭菜"不是简单的喂饱肚子，它的作用是让家人关系变得更为亲密，在设计菜单和选择食材方面，学生要思考如何通过做饭加深家人感情。

同时，家庭课也是科学课，要在学习营养学的基础上制作出营养合理搭配的家常饭菜。可以说，学做饭菜是结合科学与人文的教育。

此外，学做饭菜还必须注意，厨房用具和导致食物中毒的细菌可能在手上、食物上、厨具上。出于卫生安全考虑，上家庭课要穿围裙，用三角巾扎头发，戴口罩，孩子回家做厨事时也会照做。

想起自己到日本后第一次和朋友去乡间别墅聚餐，本以为日本男人不做家务，没想到男生都会做饭。他们都受过家庭教育，只是婚后家务分工不同。

　　那次聚会还发生了让我无地自容的事情，洗碗不擦就放进橱柜，挨了女生的指摘。她告诉我，湿水会给微生物留下寄生环境。原来，小学家庭课就教了菜刀、食具要擦干存放，擦布要在光照处晾干，洗碗池要洗净后整体擦拭。

　　"食"是家庭教育的重要组成部分，除了食育，还有渗透在穿、住之中的教育。"舒适的衣服与家居"部分学习穿着常识和如何洗、熨、叠放等良好生活习惯。通过亲手制作一些生活中有用的东西，学生可以体验怎样用智慧去让生活更舒适，其中包含了节约等价值观念的培养。

　　日本路窄、房子小，秩序至关重要，所以，收拾生活用品和学生文具都有讲究。

　　讨论怎么收拾的时候，总有学生说，想看的书一下拿不出来，要用的文具找不到，袜子的另一只不见了，衣服皱皱巴巴的穿不出去，地上的什么东西害得自己滑倒了。家庭课教材对收拾的方法总结了若干要点：东西放在哪里要心里有数，需要的马上能拿得出来；要有效利用空间；等等。还指导了具体怎么做，例如，收拾的时候要想象自己先做什么，接下来做什么，那样，需要的东西就能马上拿到了。

　　关于有效利用空间，收拾时才可能发现，同样的东西有几个，不用的东西也不少。收拾出自己不需要的东西，可以给别人用，或加工后再利用，尽量不增加垃圾。不增加垃圾是环保意识，是宏观性的有效利用空间；勤于收拾，只买需要的，珍惜财物，是有效利用空间的前提。不需要的东西就是垃圾，别人给也要拒绝接受，以减少垃圾的

071

家庭课

产生。同时，珍惜物品，也是减少垃圾的好办法。

近期在美国掀起媒体风暴的日本女子近藤麻理惠被评为"世界最有影响力的 100 人之一"，与乔布斯同级别。她的名字已被命名为一种生活方式，konmari。她是断舍离专家，最大的本事就是扔衣服，她的哲学是：还有再穿一次的冲动，就留下，否则就扔掉。

有篇文章题为："这个日本姑娘居然因为会做家务而成了世界上最有影响力的人?！"标题反映出一种通俗的价值观念，认为会做家务不可能成为世界上最有影响力的人。家务中没有什么谁做不来的技能，关键在于持续每一天，代代相传，就积累了大不同。日本主妇做事的一丝不苟和招数、创意反映了日本社会的标准，也影响到日本文化面貌的形成。家务不能与社会活动分开看待，它是一个家庭、一个国家的起点。

"身边的消费生活与环境"部分是学习"行"的智慧，它涉及物质和金钱的使用方法，但重点不在于如何挑选物美价廉的商品。学生要理解买卖关系意味着什么，卖东西是为了取得收入，买东西是为了用于生活。现在有许多购物行为都是通过网店，网店购物要事先征求家长的意见，购物规则也是家庭课的教授内容。

除价格、品质因素，还要考虑商品是否符合使用目的，是否考虑了环境因素。环保意识的培养是学习重点，启发学生思考要怎样生活才能兼顾环境因素。日常生活的所有环节都需要考虑到环境因素。

早起刷牙，看到旁边的洗衣机在转；拉开冰箱拿吃的，冰箱亮着灯；妈妈在做饭，灶台点燃的是天然气；音响里传出音乐，电脑屏幕亮着；吃饭看着电视，玩游戏要用电视屏幕；等等。这些景象让孩子明白了，日常生活需要许多资源和能源，进而启发他们思考：可以做些什么来节约能源呢？

餐桌旁有可燃和不可燃垃圾桶，收拾餐桌要进行垃圾分类，淋浴、泡澡要节约用水，自动售货机旁是瓶罐分类垃圾箱，便于回收再利用。孩子明白了：要让好环境持久，自己必须随时实践力所能及的环保行为。

学习家庭课需要观察周边生活，看看自己能做些什么。观察不只是看妈妈怎么做饭、洗衣，关键是要有能源意识，思考每天的生活如何使用能源，如何让现在的生活持续下去。

帮妈妈洗碗和在超市买东西的时候想一想：生活中注意安全和卫生了吗？年末家里大扫除的时候想一想：生活中和家人合作了吗？扔垃圾的时候想一想：生活中随时考虑到环保了吗？上学路上看到邻居老奶奶在扫街，想一想：和小区居民的关系如何？

然后，要把学到的知识应用于具体的日常生活。找妈妈了解一下各种家务都是怎么做的，每天的生活都需要哪些支出，理解为取得报酬而工作的重要性。妈妈不在的时候，正好和爸爸合作下厨房；实践缝纫机的使用，可以做些餐垫、布兜等日常能派上用场的东西。

家庭课也有作业和考试，是与算数、国语、英语、社会（历史和地理）、理科（物理和化学）和美工、音乐、保体（保健和体育）同样重要的一门课程。初中也有家庭课，叫"家技"，就是家庭和技术，学习和实践的内容更为深入；高中阶段的家庭课就是结合其他学科的专业内容了。

小学生要结合日常生活来学习，设计和反省"自己一天的生活"，以总结报告的形式做出图文并茂的报纸，主题是：凝视生活，发现问题。

儿子上家庭课后的进步，首先是敢用天然气灶台了，会用灶台以后，他能做的事情也多了，起码可以自己加热饭菜。在学校里实践了用水壶烧开水，然后泡茶。

使用气炉的方法并不难，但不掌握安全常识就不敢让孩子用。家庭课对使用气炉的安全知识进行了细致的普及，准备出门几天的时候，儿子会提醒我关闭阀门。

单元学习结束之后，在学校的家庭课教室，学生要给老师做一顿饭。回家要做个一目了然的家庭成员家务值班表，有刷碗、擦食具、晾衣服、刷浴缸、刷厕所、扔垃圾等项目，还要会废物利用，比如牛奶盒洗净晾干，做成抽屉隔板。

家庭课到底取得了怎样的教育成果，不能是想当然，需要不断地跟踪调查和科学统计。日本在家庭课的调查研究方面做得很到位。比如孩子发现自己能做的家务有晾衣服、叠衣服、洗米、洗菜、洗碗、擦拭食器、吸尘、刷浴缸、陪妈妈买菜、吃饭的时候摆碗筷等。根据孩子的家务情况调查，有如下数据：

项目	每天一次（%）	三天一次（%）	几乎不做（%）
洗米	11.5	46.3	42.2
帮忙做饭	13.5	57.1	29.4
摆碗筷	37.1	48.3	14.6
洗刷食具	8.6	56.6	34.8
擦拭食器	9.0	47.8	43.2
参与洗衣服	12.4	53.2	34.4
叠放衣服	13.6	52.9	33.5

发现自己能做的家务，并帮忙一起做，渐渐地就能体会家人做家务的心情。同时，家务的实践是为孩子自立做准备。什么环节注意什么，要询问家人，从而实现生活技能的积累，好的生活习惯也能得到传承。

小学家庭课的开设不仅让学生能够掌握基本的生活技能，更重要的是让学生树立起正确的生活价值观念。

檀聪日记

2009 年 4 月 14 日（星期二，雨）

今天有家庭课，因为中国的学校没有这门课，所以感觉很新鲜。从点煤气开始到烧水、泡茶，最后是喝茶。小学生居然有这样的课，真是太棒了。

在家里，妈妈一直不让我用天然气炉，热饭热菜都要求我用微波炉。今天的家庭课主要讲的就是如何安全使用天然气炉，一定要确认点燃后，手才能离开炉子的开关旋钮，之后还要确认火苗是否在正常燃烧。

今天只学了泡茶，以后还要多学几样，做到饿不着。

班主任留言

那太好了！以后还会学做炒蔬菜、酱汤、米饭等等。

母亲是一种职业

美国绘本作家塔莎·杜朵（Tasha Tudor）在被问到职业时，她的回答是："主妇。"

日本主妇是家里的财政大臣，还负责培养和教育孩子，比先生的能力更全面，甚至可以说，日本男人不太行，日本女人却很厉害！女人懂经营，又会搞社会关系，说日本社会靠她们支撑并不过分，而且，男人也都是女人带大的。

主妇是职业，但主妇并非只干家务，她们也有社会性事务，例如职场人、志愿者等。即便是著名演员和政治家，她们都是首先出色地完成了主妇的职责，也就是家务优先、以家务为主。

很多日本妈妈都说，她们在家从来没有坐过，吃饭都是站着的。这一点我很有体会。早上洗衣机已经转出一盆校服、衬衣、体育服之类，面包泡在鸡蛋牛奶里等着煎炸。洗漱、早饭、出门、挤车，这是上班族妈妈的早晨，确实跟打仗似的。可是，工作再忙，主妇的职责不能怠慢。贤妻良母，是决心和毅力的代名词。

爱好和职业听起来像是两回事，其实专业和职业或专业和爱好基本是一回事。爱好源于兴趣的持久和深入，逐渐就变得专业了，而且，因为主动性强，所以品质上乘。职业之所以成为职业，也因为有持续性。职业存在的基础是有社会认可。

日语对专职主妇称作"专业主妇"。有人说，专职主妇的纯收入应为先生工资的20%，承担家务、教育子女、管理家中财政、照顾和支持先生等工作。

先生的工资一般是首先进入主妇的账户，100%交给主妇了，但这并不意味着先生的工资全成了主妇的收入。主妇负责支出，包括给先生划拨零用钱，给自己划拨纯收入的20%。主妇购买化妆品好比私人用品，公司不能报账，主妇个人开支出自主妇的纯收入。

母亲是一种职业，也是孩子的第一教育者，潜移默化地实现了文化的传承。

从文明史的角度来说，母系社会其实从未改变，改变的只是在于人们如何看待它，是否承认母亲的社会决定性作用罢了。做女人要有丰富的内涵，社会靠女人支撑也是不可改变的根本。

有文章说，日本振兴靠的是教育，现在的大学教育普及程度比中国高很多。我想，恐怕中国缺乏的还不限于大学程度的教育普及，更是有关社会常识的基础性教育。而且，关键在于教育工作者。如果教育人的人都没有受到良好教育，那一代又一代只能恶性循环。

在日本，道德教育在幼儿园、小学低年级阶段就完成了，而且是由孩子的母亲主导完成的。日本主妇好奇中国女性都上班，孩子的教育怎么办？中国双职工多，在女权意识上确实处于世界领先地位，但从孩子的教育角度考虑，主妇的担当还是值得探讨的。

在中国工作的公司里有一位小姐，看到老同志忘在电脑上的钱包就收了起来，没吱声，害得老同志周末去公司找。这位小姐发现老同志的钱包时应该马上告诉老同志，让他放心。这位小姐没有这种意识，是因为大学教育不普及吗？她缺少的是幼儿时期母亲就应该告诉她的常识。中国的教育问题在很大程度上是教养问题，牵涉到孩子的父母，甚至爷爷奶奶。即使自己有教养，未尽传承教养的义务，也是母亲在社会意义上的失职，也是对传承文明的不负责任。

在日本做小学生家长是一门全能专业，仅放弃自己的事业还是远远不够的，也不是只付出时间就能做好，需要具有裁缝、书法、手工等各方面的专业技能。在中国可以找到路边裁缝店换裤子拉链，而日本却没有类似服务，因为人人都从小修得了比中国路边裁缝店更专业的缝纫功夫，不只女人，男人也行。小学有缝纫课，从手工到缝纫机都有系统学习，小学生缝制的布袋能达到市场销售的水平。

日本的小学生妈妈首先要具备便当制作技能，让孩子理解传统的便当文化和体会母亲起早做便当的辛劳和用心，培养感恩之心。学校规定周三是便当日，这一天学校不供应午餐，学生都要带便当。

日本女演员菊池桃子在综艺节目中说，她家有个高三的儿子，从孩子 2 岁时起就给他做便当，一直做到儿子 18 岁。做完高三最后一天的便当，妈妈对儿子说，今天是最后一次便当了。此时，儿子拿出了给妈妈的谢礼，妈妈泪奔不止。

"便当"一词其实并非原产日本，而是源于中国南宋时期，是便利东西之意。携带熟食的习惯世界各地可见：西藏的糌粑可算最简单的熟食；印度人习惯把咖喱和馕放在饭盒里携带；美国人是给面包涂上花生酱或果酱做成三明治携带；日本更是自古以来就有携带便当的习俗。

便当在日本得到了比其他国家更为突出的发展，以至于现在说到便当，谁都以为是日本的文化传统。有分析说，日本便当的发展原因在于日本米饭凉了也好吃。

车站的便当利用率很高，乘坐长途新干线之前一般会在车站买个便当在车上吃。比赛和展会有便当卖，便利店也有卖，甚至餐厅都有便当套餐。学生郊游、参观、运动会等，当然也是带便当。日本便当与中国盒饭的最大区别在于：日本便当是凉着吃，中国盒饭是热的。便当盒各式各样、品种丰富，大部分便当盒上注明了可以用微波炉加热。一般还是凉着吃，所以，便当的制作要考虑凉了以后也好吃。

书店里有很多介绍便当制作的图书和杂志，日式便当除了适合凉着吃，还有讲求食材品种多样、外观设计性强等特点。中餐趁热，还尽量让几样东西做在一起，日食却是各种食材单独做，讲求做出食材的原味。

几口人的便当一起做好办，但为一盒便当做几个菜就是难题了。所以，我经常用几样食材做成一个菜，再把各种食材分开摆放到便当中。便当一般是装一主两辅三个菜，主菜是炸鸡块，辅菜可以是西兰花、牛蒡等。

我对做便当没有信心，更多考虑的是别让孩子丢脸，首先要外观看得过去。其实，外观的基础是营养学，便当讲究的是食材与营养的平衡关系，要求妈妈具备相当的食育修养。

首先是营养成分要量化。谁都知道营养丰富和均衡的重要性，而量化就是科学。家庭课学蒸米饭也是从材料的量化开始的，一个人大概需要 80 克米,也就是大米量杯的 1/2。蒸饭需要的水量是米的 1.2 倍,例如,80 克米需要 100 毫升水,100 克米需要 120 毫升水。

一日三餐,便当是其中一餐,所以,营养的摄取要按一天所需营养的 1/3 来计算。小学生一餐营养摄取量的标准是 650 卡。主食和菜的比例是 1∶1,菜是一主两辅。装便当的方法遵循几何学、审美学原则,纵、横、斜向巧妙组合有变化,外观要有视觉刺激,能唤起孩子进餐的快乐情绪。

便当的制作有 13 个要点,如下所示:

1. 过一段时间也不变味,味道稍重为宜。

2. 气味强烈的要用保鲜膜包上。

3. 用筷子难以分割的要做成一口一块的大小。

4. 饭菜都要等凉了以后再装进便当盒。

5. 形状容易受到破坏的尽量不要用于便当。

6. 蒸米饭的时候可以用点醋或柠檬汁防止米粒形状受损。

7. 带油的菜要注意凉了以后油不会凝固。

8. 使用保鲜膜或杯容器等防止菜汤流出。

9. 不同的菜要隔开摆放。

10. 保证甜、辣(咸)、酸味俱全。

11. 外观要好看,给人快乐的感觉。

12. 晚饭时多做些放冰箱保存,减轻早起制作便当的负担。

13. 做便当非一日之事,为保证持续几年的便当制作,巧妙偷懒也是技巧之一,时间富裕就做得精巧些,没时间就简单做。

檀聪日记

2009 年 4 月 15 日（星期三，晴）

　　今天是便当日，妈妈早上 5 点半就起来了。日本讲究一早做便当，不能把前日的剩饭剩菜放上，所以，每周三的便当日，妈妈都要 5 点半起床。

　　到了午餐时间，各年级国际班的同学都拿着自己的便当到午餐室去吃。我的便当比谁的都大，但我还是第一个吃完的，便当比我的小很多的同学也都还在吃着。

班主任留言

　　多吃健康啊！老师有点儿胖，所以想在吃上减点儿量。

午餐也是教学

日本拥有悠久的便当历史，但学校提供午餐还是近几年的事。

学校午餐叫"给食"，不是简单的吃饭，课表里写作"给食指导"。午餐是一天教育活动的重要组成部分，是午餐课。

给食是学生自己配餐、送餐，由几个学生值日，每周换人。配餐的学生每人负责一种菜品，同学们端着午餐盘排队领餐。餐前洗手当然不在话下，所有学生还都要穿上白大褂的进餐服方可作业和进餐。家庭课中的筷子拿法和进餐礼仪也属于给食指导的内容。

配餐后会有些剩余，学生可以要求添加饭菜，但必须等到午餐开始 40 分钟以后，因此，吃得太快也不能提前加饭、加菜，鼓励细嚼慢咽，珍惜食物。

进餐的重要标准是不剩饭，叫"完食"，不吃干净，等于没完成作业。如果偏食同学剩下不喜欢吃的，那大家就都要等他们全部吃完。有个从菲律宾回日本的男生不爱吃香蕉，午餐一有香蕉他就犯难，但直到他把香蕉吃完，老师才宣布午餐课结束。有学生因过敏不能摄取某些食物，那就要在入学时的健康问询表上注明。

对食物过敏的孩子，学校会为其单做午餐。例如，一个不能吃虾的学生遇到午餐有虾的日子，学校会这样安排：其他菜品都一样，只是虾用替代品，不会简单地去掉有虾的菜品，而且，替代品的营养程度与虾相当。如果有学生对多种食物过敏，哪怕一天遇到有三种，学校也会单做三种替代品。

如果午餐只是吃饭，那过敏学生自带便当会更安全。然而，"给食"是课程，学校必须想方设法实施教育，所以才做得如此彻底。

每月的最后一天，学校会发来下月的午餐菜单，学校的菜单叫"献立表"，与普通菜单不同，不仅写有菜品名称，还包括各种菜品所用食材的名称及其营养含量、用了哪些食材、分别产自哪里、每餐热量多少，也要注明蛋白质等营养指标。献立表具体到每一天，尽量使用时令蔬菜，叫"旬"。在日本旅游看到有些餐厅宣传"旬材"，指的就是时令食材，新鲜、美味。

日本的中小学是学生和老师一起用餐，内容是一样的。学生配餐的时候，老师会给予适当的作业指导。班主任和学生一起用餐也是彼此交流的机会。

日本的中小学是规定要有厨房设施的，也就是说，午餐必须在学校做。每月发来献立表，不仅放心，考虑晚饭做什么的时候也可以参考献立表来平衡营养。

儿子在练马区上学，给食采用区内生产的食材时，学校会在每月发行的《食育通讯》上做些宣传，推广日本农业的"地产地销"理念。

午餐都有牛奶和水果，牛奶是用玻璃瓶装，奶瓶有专业公司回收再利用。

午餐也是教学

献立表示例

日期	牛奶	菜名	主要食材及其作用			能量（kcal）
			红：血与肉长骨和牙	黄：热量与力量的根本	绿：调整体内平衡	蛋白质（g）
1	有	寿司饭 白身鱼 西京烧 青菜汤 水果	牛奶 紫菜 油豆腐 虾 鸡蛋 白身鱼 酱	米 砂糖 蔗糖 油	胡萝卜 菠菜 荷兰豆 西葫芦 藕 香菇 姜 葱 水果	598 —— 31.1

　　孩子吃了日本学校的午餐之后，一改"学校午餐难吃"的想法，总说日本的学校午餐别提多好吃了，每天都加饭，还经常为加饭不成功而懊恼。

　　国立小学比区立小学级别高，但比较穷，区立小学都安装了空调，而当时的学艺附小没空调，冬天很冷，夏天很热。午餐每顿只有200日元标准（不包括牛奶），按当时汇率计算，合人民币15元。现在200日元合12元人民币，但午餐经济标准并未提高。虽然预算标准低，但学校厨房还是尽量下功夫研究，把饭做到最好。

　　一般在外边的餐厅吃午餐定食（套餐）价格为800～1000日元（合人民币50元上下），企业、学校食堂便宜些，大概是前者一半的价格。

去年秋天在女儿所在中学举办各校篮球部的比赛，作为东道主要给各校教练、老师做一顿午饭，篮球部学生的妈妈们负责做这顿饭。40 人的饭只给 7000 日元（按当时汇率合 350 元人民币）的预算。女儿在篮球部，我被委任为主厨，就设计了麻婆豆腐盖饭和黄瓜鸡蛋汤。日本人对黄瓜熟吃没概念，就改成萝卜苗海带汤，还加了个凉拌白萝卜和黄瓜丝。

儿子上中学以后，学校午餐也好吃，给的量也足，只是吃饭时间短，仅 20 分钟。小学可以边聊天边吃饭，中学要是边聊天边吃饭就吃不完。

女儿来日本之前是在北京的私立学校上学，学校的饭挺好吃，但是，吃过日本学校的午餐以后，女儿说，特别好吃，她全能吃完。

女儿是吃饭偏食或少食的孩子，长得比较瘦。婴儿时代喝奶就很费劲，营养不良，缺乏咀嚼，掉牙慢。但是，日本学校的午饭她居然能吃干净，每天都能做到"完食"，而且每天都说好吃。起初日语不会，交流困难，应该很郁闷，但这顿好吃的午餐让她每天都能兴致勃勃地去上学。她每天都主动看献立表，特别爱读午餐说明。日本的周一到周五写作"月、火、水、木、金"，女儿从献立表中掌握了日语"周一"到"周五"的写法。

女儿在家是个非常活泼，甚至很闹腾的孩子，但是，在中国的私立学校上学期间居然不说话。到了日本，不会说日语很容易被人看成傻瓜而受欺负，但是，女儿每天努力把会的日语都说了，还说第二天交了 6 个朋友，第三天有 12 个朋友了。

交朋友应该也是在午餐时间，大家在教室吃饭，4 个同学一桌，班主任每天和不同的学生一起吃饭。

好吃的午餐才能是快乐的，快乐是健康的基础。好的中小学午餐对孩子的身心健康意义重大。

作为教育内容的午餐指导还包括饭后收拾、清洗餐具、擦拭餐具后放到规定场所、擦桌子、垃圾分类等等。玻璃奶瓶放回奶箱由牛奶公司回收，餐巾纸放到可燃垃圾袋，饮料吸管等塑料垃圾放到塑料垃圾袋。塑料垃圾要冲洗干净后才能投入塑料垃圾袋，难以清理干净的垃圾投入可燃垃圾袋。餐厨垃圾属于可燃垃圾。

日本的垃圾回收按天分类，根据居住地的不同，一般每周有两天扔可燃垃圾，比如周三和周六，每两周扔一次不可燃垃圾，每周一次扔可利用垃圾，例如，塑料、纸盒、瓶罐等。瓶罐也要分三类，早上5点前垃圾车把玻璃瓶箱、罐箱、塑料瓶箱放在家家户户门前，8点后由不同的垃圾车分别拉走。

学校每年举办一次午餐试食会，主要对象是一年级学生家长。这是由 PTA 组织的活动，家长品尝学校的给食午餐。每年的试食会都安排在六年级移动教室活动期间，委员妈妈们可以更加专心试食会的操办工作。我参与组织的那次试食会一共来了 120 多位家长。

学艺附小的给食有几大宗旨：吃饭要怀抱品味生命和感恩之心，营养配比融入数学教学，材料产地融入地理、历史教学，还有饮食文化方面的教育。

在试食会上，校方营养师作了主题发言，她讲到好几个问题都启发了我对给食的重新认识。

日本学校的营养师必须持有营养师和教师的双重资格证书，不像中国，一个没有膳食专业知识和学历资质的农村保姆也有可能被录用为学校食堂的大师傅。

学艺附小的厨房特点是不迎合孩子的口味，而是按营养思路做饭。营养师说，因为是小学，孩子年龄小，适应性强，即使有不喜欢的，总吃就能慢慢习惯和接受。让孩子习惯日本传统饭菜的口味是给食教育的重要理念。当听到孩子说，原来不吃的现在能吃了，营养师最有成就感。

比如羊栖菜，大部分孩子都不喜欢吃，但这种海藻在北海道、本州各地都有分布，是日本的特色食材，有"吃羊栖才长生不老"之说，敬老日的 9 月 15 日都定为"羊栖菜日"。所以，营养师一直坚持使用羊栖菜，一年级学生有两周就能完全适应而不再讨厌羊栖菜了。

营养师是个说话斩钉截铁的女老师，气质不太像一般日本女性，看起来一副精明的样子。有家长问，学校对过敏学生的饮食是如何考虑的？营养师毫不犹豫地立刻回答说："没有考虑。"但可以为食物过敏的学生做替代品。

整个试食会的操持工作由全体 PTA 委员承担，装束是三角巾、口罩、围裙，每个委员还自带了抹布，用于最后的现场收拾。试食会吃饭的时候各位家长都拿出了自带的餐垫。关于试食会的装束、装备都没有明文通知，因为它们都属于常识。

正如营养师所说的，持续重复一些日常小事，慢慢地便形成了一种素养，养成了一种文化。

檀聪日记

2009 年 4 月 16 日（星期四，晴）

今天的午饭是我特别喜欢的咖喱。加饭要到 12 点 40

分才可以，我是从 30 分钟前就开始等了。大家都想加饭，所以，和我一样，都处于等待状态。终于到了 12 点 40 分，山本老师开始给大家分咖喱。12 点 50 分，午餐结束，之前就剩一瓶牛奶，大家只能用石头剪子布的游戏决定谁喝这瓶牛奶。我是第一个出局的。

班主任留言

　　真遗憾！还有下次呢。希望下次能一切顺利。

学生委员会是学校活动的主力

如前所述，《菊子手册》里有俱乐部活动记录页，学生委员会活动也有记录页。俱乐部活动两周一次，学生委员会也是，交替活动，所以每周都有一次俱乐部或学生委员会的活动。

学生委员会与俱乐部不同，俱乐部是兴趣班，而学生委员会则是参与学校的工作。新闻委员会负责编辑报纸，学生委员自己做选题、编辑、排版、制作；图书委员会负责给学生推荐阅读书籍，策划和组织读书月活动，并制作读书海报。

学生委员会不是想进就能进，需报名后通过选举确定委员。和俱乐部一样，在学期即将结束时学生各自选定新学期想加入的委员会，新学期开始后马上进入委员竞选阶段。

委员竞选遵循竞选的基本原则，首先必须自己报名加入某个委员会，叫"立候选"。人气委员会报名人多，就需要通过竞选来确定委员。

儿子在小学没能有机会体验竞选，后来上初二的时候，立候选"中央委员会"委员，就是竞选班长，儿子遇到了对手。一个 40 人的班级出男女生各一名做中央委员，各班中央委员组成全校的中央委员会。当班长要做许多工作，一般不会出现竞争状态，但儿子有幸体验了竞选。在竞选演说之后，竞选者背对班级同学，结果是儿子以绝对多数的掌声赢得了竞选。

委员会活动的宗旨是学生自己动手做事情，目的在于让全校同学能够更快乐地度过校园生活。委员会活动的时候，学生委员在一起讨论如何改善校园生活。

委员会的活动内容由学生自己设计、组织和运营。最高领导层是运营委员会，运营委员会下设各班班长组成的代表委员会，代表委员会下是各生活团团长和其他委员会委员长。根据需要，负责上下学安全的地区学生会长和俱乐部部长在代表委员会的领导下参与运营。

可见，民主机制在小学时就有充分体现，学生做委员有荣誉感，但更多的是责任感和担当意识。运营委员会的委员不以为自己是最高领导者、有权力，而是专心努力地完成自己的分内工作。

委员会活动从四年级的第二个学期开始，六年级学生全年都有委员会活动，工作繁忙。

学艺附小有运营、集会、运动、园艺、科学、环境、饲育、信息发布、报纸、美化、图书、广播、保健、国际交流等十几个委员会，各委员会开展不同的活动以充实校园生活，委员们也从策划、组织、实施等方面得到了能力的锻炼。

《菊子手册》中委员会的记录页按学年分学期记录活动情况，包括参与的心情和反思，还有观察老师写的评语。

委员会活动的反思从几方面按A、B、C的等级来记录，A是好，B是一般，C是还要加油。反思结果需要自己填写：是否带着责任感做了分配给自己的工作？是否坚持做到了最后？工作中和同学商量了没有？对各个工作环节是不是都下了功夫？对同学的工作是否提供了帮助？参加委员会活动是否快乐？整体感觉如何？等等。

委员会的工作注重培养学生的责任感，通过反思留下经验。反思项目的具体化让学生成长，体现了不仅有"教"，还有"育"的教育特点。同时，委员会的活动也体现了从学生策划到参与、反思的完整教育程序。

开学后两周，每天都能了解到中国学校没有的新鲜事，也佩服：比中国老师人数比例低的学校，竟然完成了比中国学校充实好几倍的教学内容。中小学老师没有晚上八九点前回家的，第二天早上7点又到校了。有的老师家住得较远，经常就在办公室里凑合一夜。没有加班费，工资也不高，他们的责任感是从小养成的。教育真的不是一代人的事情。

檀聪日记

2009 年 4 月 17 日（星期五，雨）

今天有科学环境委员会的活动。选这个委员会的时候没太明白老师的讲解，只听见老师说计算机什么的，觉得应该不错，就选了。

今天的委员会活动是选委员长。我还不太了解科学委员会是干什么的，好像就是巡视计算机房、管理科学类环境和设施。

其实，我还不知道计算机房在哪里。

2009 年 4 月 18 日（星期六，晴）

今天和中国同学美慧通过 SKYPE 聊了天。美慧是二年级转到我们班里的，在中国上小学的班。至今为止，一直和美慧说中文。今天，美慧让我说日语，我榨干所有脑细胞用日语和美慧聊了 1 个多小时。

日语里的"我"分男女，男的说"我"也有多种说法。美慧说，我用的"我"听起来像小孩儿。我想，以后要改成另一种说法，有点儿像中文说"本大爷"感觉的那个"我"。

2009 年 4 月 19 日（星期日，晴）

今天为做生活团团旗去了团长小西同学家。

12 点 45 分在大泉学园车站的面包店前集合，之后乘巴士去小西家。这是我第一次在日本乘坐巴士，怎么买车票都不知道。我带了 1000 日元，车票是 100 日元，找了一大堆钱。

大家都带了礼物，只有我是空手去的。

在车上我还用手机给老妈打了电话，完全不知道日本的巴士和电车一样，在车上不能打手机电话。

小西家有狗，路上他问我："有狗没问题吧？"我说我怕狗。后来，小西就给他妈妈打了电话。到小西家的时候，他家的狗已经被拴起来了。

小西的家是很大的独栋房子，在我看来绝对是豪宅。

做艾蒿年糕：体会春天的意义和味道

开学没几天，学校就已经发来全年日程表，写有全年的活动。国际班有一些特殊的活动，宗旨是补修日本文化课。

开学第一天，国际班学生就有过一次特殊的活动，在学校的田地里采集艾蒿。然后，把艾蒿洗净、切碎，冷藏起来，两周后做艾蒿年糕。

日本把年糕叫作"饼"，做艾蒿年糕就是做"草饼"。做草饼活动要求家长也参加，让长期旅居海外的孩子和他们的家长共同体会日本春天的意义和味道。

艾蒿，也就是艾草，自古以来就是中草药，也有"清明插柳，端午插艾"的传统习俗。唐代医学家孟诜曾记载："春初，此蒿（艾草）前诸草生，其叶生按醋淹之为菹，甚益人。"但现在的中国孩子，甚至他们的父母，恐怕对艾草都已经很陌生了，而日本的国立小学却仍在把艾蒿当作品味春天的教材。

做年糕不只是用艾蒿，还有豆馅、芝麻、海苔、萝卜、豆面等很多原料。

年糕的制作方法严格遵循传统，先用木制蒸笼把黏米蒸熟，然后把蒸熟的黏米放到瓷钵里，一边添水一边由两个人用木槌轮流敲打黏米，直到黏米消失粒状，呈现足够有黏性的年糕面状态，就可以做年糕了。

做年糕的时候，是揪下一疙瘩一疙瘩的黏米面，加上豆馅，或裹上萝卜泥，或蘸上豆面、包上海苔等制成一块一块的年糕。

做年糕那天，国际班学生没有学校"给食"，午饭是孩子们和家长一起品尝自己做的年糕。吃年糕的时候，校长来了。校长出席做年糕活动不是来讲话，只为和大家一起吃一块代表春天的艾蒿年糕。吃完年糕大家齐唱校歌以结束活动。活动结束后，孩子们和家长一起把活动现场打扫干净。

整个活动过程中还有一个花絮，学生们在短短时间里换装了若干次。做年糕的时候穿体育服，吃年糕的时候换上用餐服，吃完年糕后再换上清扫服。

做年糕活动也需要发言，几天后举办了以年糕为主题的演讲活动。经历了近千人面前的自我介绍，演讲却还是儿子有生以来头一回，而且，是用只学习了 20 天的日语来演讲。

制作图文并茂的演讲稿需要学生自己做调查学习，因为日语的年糕写作"饼"，作为年糕的延伸，儿子学习了中国的月饼文化，并以"月饼"为题完成了演讲海报的制作。

演讲的时候，家长也来参观，演讲后有同学提问。看到儿子已经能听懂一些了，并尽力做了回答。儿子努力的姿态博得了热烈的掌声。看到自己的演讲有反应，儿子也感到分外喜悦。

檀聪日记

2009 年 4 月 20 日（星期一，晴）

今天是做艾蒿年糕的日子，参加活动的是国际班的全体同学和同学的妈妈们。做年糕用的艾蒿是 4 月 8 日我们自己在学校里采的。

艾蒿是初春时才会有的东西，校讯上说，用艾蒿做成年糕是为了品尝春天的味道。

蒸黏米和打年糕的做法都非常传统，用笼屉蒸黏米，然后把蒸好的黏米放到石钵里，大家轮流用木杵敲打。开始我不会打，慢慢地才掌握了一点儿窍门。

年糕做成甜的和咸的，好多种味道，能摆出十几种，我吃了其中五六种，没尝遍就已经饱了。我觉得裹甜炒面的和包紫菜蘸酱油的最好吃，豆沙的也不错。

年糕很好吃，但是，做年糕的过程更有意思。

班主任留言

是大家一起做的年糕，所以才那么好吃！

做艾蒿年糕：体会春天的意义和味道

用偏差值评价学力

据说，在 2009 年的 PISA（国际学生评估项目）世界排行榜中，上海居首位。

PISA 是 15 岁学生的国际性测试，以培养国际通用人才为宗旨，主要考核孩子们的独立思考能力，2009 年上海参加了测试。

一直以来都是芬兰独占 PISA 首位，芬兰在 16 岁以前没有考试，鼓励学生自学，避免学生为应试而学习。

日本也一直在 PISA 榜上名列前茅，可是，2009 年的 PISA 首位居然让实施应试教育的中国上海取代了。大家开始疑问，难道应试教育更能提高学生的独立思考能力吗？

采访上海教育权威后得知，20 年来，上海一直没有执行中国的应试教育方针，而是实施了独立的教育改革，推行培养孩子独立思考能力的教育理念。上海取得 PISA 测试的榜首成绩应该是改革的结果，与中国的应试教育无关。

日本近年的 PISA 测试成绩在走下坡路，有分析说，原因是日本学生缺乏学习欲望，很多学生为应试而学，可能考的就学，不考的就不学，而且，很多学生认为学的东西将来用不上。

日本文部科学省从 2007 年开始实施义务教育的"全国学力 / 学习状况调查"，只考国语和数学，从 2012 年起增加了理科（物理、化学和生物），包括知识和应用的考题。调查对象为小学六年级和初中三年级，目的是考量义务教育在机会均等的条件下如何维持以及提高标准，通过分析和评价施教成果来总结问题，以求改善。2007 ～ 2009 年，日本文部科学省对所有学校实施了调查，2010 ～ 2012 年以抽查和自愿的方式进行了调查。文部科学省对答题正确率的具体内容做出了详尽的分析报告，用以指导和修正教学活动。

此外，调查内容还包括生活习惯和学校环境问卷，调查对象是学生和学校。该调查与升学考试不挂钩，学生可以通过调查考试来了解自己的学习掌握情况和在全国学生排名中的位置。

日本采用偏差值来评价学习能力，偏差值的中文用语是"Z- 分数"，或"标准化值"。学习成绩的偏差值不是得分，而是表示某学生得分在所有考生中所处的高低位置。

偏差值计算公式 :（得分—平均分）÷ 标准偏差 ×A + B

日本计算偏差值中，A = 10、B = 50，美国留学考试的 SAT 和 GRE 中，A = 100、B = 500，SATS 中，A = 15、B = 100。

所以，日本计算偏差值公式为 :（得分—平均分）÷ 标准偏差 ×10 + 50

中国的学生和家长熟悉得分和平均分的概念，但"标准偏差"的说法可能就少有听说了。"标准偏差"在中文里叫作"标准差",用于测算一组数值的平均值分散开来以后是怎样的情况。平均值分散开来的计算在日常生活中也较为罕见,涉及"方差"的概念。

方差是针对一组数据,用于衡量随机变量与其均值之间的偏离程度。比如针对一组学生考试得分的数据,各学生得分与平均分之差的平方的平均数是方差。

在评价学习成绩时,考题难易程度、考生情况等条件都是不一定的,简单考题得 100 分的实力可能不及难题得 30 分。所以,应用概率论和数理统计的方差计算某学生成绩与所有考生平均分之间的偏离程度,具有更实用的价值和意义。

例如,有 5 个学生的学习成绩分别为 10 分、20 分、30 分、40 分、50 分,其平均分是 30 分。

方差为:$[(10 - 30)^2 + (20 - 30)^2 + (30 - 30)^2 + (40 - 30)^2 + (50 - 30)^2] \div 5 = 200$

200 的平方根是 14.1421356……,标准差就约为 14.14。

考 10 分学生的偏差值:$(10 - 30) \div 14.14 \times 10 + 50 = 36$

考 20 分学生的偏差值:$(20 - 30) \div 14.14 \times 10 + 50 = 43$

考 30 分学生的偏差值:$(30 - 30) \div 14.14 \times 10 + 50 = 50$

考 40 分学生的偏差值:$(40 - 30) \div 14.14 \times 10 + 50 = 57$

考 50 分学生的偏差值:$(50 - 30) \div 14.14 \times 10 + 50 = 64$

可以看出,如果某学生的得分与平均分相同,那么他的偏差值就是 50。日本小升初和初中升高中的最好学校要求的偏差值是 78。以满分 500 为例,考生平均分为 270,标准偏差为 80,那么,为考入偏差值 78 的学校需要得多少分呢?

78 =（得分 − 270）÷ 80 × 10 + 50

计算可知，考入偏差值 78 的学校需要考试取得 494 分，基本需要得满分。

儿子刚到日本一年，根本无法参加小升初的考试，高中考入了偏差值 70 的学校，高二起进入该校偏差值 75 上下的特进班，所以高中毕业时取得了顺天堂大学医学部、慈惠医科大学、国立山黎大学医学部三校的录取成绩。

都知道日本的东京大学是顶尖学府，根据 2016 年"大学偏差值 .biz"公布的信息，东京大学医学部的偏差值是 73，而理工学部和生物药学部都是 68。东京大学的文科是法学部偏差值最高（70），其次是经济学部和文学部（68）。但文理考试内容不同，按学部报考，所以，文科偏差值 75 和理科偏差值 75 又不是一个概念。东京大学之外则不仅文理考试内容不同，同一大学各学部考试内容都不同。同为庆应大学，医学部的偏差值为 73，理工学部 63，法学和经济 70，文学才 65。早稻田大学在中国比较知名，但其各学部平均偏差值只有 64，最高的政治经济学部 68，最低的教育学部 60。

儿子是 2016 年以"中央考并用"的方式考取顺天堂大学医学部的，其偏差值为 73，与东京大学医学部和庆应大学医学部的偏差值相同。偏差值是根据参加考试的人数统计得出，考东京大学医学部的不一定也考顺天堂大学医学部，所以，两者偏差值的统计对象并不完全相同，而且，考试内容也不一样。

顺天堂大学医学部有三种考试方式，只靠顺天堂大学出题考成绩的叫"一般"方式，"中央考并用"方式是顺天堂大学出题考和全国统考的中央考成绩一起计算，第三种就是只靠中央考成绩的。"中央考并用"方式偏差值要求为73，其他方式则为70。

难考的学校都是自己出题，比统考更难，即使取得了统考模拟偏差值78的好成绩，为考入高分学校，还要综合考虑难题模拟考试的成绩。

不止一家民间企业举办模拟考试，成绩单都包括各科得分和偏差值。该偏差值是统计全国各地考生计算出来的，所以，参加模考可了解到自己在全国考生中的名次，进而得知自己的成绩处于志愿学校考生中的什么位置。

考生是根据自己的偏差值来选择志愿，因此，报考某一学校的考生是偏差值不相上下的。报考高偏差值学校的考生都很优秀，水平相当的考生竞争就很大了。也就是说，报考偏差值为78的学校的考生，偏差值都在78以上，这样的学校仍然是按照1：5的比例录取。

偏差值不是平均分，偏差值差1分是分数差100分中的10分左右，所以，偏差值78和74的学生是有很大差距的。偏差值60以下的学生要考进偏差值62的学校需要相当的努力，偏差值65的学生要考进偏差值75的学校就基本属于天方夜谭了。有个流行的说法：偏差值相差20就不能对话。

檀聪日记

2009 年 4 月 21 日（星期二，雨）

今天从第一节课到第四节课都是学力调查，考了国语和数学。国语分为 A 和 B 两个阶段，A 马马虎虎做了，B

就完全不懂了。数学也分为 A 和 B 两个阶段，计算没什么问题，文字题基本不明白什么意思。

从今往后可要加强日语的学习了。

回家就马上让妈妈给我上动词课！

班主任留言

这个很重要。很棒！！

做上 PTA 委员

开学没几天，班主任打来电话邀请我做 PTA 委员。我连 PTA 的名称才刚听说，也完全不了解 PTA 是怎样一种机制，具体要做什么心里也没底，胜任就更谈不上了。听说过做 PTA 委员很费时间，周围的人都劝我不要答应，可再三推辞还是未能奏效，也觉得体验一下没什么坏处，到底还是揽上了一个需要从头学起的繁重工作。次日，孩子从学校带回了 PTA 委员的正式委托书。

PTA 不是日本特有的，最早是美国的两名女性于 1897 年自发创立的。现在，在美国、英国、加拿大等国也都有 PTA 之称的非营利性组织。美国和日本的 PTA 的主要区别在于：美国是自发性的，而日本有强制的义务性。

PTA 是 Parent-Teacher Association 的缩写，是所有学校都设置的一种教育团体。原则上，加入 PTA 属于自愿，但大多数委员都是被班主任说服而加入的。PTA 的宗旨在于父母和教师相互学习，其成果返还给学生。学校教育是家庭、学校和地区的结合体。

日本在明治时期引进近代学校制度时，学校的创立和运营经费是由居民负担的。后来，虽然学校经费由地方政府出资，但还是欠缺很多，于是，当地居民和上学的孩子家长就纷纷组织"后援会""母亲会"等在经济上支持教学活动。1935年以后，这些团体的活动一度受战事影响而中断，但随着战后复兴学校等活动相继展开，1952年，日本全国性的PTA组织在东京成立。

PTA对民主教育具有推动意义，它的运营充分体现了民主制，也是民主演练场所。学费中必有一项叫PTA会费，PTA组织靠学生缴纳的PTA会费维持运营，但PTA会费又与其他学校经费不同。

PTA的领导机构叫运营委员会，有正副会长、秘书长、会计、监察、顾问等职务，其他还有若干常设委员会，包含班级代表委员会、宣传委员会、厚生委员会、教养委员会、校外委员会、会计委员会，各委员会都设正副委员长。

我加入的是班级代表委员会，工作最为繁杂，包括PTA会员名簿的制作、紧急通知联络名单的制作和分发、会员的婚产庆贺和吊唁礼仪、家长联络、PTA大会的接待、学校活动的用花准备、校内巡逻、学生午餐的家长品尝活动、运动会协办计划的制订、运动会和菊花展的协办、各班PTA会费支出凭证整理与财务报告等。

宣传委员会负责策划、编辑和发行PTA会刊；厚生委员会负责夏令营设施的准备、回收旧校服和旧校服再利用销售活动的举办和统筹、全校大扫除的准备、献血活动的组织与实施；教养委员会负责PTA视频室的DVD购入和使用管理、戏剧欣赏活动的组织、演讲会活动的策划等；校外委员会负责上下学安全指导计划的制订与实施、配合上下学学区活动和校外生活、与交通安全机构沟通、校外巡逻等；会计委员会负责"铃铛图"的回收、整理和使用。

从 PTA 各委员会的工作内容可以看出，PTA 不只是给学校提提意见，而且具体参与着学校的许多教育活动。

PTA 会长由学生家长的父亲一方担任，副会长可以是学生家长的父亲或母亲。每个常设委员会都必须由各班出 1 名学生家长代表，6 个常设委员会都涵盖了一到六年级各班的代表，分别是一到三年级每个年级各 3 个班，三到六年级（每个年级都设国际班）每个年级各 4 个班，所以，每个常设委员会是 21 名成员，6 个常设委员会共计 100 多人，从而组成 PTA。

日常事务由副委员长主持，委员长只在关键时候露个面。每个常设委员会都有 3 名教师代表挂名，实际也是关键时候 1 名教师代表出席一下常设委员会的例会。决定具体事项时，副委员长要先和教师代表商议，再取得委员长的同意，然后把具体工作分配给各个委员。

副委员长是一位六年级学生的妈妈，虽然只是一名主妇，但她能主持那么多工作，真心让人佩服！在中国要委托专业策划和运营公司做的活动，日本妈妈们全能承办。学校每两个月一大活动，每月一小活动，都是由 PTA 策划与实施，也就是妈妈们操办。

我作为班级代表每周要去学校一两次，甚至难以兼顾自己的工作。PTA 的工作当然是没有报酬的，而且，办事交通费都是自掏腰包，其他还要付出办公用具和耗材费。妈妈们却不计较，因为 PTA 配合学校教育已成为社会共识。

每年开学两三周后的 4 月底都会举办隆重的 PTA 大会，所有作为 PTA 成员的家长和老师都出席，能坐满体育馆。前一年的 PTA 委员汇报一年来的工作成果，包括财务监察情况等，当年的新 PTA 委员宣读新一年的 PTA 事业计划，并提出预算，交大会审议。PTA 的选举和活动的实施都遵循民主制，如有事不能出席大会，必须提交书面委托书，表示同意大会决议。

第一次出席国立小学的 PTA 大会，我很吃惊，妈妈们穿的都是黑蓝色系正装，让没有着正装的我很是尴尬。开国际班家长会有座谈，妈妈们都各自带了茶杯，我又尴尬了。开会说明上没写带茶杯，但其实，这又是无须注明的常识，有座谈会就必然要各自带茶杯。

终于开完三个会回到了家。没几分钟就接到班主任打来的电话，我又被叫回学校，说是六年级 PTA 会员还要开会。这会开到晚上 8 点，孩子就一直饿着。

六年级 PTA 委员是每个班 1 个名额，规定 PTA 副委员长要从六年级的 4 名 PTA 委员中选 1 名。我心想，怎么也不会轮到我这个刚加入的国际班委员做副委员长吧。3 个普通班的妈妈也都沉默着，到底是 4 人用石头剪子布的游戏确定了副委员长，我是第一个赢的，输到最后的妈妈做了副委员长。

输了的妈妈扭捏地上任为副委员长，次日就召开全体 PTA 委员会议，会议由她主持。她出色的主持能力让我惊呆了。万一是我输了，我还真做不了这个副委员长，能力欠缺太多了！我深刻地感到：在日本赢过男人不难，输给女人很容易。

做了 PTA 委员后，在开学后的不到 2 个月中，我就参加了 3 次全校 PTA 委员会议，和六年级的其他三位 PTA 委员妈妈一起策划 9 个月以后的毕业聚会事宜。日本策划活动提前一年属于正常情况。策划的活动还有全校家长会的摆花、收集"铃铛图"（参看"铃铛图运动"一文）等一系列活动。

学艺附小属于三学期制,第一学期是 4 月开学,7 月放暑假;第二学期是 9 月开学,年底放冬假;第三学期是新年后到 3 月的学年结束,之后还有一次春假。公立小学大多执行两学期制,4 月到 10 月为第一学期,10 月到第二年的 3 月为第二学期,所以,两学期制的学校在暑假后会马上迎来第一学期的期末考试。

PTA 的工作也以三学期制为基础划分为三个阶段,第一阶段就是第一学期的 4 月到 7 月之间。4 月有上课观摩活动,PTA 的工作主要是配合学校活动负责各教室的鲜花摆放。4 月还召开一年一度的 PTA 大会,届时 PTA 要为校长室摆花,还要负责大会接待、出席人数统计等。

PTA 大会好比民主制国家的议会,全体家长都是会员,通过决议需要有半数以上会员同意。如果统计出席人数未过半数,那就要看未出席家长的表决委托书,如果出席人数和委托书数量之和还是不能实现过半数,那该大会则无法通过任何决议。

5 月 PTA 的主要工作是收集"母亲会费",还有策划和实施促进家长交流的"亲睦会"。

"亲睦会"是该校加深家长相互理解的传统活动之一,以年级或班级为单位。各学年 PTA 委员负责策划和执行,须注意活动日不得与移动教室等校方活动或年级活动发生冲突,要与年级主任老师或班主任沟通协调。PTA 活动的通知发放原则上不麻烦班主任老师,退一步说,可以通过老师发放,但回收信息一定要由 PTA 委员想办法落实。"亲睦会"在年度始末各举办一次,所以,其他校外聚会是学校不鼓励的。

"母亲会费"和 PTA 会费是两回事,用于各个班级的儿童和家长。在学年开始的 4 月,每家交 1000 日元(50 元人民币)作为班级母亲会费,用于班里的庆祝和吊唁活动。有参观活动时,在教室里摆花也从母亲会费中支出，所以，我们年级 PTA 委员一起订制花束的分账就很麻烦，各班要分别从花店取得发票，计入班级会计账。开班级家长会时买茶点也使用母亲会费。

还有一种学年庆吊费，与 PTA 会费、母亲会费都不同。学年庆吊费用于年级内的庆祝和吊唁，而该学年庆吊费也要与母亲会费分账。学年的庆吊费用于庆祝老师结婚、探病、送礼、吊唁亲属等，在年级 PTA 委员中要指定一人负责年级财务的凭证做账和登账，年终汇报要向全体家长呈现报表。

钱没多少，感觉其管理过于烦琐吧？但是，财务管理对 1 分钱和 1 万元、1 百万元都是一样的概念，需要严谨的态度和科学的方法。细节决定全局。

檀聪日记

2009 年 4 月 22 日（星期三，晴）

今天虽然是周三便当日，但不用带便当，学校给饭。学校给饭是在午餐室吃。

我大概又是第一个吃完的，加了 4 次饭菜。

今天的饭非常好吃，但是，加饭菜的时候并不顺利。

还是石头剪子布决定，好吃的全输了，赢了的都不好吃。因为吃得太多了，到晚饭时间肚子还没饿。

班主任留言

原来如此。饭菜要好好嚼，用心品尝才对得起食物。

值得借鉴的学习方法

都说中国的教育方法有问题，但到底差在哪里呢？了解学艺附小的教学方法后有几点新认识。

首先是启发多于教授。

学艺附小的教育目标和生活目标写在《菊子手册》里。写在手册里的规定要求学生认真阅读，并强调，这个手册由学生自己制作完成，是小学6年的成长记录。

手册中有"生活目标"页，由学生填写，可以写学校生活要特别注意什么。

中国的学校更注重教学目标的制订和完成，但日本的学校则在实现目标的过程中投入更多精力，实现目标属于水到渠成。

学艺附小的教育目标是这样的："培养认真思考、坚韧不拔之子，彼此友好、互相帮助之子，有健壮身体和纯洁心灵之子。"没有量化的目标，而是重在素质的培养。

在《菊子手册》中，除了教育目标，还写有生活目标。也就是说，学校不只是学习知识的地方，度过充实的校园生活也是教育的目的。

学艺附小的生活目标是：成为"菊园之子"，坚强进取，不遗余力；成为"肩负日本使命之子"，锻炼身体，彼此鼓励；成为"走向世界之子"，树立崇高理想，养成博大胸怀。

目标不是空话，从学校走向社会、走向世界，校园生活的每一天、每一时、每一刻都让孩子们感受到目标的点滴实现。

为实现学校制订的生活目标，学生要在手册中填写自己的具体目标，有的学生写："跳双绳能 1 分钟不中断"；有的学生写："跳箱能前滚翻"；但没有学生会写："数学和国语都得 100 分"。学习成绩好不如体育好，最风光的体育健将在大家面前讲话可以说"完全听不懂算数"。当然，学生们还是重视学习成绩的，只是大家都认识到：学习不是唯一。

各年级和各班的规定也是学生自己制定的，《菊子手册》中有专门的页面可以填写相关内容，低年级、中年级和高年级各 1 页。一、二年级是低年级，三、四年级是中年级，五、六年级是高年级。分成高、中、低年级是为针对不同年龄段的学生实施符合年龄特点的教学。

学生通过年级和班里的交流确定规定的内容，并各自写入自己的手册。规定的讨论和制定过程是没有老师参与的，为的是让学生发挥自主能动性。

国际班的学生在学习算数时都存在日语理解问题，所以，靠语言讲解是行不通的。于是，老师就把算式含义用图形表示出来，把运算规律用图形和算式的方式写出来，让学生自己找规律，进而理解。儿子说，他觉得在日本学数学很好懂，老师不说什么，只是画出来、写出来，让学生自己看，可以根据各自的方法去理解和推理。

当然，具象化的教学方法很考验教师对本质的归纳和形象化推演水平。

我观摩过学艺附中的英语数学课，就是用英语上的数学课，和小学国际班教学有类似之处。学艺附中是国际文凭学校，很多课程是英语国家的老师授课，模仿在英语国家上学。在语言理解能力方面，学艺附中的学生不如英语国家学生，所以，外国老师也是采用了非语言解释的图形教学法。

所以我重新认识到：对孩子讲解太多是不可取的，要形象地列出步骤，启发他自己找规律，并建立自己的思路。

比较之下，中国的教学更多的是把思路教给孩子，孩子的思路不同，则难以跟上老师的思路，于是就出现理解困难的问题。更重要的是，教思路容易限制孩子的创意思维。

图工课做椅子，日本老师不会像中国老师那样上来就说"今天，我们做椅子"，而是说"今天，看我们能做什么"。让大家不要先入为主总想着做椅子，而是看看那些木材、工具，想想能做什么。

说到国立小学的学习方法，大量的调查学习应该是非常值得借鉴的。

日本的教学不限于课本知识，重在拓展学生的能动性。调查学习就是拓展能动性的一种方式，即通过看书、找资料等方式，针对某一课题进行学习。它与知识灌输的最大不同在于，调查学习是让学生主动学习，先确定学习目的，然后在目的的引导下学习知识。确定学习目的源于学生的兴趣，兴趣不只停留在兴趣，兴趣转化为学问，从而使知识真正成为自己的财富。

调查学习之后要求学生以图文并茂的形式把自己的学习成果做成演示稿，然后演讲。班级内的小型演讲活动大约每月一次，年级规模的演讲是一个季度一次。

学校周六日休息，但也要写日记，如果没什么活动，可以做调查学习，其学习成果写入日记。为写周末日记而做的调查学习课题由学生自己发现和确定。

国立学校具有研究机构的性质，所以，国立小学不像一般的公立学校那样按部就班地讲课本，课本只是点到为止，留下疑问就回家做调查学习。按老师的话说，种子都撒了，剩下的就看你自己是不是浇水养护了。学多少，学多深，就看学生自己了。学习是无底洞，没有思考，则一事无成。

寓教于育更是日本小学教育的主导思想，其目的设计和启发、推动学生自学的技巧融入在校园生活的许多细节之中。

同班菲律宾男生渡边君病了，他的爸爸打来电话，拜托我给他的孩子请假。我把请假事宜写在儿子的联络本上，儿子按规定要求，到学校后马上把联络本给班主任看了。儿子以为这件事就算完了，其实还有后音。

下学前班主任对儿子说，要给渡边打电话，转告次日的上课内容。

儿子都说不出几句日语整话，听力也是云里雾里，似懂非懂，怎么能打电话呢？儿子回家告知此事后，我以为是他没听懂老师的嘱咐。我猜想，请假事宜是我写给老师的，电话转告也应该是我的事。

儿子说，老师特别强调了，这是要锻炼他。显然打电话不是我的事了，是他的事。

日语的礼貌用语比较复杂，打电话也有一些礼尚往来的套话。我赶紧告诉儿子，打电话要先说自己是什么地方的谁，然后再说你要找谁讲话。而且，说自己只说姓，不说名，找对方只说名，不说姓，因为一家一姓。自己报姓是为避免重姓误会，要把自己的所属说具体。比如，儿子自我介绍时不能说是学艺附小的檀，而要说，是学艺附小百合班的檀，尽管全日本只有我家姓檀，发音为 TAN，一般日姓的"檀"念 DAN。儿子明白了，打电话也要事先做好打电话常识的调查学习。

日本不留作业，习题集在考试前才收，目的在于培养学生的自主学习能力。

儿子在中国习惯每天做老师留的作业，在日本国立小学的一年每天充满了各种活动，正经课都不怎么上，就更说不上留什么作业了。所以，按中国的习惯，应该会感觉很轻松。可是，日本国立小学的孩子考学都很厉害，社会上也认为国立小学的孩子聪明。天天那么多活动不学习，怎么会考学厉害呢？其实，大家都明白，学习不能指望学校，而要自己上私塾或通过其他办法进行学习和练习，总之是自主学习。

儿子进中学以后第一次期中考试，考前说，考试范围都发了，轻松复习即可。于是我也没太在意。收拾儿子房间的时候整理了一下散落在地上的测试卷子，按数学、国语、英语、社会、理科、音乐分了类，仔细看了以后发现，还是有好多模棱两可没掌握的东西。所以，等儿子放学就要来考试范围看了一下，完全不是中国所说的考试范围，而是教科书从多少页到多少页，习题册从多少页到多少页。中国所说的考试范围，我理解为在学过的东西中抽选一部分，但在日本，没有任何抽选的意思，而是学过的所有内容。那次期中考试有点儿瞎，不过，儿子从中能明白如何自主学习，应该是再好不过的考试收获了。

日本从小学三年级开始有社会课和理科课，社会课相当于中国的历史课和地理课，理科课相当于中国的物理课和化学课。所以，初一的社会和理科程度已经很深了。数学和中国比，难度不在一个层面上，日本主张数学不是公式，是语言，是培养逻辑思维能力，计算并不是重点。国语不像中国那么死学字词，而是更重视写作，写诗、绘画都是国语课的内容。还有毛笔字，从小学三年级开始，也是国语课的内容。当然，美术课、手工课就不用说了，比中国要内容丰富而且难度高出很多。音乐课在日本学得比较专业。期中考试也考音乐，有五线谱、音乐符号、音乐分析等。理科实验和实践也比中国开始得更早，而且内容丰富。学校说，要重视预习和复习，儿子觉得轻松，结果到考试时才发现，几天内真画不出世界地图和日本地图。

学艺附小为国际班学生开设了个人辅导课，老师和学生一对一上课，内容是生活常识和文化。上课方式就是老师和学生聊天，通过谈论学生感兴趣的话题，落实老师的施教计划。一般来说，学生都不愿意在完全被监督的环境下学习，但个人辅导课从学生的兴趣出发，遵循实用目的先行的原则，成为学生喜欢的课程，提高了学生的学习能动性，实现了有效的学习成果。

国际班学生在海外的学习进度各不相同，所以，学艺附小开发了特别的软件系统，根据学生的具体情况，采取进阶式教学。针对国语、数学、英语等学科，每个学生都从小学一年级开始过关。根据各学科掌握情况作出综合学力判断，从低到高，分别有粉色、绿色、蓝色三种进度表，每种颜色级别的进度表中具体列出了所需完成的考卷。

113

数学有一个速度挑战的考卷系列，很有特点。该类考卷包括小学一到六年级的所有数学教学内容，完成时间要求各不相同。速度挑战对我来说是一个新概念，新在必须一次性做对。也就是说，在规定时间内错一道题也不能算过关，要重新做。速度挑战培养学生不受杂念干扰的专注力，也是一种心理训练。总想着时间可能不够就会分心；只要专心做题，时间一定够用。

檀聪日记

2009 年 4 月 23 日（星期四，晴）

今天是第一次上个人辅导课，就是老师根据我们国际班每个同学的不同情况进行一对一的辅导。

我喜欢上个人辅导课！宏君总和我说他喜欢个人辅导，今天终于明白他的意思了。很好玩，当然喜欢啦！

我和老师聊了很多好玩儿的事，有放烟花的事，还有，日语里"难"这个词的过去式为什么没有原形的最后一个假名，等等。和老师一起聊得很开心。

班主任留言

你很努力！以后也要继续加油！

熟悉漫画是交流之必需

日本文化产业的最强项应该还是漫画。各个年龄段都有不同的漫画作品可供选择，漫画伴随着孩子的成长。

在日本读研的时候，同学高野照子写了好几本旅行的书，在日本很畅销。日本排名第一的角川书店本来要出版她的书，新起之秀的幻冬社想借照子的书提升出版社的社会影响力，就央求照子把书交给他们出版，照子同意了。当然，结果还是好的。照子说，书是否能卖关键看出版社的发行能力，幻冬社在这方面应该说是做得很好的。

有年秋天在日本见到照子，她把她的书送给我，希望能译成中文。我也认为把她的书介绍给中国是有意义的，就选择先翻译《在古巴交朋友》。想选个发行能力强的出版社，可找不到发行量排行数据。我征求儿子的意见，他说，日本的集英社和小学馆都好，但中国有什么出版社，他不知道。

日本漫画让在中国长大的孩子知道了集英社和小学馆。

《克罗罗军曹》是一年级小学生看的漫画和动画片，儿子小学六年级才来到日本，首先需要恶补漫画知识，否则就会失去和同学交流的机会。在同学之间流传的玩笑中，经常会引用某个漫画中的人物特点。儿子开始看《克罗罗军曹》的契机，就是一年级学生笑话他是"爆炸头"。

不懂"爆炸头"的日语意思，儿子就去问老师，到底自己哪里不对劲儿才被笑话。老师解释说，因为儿子头发有些自然卷，比较蓬松，就被叫成了《克罗罗军曹》里的人物"爆炸头"。

熟悉动漫，可以说是日本孩子交流的必备条件。

上学第四天，还在陪孩子上下学的两周之内，我和儿子并排走在放学的路上，突然听到他和身边走过的几个同学很自然地说起了日语。第一次听他用日语交流，感觉很新鲜，特别是看到他已经交上了一些朋友，倍感欣慰。儿子说，那是几个五年级的国际班同学，在学校他们问起 DS，还有神奇宝贝的游戏。儿子当然熟悉了，于是，他们就非常热情地把儿子看成是同党！

我想，孩子可能多少和动物有些相似，动物靠嗅觉寻找同伴，喜欢游戏的孩子也能彼此闻得出同伴的味道。

日本有世界最大规模的同人漫画即销会（comic market），始于1975 年，每年夏季和冬季各举办一次，主要是业余漫画爱好者售卖他们的二次创作作品，有的画得比原创还好，改编的故事也更吸引人，深受广大漫画爱好者的喜爱。

一些现今的知名漫画家也是从这个即销会开始慢慢成名的，例如柴门文、高桥留美子、CLAMP 等，他们都是从这个即销会开始创作之路的。

随着同人漫画即销会的名气越来越大，一些职业漫画家和游戏公司也来参与。近年来，参与人数仍在不断增加。每次即销会都有 3.5

万多个摊位出售，但仍然供不应求。每次即销会为期 3 天，参观人数达到 55 万人次以上，其中，外国人也不在少数。

夏天的即销会正值东京气温最高时节，早晨 6 点去排队，都要到近中午时才能入场。即销会的地点在东京国际展览馆，室外 38 摄氏度，室内人太多，不断有人中暑被送往医院。

东京的头班电车一般是早晨 4 点 30 分，参观的人们都是坐首班车奔赴"战场"的。买东西都排队到馆外了，烈日暴晒，买一样东西就要排队 4 ~ 5 个小时，还有可能在终于排到柜台前却看到"售完"的牌子。有时候，听说次日还上货，人们次日又排队 4 ~ 5 个小时，而没上货的可能性还是存在的。每隔 1 米就有一个志愿者在维持秩序。大家都是漫画同人，所以彼此都很友好、互相照顾。

入展馆后不让跑，于是大家就竞走。有些人甚至是提前一站下车，与电车赛跑到展馆站。2013 年，参观者达 59 万人次。

是同人，也是竞争者，据说，那才叫快乐呢！交流不仅靠语言，更需要同人感。

檀聪日记

2009 年 4 月 24 日（星期五，晴）

今天又是学力测试。这次除了国语和数学，还有理科和社会。国语测试里有看平假名写汉字的题，我只有一个没写出来，但是，从汉字写平假名，我就基本都不会了。

日语的平假名和中文的拼音不一样，日语的平假名既是汉字的读音标注，也和汉字一起组成词语。有的词语即使有汉字也不写汉字而写平假名，而且，写汉字和写平假名的部分要分别记准确。

数学是因为在中国没学分数，所以分数题都没做。后来老师画了个叶子的画说明分数，我一下就明白了。

社会和理科只知道一部分，社会包括历史和地理，地理内容就完全不知道了。

班主任留言

不会没关系。知道哪里不会就 OK 了。

2009 年 4 月 25 日（星期六，雨）

今天下了一天的雨，因为出不去，只好在家学日语了。

老妈继续教了我动词的用法。日语的动词分敬语和原形两种形态，原形就不是敬语了，也叫简体。词根都一样，只是在词尾发生变化，词尾不一样，意思也截然不同。比如"做"这个词，有简体和敬体，词尾发生变化后就产生了"想做""做吧""能做"等意思。

学着学着，想起在学校打篮球的事情了。即使发生强烈碰撞，日本孩子也彼此没有怨言。在中国就不一样了，我属于不抱怨的，但总是被别人埋怨。

2009 年 4 月 26 日（星期日，晴）

今天我总是在唱动画片插曲里的那句歌词："暗号是爆炸头和军曹。"

5 月 1 日是妹妹的生日，我给妹妹买了《克罗罗军曹》的套装礼物，有玉魔兵头、多罗罗兵长、技罗罗武长、克罗罗军曹、库路路曹长。

妹妹芳芳非常喜欢动漫人物模型，神奇宝贝 493 个模型的名字基本都能记住。

我也喜欢动漫模型，收集了好多自己组装的高达。

班主任留言

老师也喜欢高达塑料模型，做了"百式"和"乙高达"。

熟悉漫画是交流之必需

国立小学请假难

赶考匆忙，离开中国的时候准备不足，所以，我们就决定利用"五一"黄金周回北京一趟。看日历后发现，请 1 天假就能连上周六、周日，可以在北京多待几天。

请假须填写学校规定的表格，交班主任审核批准后方可。离开前 10 天我就递交了请假申请表，没想到，几天后班主任满脸愁容地找到我说，去海外一共 9 天，学校认为时间太长了。

我只想到请 1 天假，而学校的思路是离开日本 9 天。班主任说，他也认为请 1 天假问题不大，所以，在接到我的请假申请表后就马上交给了校方。为此，班主任还受到了校方的严厉批评。

想起女儿参加学校的篮球部，白纸黑字的通知上写着："暑假作业没完成就不得参加开学前 10 天的训练。"女儿没完成作业就没去训练，结果，开学后在所有篮球部队员面前挨了狠批，说她属于"无端缺勤"，就是不请假缺勤。中国只说无故缺勤，重在缺勤理由，不事先请假被视为无故缺勤。日本文化忌讳解释，蔑视理由，不事先请假是最严重的错误，即使有再正当的理由也不能消减错误。女儿哭得泪人似的，还写了书面检讨。其实，"没完成作业不得参加训练"的规定是指，必须提前完成作业再参加训练。

经我解释机票已购等事宜后，校方没有坚持不批准请假，但也严肃地警告了我，以后不得再有类似情况发生。

日本的学校与中国、美国大为不同，假期难以自由支配时间，学校有很多活动，比如游泳、补习班等，不参加假期活动也要提前对学校有所交代，比如填写缺席声明等。

我问过，为什么去海外9天就被视为时间太长。学校的解释是，去海外会影响孩子的日语学习效果。这应该算是请假难的正当理由。

关于请假，《菊子手册》里写有如下规定：

1. 请假必须委托同学向老师提交假条。

2. 缺勤、迟到、早退的事由记入"联络本"交给老师，保健事宜须填写《健康手册》。

3. 转学的时候要和家长一起到学校办公室，使用规定表格填写转学申请。希望以后复学的，不要忘记届时办理相关手续。

4. 搬家后地址、电话号码等发生变化，要从班主任处领取相关表格，填写后提交学校。

5. 买月票须取得上学交通证明，在学校办公室窗口取得相关表格，放入规定的箱子里，下课后，确认已盖好印章再取走。购买月票须家长陪同。

学校的规定，家长也是要遵守的。

《菊子手册》的最后一页是写给家长的，孩子的健康成长需要家长配合。家长要仔细阅读《菊子手册》，理解其中的内容，并做好配合工作和起到监督作用。

　　1. 孩子带的东西要清楚注明学年和姓名，学校不用的东西和不需要的钱不得带到学校。

　　2. 提醒学生不要忘带学具，学校不允许学生中途回家取东西。而且，特别告知家长，如果孩子忘带东西，家长送到学校会对孩子产生不良影响。

　　3. 注意到校不迟到，同时，也要注意回家时间不晚。上下学途中属于学校管理范围，如下学途中有事，必须提前告知班主任。

　　4. 禁止汽车接送学生，生病和受伤除外。如需汽车接送，须提前向校方申请。

　　5. 关于上下学的交通安全常识，家长要对学生进行辅导，同时，也要指导学生，在电车和巴士中不要给别人添麻烦。

　　6. 给孩子请假时，要拜托住在附近的同学到学校通知班主任，尽量避免直接给班主任打电话，不影响班主任一早的繁忙工作。此外，如果得了传染病，必须停止出勤，详见《健康手册》注意事项，请仔细阅读。

　　7. 早退和体育课见习要向班主任提出申请。为保证上下学的安全，学校严禁学生独自迟到来校和早退。

　　8. 家长要让孩子保持服装和身体清洁，头发要剪短。

　　9. 上课时间尽量不给老师打电话。

10. 家长来校禁止使用私家车和摩托车。

　　儿子在中国上学的时候经常忘带学具，阅读上述规定之后，我首先反省，孩子忘带东西，家长有责任，接着想起的是中国老师对学生忘带东西的处理办法。数学老师给我打电话，说孩子忘了带尺子，又给孩子爸打电话，说孩子忘了带橡皮。然后我们按老师的吩咐把尺子、橡皮送到了学校。据说，那位数学老师是在课堂上拿出自己的手机，用威胁孩子的口吻说："我要给你家长打电话！"

　　还有一次是孩子不小心把午饭弄翻到地上，班主任给我打电话，让我接孩子回家吃饭。

　　学艺附小便当日那天，我有一次忘了给孩子做便当，班主任也给我打了电话，询问是否可以把他自己的便当分给孩子一部分。我说马上送去，老师表示了感谢之意。

　　学艺附小有不少学生出身名门。儿子同年级一位女生的父亲曾任日本法务大臣。有一次，这个女生在学校受了伤，老师给家长打电话，妈妈因公务繁忙而派工作人员前来学校接孩子。长长的公务车停在离学校很远的地方，孩子被架着走了很远的路才到停车场。

　　头发剪短对男生来说没有什么挑战，对女生则是非常纠结的事情。学艺附小要求女生的头发长度不得碰到肩膀。

　　对家长的要求是很具体的，令人反思。规定不具体容易导致误解，影响规定的执行效果，从而失去规定的意义。

檀聪日记

2009 年 4 月 27 日（星期一，晴）

今天好像是感冒了，但是，数学课很有意思！我对数学很有信心，我的目标是从国际班升级到普通班。

我喜欢的课是数学、计算、日语、汉字。可是，仔细一想，其他科目还没上什么课呢。期待以后有更多好玩儿的课。

已经感觉有点儿困了，喝了妈妈做的姜汤，准备睡觉。

国立小学的一天

    国立小学的一天总共有 11 项内容，每项都有细则，从中可以看出日本社会秩序井然的形成由来。

上学：在注意安全的同时，要走规定的上学路线。

          上下学不准骑自行车和使用汽车。

          对车站和维持交通秩序的工作人员要礼貌问候。

          8 点至 8 点 15 分到校。

开始上课之前：发现忘带东西不回家取，也不要给家人打电话。早上要朝气蓬勃、精神饱满地说"早上好"，向同学和老师致以问候。铃声音乐响起，停止一切活动，进教室坐好。

清扫：和生活班的同学协作做好。

          清扫结束后做好收拾清扫工具等的收尾工作，然后开反省会。反省自己的时候要想到大家都辛苦了。

          清扫时要穿清扫服。

早会：老师来之前，同学之间说说话，彼此交流一下，然后安静等待。

学习：学习要自己推进。

老师讲的和同学说的要认真听，学习也是大家齐心协力的结果。

学习时要保持正确的坐姿。

准备：下一节课开始之前要做好相关准备。

去专科教室上课要排成两队走，保持安静。

休息：课间结束的音乐铃声响起之后，停止玩耍，返回教室。

有生活集会的时候，集合时不迟到。

在规定场所友好、尽情地游戏、玩耍。

用过的球、独轮车、跳绳等要收好放回原处。

午餐：穿好用餐服，洗手后开始做配餐准备，同学之间协作做好配餐和送餐工作。

用餐服要在规定清洗日和弄脏的时候带回家清洗干净。

消灭偏食，力争在规定时间内吃完午餐。

便当日也要穿用餐服。

回家集会：回顾一天校园生活，讨论次日校园生活计划的实施。

放学：下午 3 点 45 分放学。（按学年和星期几各有不同）

最后下学的学生要整理教室、关好窗户，最后关灯走出教室。

其他：在校内遇到老师和来客、家长要点头打招呼。

做 PTA 委员时，到学校每每遇到学生，他们都会用爽朗的声音向我问好，感觉孩子们真是可爱，非常愿意为他们付出微薄之力。

学校规定不仅限于几点到校、听到铃声后立即返回教室，对于主动问候、友好协作、自主学习，也写在了规定之中，做到属于理所当然。

尊重他人，时刻想到自己是集体中的一分子；为别人着想，不过分突出自我，让别人显眼，在与周边协调的同时，自己也得到了支撑。这种生活美学是日本文化的精髓，学校将其细化到了各项规定之中。

檀聪日记

2009 年 4 月 28 日（星期二，晴）

今天是我参加篮球俱乐部的第一次活动。

和地区小组、生活团的活动一样，俱乐部的第一次活动也要作自我介绍。我还是用了地区小组集会时说的话："我还什么都不知道呢，从今往后的一年，请多多关照。"

第一次的俱乐部活动练习了投球，我投了 18 次，进了 9 个球。矢野君最厉害了，池田君也打得不错。

池田君编的歌特别有意思："拉面，沾面，我是美男面"，用于石头剪子布的游戏。

班主任留言

以后作自我介绍的时候，最好注意说话的方式，特别是"理由"的说法，这是日语惯用句型。

学区亲子见面会

出身于中国教育，对学校生活中的学科测试算是最熟悉的，但这熟悉的部分只占日本学校生活很小的一部分，大部分校园生活内容都是新鲜的，学校的概念也是不同的。比如，学校不只包括校园，还包括上下学的路上。

针对上下学安全，学校设有专门的组织机构，叫学区委员会。PTA 也要在上下学途中做安全巡视，并定期印发上下学安全调查问卷，随时发现不安全因素，并及时改进，有时还需要与车站等相关机构交涉。

学生要在《菊子手册》中的相关页填上从家到学校的交通路线，并画出从离家最近的电车站、巴士站到学校的地图。

开学两周后是第一次学区亲子见面会。按徒步上学和乘车路线、换车方法的不同，一到六年级学生被分为 30 个学区。徒步上学的按使用的校门来分区，乘车来校的按住址附近的车站来分区，每个学区有 20 ~ 30 名学生。

亲子见面会是学生和家长按学区划分的集会，大家见见面，主要目的是为一年级新面孔提供一个与大家相识的机会，偶尔也有搬家后变换学区的。国际班新入学的也是利用这个机会与自己学区的同学和家长认识一下。

学区亲子见面会由3名六年级学生主持，学区长、副学区长和记录员，两名男生，一名女生。学区长点名，之后是学生作自我介绍。学生自我介绍之后，家长也要作自我介绍，来的家长都是妈妈。其后，是学生发表上下学走路感想，大家畅所欲言，把危险的地点说出来提醒大家注意。

让我不禁伸出大拇指的是，记录员要把所有学生的发言提炼后写在黑板上。记录员是个女生，字写得很漂亮，完全没有孩子写字的稚嫩气，书法成熟，竖版排列整齐。这个女生和儿子在同一个委员会，就是科学环境委员会。委员会活动的时候她也是记录员，负责在黑板上写东西。据说，她一直在练书法，实在是训练有素。

学区亲子见面会的最后程序是学生排队，并记住自己的位置，有全校集体活动的时候，大家就要在学校门口的指定地点按这个顺序站队。

见面会结束后，学生按学区排队顺序在校门口集合，家长跟在其后，大家一起走一遍学校指定的上下学路线。

结果发现，我家孩子走了些日子的上下学路线不符合学校规定，犯的错误是：与坐电车来上学的学生一起通过车站内了，应该要走车站外的出站楼梯，避免增加高峰时间的站内混乱。

在学区亲子见面会召开通知的结尾特别注明：每年的这一天，附近的巴士站都很混乱，本校学生和家长同时间乘车人数太多，给其他乘客造成了麻烦。所以提醒各位家长，要尽量使用月票和乘车卡，或准备无须找零的车费，加快乘车速度。

日本地方小，处处必有秩序。

参加学区亲子见面会还有个重大收获，就是落实了孩子的请假办法。

学校有规定，请假不允许给学校打电话。教育细致、活动繁多，但老师人数太少，每个老师都要承担多方面的工作，所以，学校要求家长尽量不给学校打电话，以免干扰老师的繁忙工作。

每个孩子都有一个联络本，联络本是要求每天携带的笔记本之一。每天下学前学生要把写在黑板上的次日具体日程抄写到联络本上，老师检查合格后，盖上每天变换的笑脸印章，学生带回去给家长看。

联络本是一种固定格式的笔记本，附有老师和家长的印章栏。家长有什么要和老师说的，就写在这个本上，并在家长栏盖上自己的印章。老师看过、回复之后也盖上老师的印章。

即使孩子早晨突然生病需要请假，也不能直接给老师打电话。必须给自己学区的某个同学打电话，请那个同学的家长把请假事项写在她家孩子的联络本上，再拜托这个同学交给班主任看。如果没有学区亲子见面会，就不知道谁和自己在同一个学区，请假时也就不知道给谁打电话了。

学区划分发生变化会随时接到通知，学区见面会时再统一归纳说明。

日本国立小学 365 天

檀聪日记

今天是草饼（艾蒿年糕）调查学习演讲会，我的标题是："什么时候吃月饼？"

虽然月饼不是年糕，但因为日语把年糕写成"饼"，我就把调查学习对象放到了月饼上。围绕日本传统文化活动做课外调查学习，我想放点儿中国文化传统知识当"佐料"。

我是 B 组第三个发言的，发言的顺序还是用石头剪子布决定的。

今天是全校的家长观摩日，我们国际班就是让家长观摩演讲会。

这次演讲会完全没有紧张，我发言的时候笑声很多，感觉观众有反应，心里非常高兴。而且，别人发言的时候我还尽量提了问题，很有意思。

当然，被提问，然后回答，也很有意思。

班主任留言

调查学习做得好，演讲效果就好。以后的调查学习可以实际尝尝和摸摸，说说体验和感受。

实现年级间交流的生活团

　　生活团是学艺附小若干组织中的一种，全校共编成 30 个生活团，每个生活团都包含了一至六年级的学生，每个六年级的学生搭配一个一年级的学生。在生活团的活动中，六年级辅导一年级掌握活动规则和方法。生活团的编制打破了班级界限，提供了跨年级、跨班级的交流平台，让不同年级、班级的学生可以成为朋友。

　　全校 700 多名学生被分成 30 个生活团，每个生活团都有近 30 人，各生活团内再分成若干小组，叫生活班，便于开展活动和管理。

　　生活团有学生团长，团长不是老师决定的，而是遵循民主选举制，先由学生自己报名候选，然后由生活团学生投票选出。竞选团长的学生要作演讲，争取选票。

　　每个生活团要在学年开始时做自己的团旗，按生活团编制开展活动时，各生活团要挥舞自己的旗帜。日常扫除、郊游远足、为菊花节培育菊花等活动都是按生活团编制进行的。

　　日常扫除以生活团为单位规定扫除范围，看到某一地方有扫除的学生，就会看到有大大小小的孩子，高年级学生领导低年级学生完成扫除。每天扫除后大家要坐在一起开总结会，每人说一句自己扫除得怎么样，最后生活团组长要归纳和总结，扫除活动才算结束。所以，扫除也不是单纯的打扫卫生，而是教育活动，养成学生反省、思考的习惯。

有一次我作为PTA委员到学校办事，正好是开始扫除的时间，走到哪里都看到扫除景象，学生们不仅打扫自己的教室，公共空间的清扫也有分工。

PTA室是一个比较大的房间，我进去放东西的时候看到有大约10个孩子，其中一个稍大的孩子负责分配扫除工作：你擦桌子，她擦黑板。十几分钟后，清扫完毕。等我要离开PTA室的时候，孩子们已经坐成一排，要开总结会了。哪里做得好，哪里还有不足，大家轮流发言。看到如此情景，我感叹学校生活的每个环节都包含了反思和总结程序。

让我最为惊讶的是，从打扫到开总结会的整个过程一直都没有老师出现，孩子们自己组织，自己做事，自己反思，真了不起！难怪都说国立小学培养出来的孩子更具有组织能力和领导素质。

生活团的活动也要记入《菊子手册》，按年级分栏，每个年级占一栏。新学年开始的时候要填写生活团和生活班的规定和活动目标等。生活团成员是每年变化的，所以，《菊子手册》中也记录了每年的生活团成员名单，以及团长和班长的名字。

每周一的第一、二节课和第三、四节课之间的大课间不休息，而是作为生活团的活动时间，全校召开生活集会。在生活集会上，校长和副校长都要讲话，公布一些学生的荣誉事项。有学生在校外参加图画比赛、作文比赛、体育比赛等得了奖，就会在这个表彰时间由校方向全体学生公布，以示鼓励。学生要把集会时印象深刻的事情记入自己的《菊子手册》。

生活团不仅跨越年级、班级，还有联通社会的功能。儿子曾在区里获得过环保作文奖，奖状寄到学校，由学校颁发。在区教育报上也有相关报道，成为副校长的讲话内容之一。

檀聪日记

2009 年 4 月 30 日（星期四，晴）

今天在学校采访了校长，这是我们的日语课内容。

走进校长办公室发现，他用的是苹果电脑，是灰色的那种。我也用苹果电脑，所以感觉很亲切。

校长会说一点儿中文，他说他去过万里长城和西安等世界文化遗产地，还去过上海的学校教过中国人唱歌。

校长的专业是音乐，他是个挺和善的人。来这所学校考试的时候看到一位穿粉色衬衣和留着小胡子的人，当时觉得，这人肯定不会是校长。结果，校长正是这个人。

我问校长做什么工作，他说，做学校管理工作。

全校远足

远足类似于中国的春游或秋游，学艺附小的传统是每年 5 月 1 日全校远足，目的在于欢迎一年级新生，促进年级间的交流，称作"和乐会"。

儿子虽然是六年级，但因为刚入学，所以，和一年级学生一样，都是第一次参加"和乐会"，不同的是，这也是他最后一次"和乐会"。

早上，按通常的作息时间，8 点 20 分到校，不穿校服，穿自己的衣服，日本叫"私服"，但是要戴校帽。全校老师和学生一起从学校出发，步行到离学校大约两公里的石神井公园。这天大家要带饭，还要带水和野餐时铺在地上的塑料布。孩子们在公园允许野炊的林间空地吃便当，做游戏。

野餐地点放有分类垃圾箱，日本孩子都知道餐厨垃圾属于可燃垃圾，塑料瓶要摘下瓶盖和撕下商标纸后扔到塑料瓶回收垃圾箱，商标塑料纸扔进塑料垃圾箱，瓶盖也属于塑料垃圾，或单独扔。

学校有什么活动都提前发通知，细致写明要带的东西。"和乐会"

要带的东西有：便当、少许零食、野餐布、湿纸巾、干纸巾、手绢、垃圾袋 3 个、水壶，不准带相机。

参加学校活动一般都不能带相机，有专门的摄影师给大家拍照，然后把照片公布到网上，需要哪张要交钱买。集体照 470 日元（合人民币 30 元）一张，抓拍照 135 日元（合人民币 10 元）一张。

"和乐会"按生活团的编制行动，一共 30 个生活团，儿子被编入的是 15 团。每个生活团都有集体照，幸好儿子在生活团的集体照中还算照得不错。所谓不错，也就是没闭眼，平时照相大多是闭眼的。

"和乐会"开展活动也按生活团编制，六年级学生是领班，每个六年级生带一个一年级生，组成二人组。儿子刚入学，学校的事情还不太懂，但也有配对，是个男生，他说儿子的日语说得很奇怪。

中午大家把自带的塑料布铺在地上，每个小组自成单元，大家把各自的塑料布连接起来，形成一个方阵，然后，脱了鞋坐在地席上吃便当。

春天的樱花树下，到处都是这般席地而坐赏花的风景。

檀聪日记

2009 年 5 月 1 日（星期五，晴）

今天是和乐会，这是我的第一次和乐会，也是最后一次。

今天太热了，带的茶水在吃便当之前就基本喝光了。

吃便当的时候，五年级的同学看到我的便当说，真大！我说，这可是我的正常饭量。

和乐会还做了游戏，不太明白什么意思。

不过，通过今天的和乐会明白了一件事情，那就是：在户外环境里吃便当，会感觉特别好吃。

2009 年 5 月 3 日（星期日，晴）

今天做了端午节的调查学习。

端午节时要吃粽子，粽子是用黏米做的。粽子里有豆沙、枣等馅儿。

今年的端午节是西历的 5 月 28 日。端午节是为纪念中国的战国时代著名诗人屈原。屈原是投江而死的，所以，人们为了不让屈原的身体被鱼吃掉，就往江里投粽子喂鱼吃。

班主任留言

是"众人皆醉我独醒"这首诗吧？

2009 年 5 月 7 日（星期四，晴）

今天听妈妈说，中国的动画产业现在发展很快，受欢迎的都是日本的。

我知道日本的动画都是根据漫画改编的。

那么，日本最早的动画片是什么呢？

我进行了调查学习，得知日本的第一部动画片是手冢治虫的《铁臂阿童木》。《铁臂阿童木》是我六七岁时看的，当时觉得很有意思。

我看的第一部日本动画片是 *DIGIMON ADVENTURE*。

2009 年 5 月 9 日（星期六，晴）

日本黄金周中有一个儿童节，中国的儿童节是 6 月 1 日，日本的儿童节是 5 月 5 日。

为什么日本的儿童节是 5 月 5 日呢？我又进行了调查学习。

原来，日本的儿童节是从端午节来的。

在日本，端午节是祝贺男孩子成长的节日。中国的端午节是阴历的五月初五，日本的端午节是阳历的 5 月 5 日。

班主任留言

日本的很多节日都是从中国来的。

2009 年 5 月 10 日（星期日，晴）

5 月 8 日我请了假，大家都怎么样了呢？

今天，长长的黄金周假期结束，我从北京返回了东京。

因为闹甲流，所以，我戴着口罩非常紧张。

是傍晚的飞机，在天空上看到了非常漂亮的夕阳。而且，还体验了白天到黑夜的变化。

明天开始要上学了，真的很期待！

班主任留言

为了一直健健康康的，一定要多注意。

夏 篇

上进季

冬夏换装

5月黄金周过后，冬季校服要换成夏季校服。

学校事先发了通知，规定黄金周过后的第一天开始换穿夏季校服。

很幸运，刚毕业的国际班男生的妈妈把她孩子的冬夏两套校服交洗衣店洗熨后，特意送给了我们。是165厘米的标准尺码，儿子穿上以后一改此前不合身宽短上装的形象，招来国际班小女生们的一致起哄，从而踏入帅哥行列。日语的帅哥叫"美男面"，儿子又唱起从美男面同学那里学来的歌，"拉面，沾面，我是美男面"。因为总在哼唱，害得我幻听，他不唱的时候仍然"面"绕耳边。

之所以有幸继承校服，是因为我做了PTA委员，送我校服的妈妈是上届国际班的PTA委员。西装上衣内绣有名字，因此，稍有遗憾的就是，儿子没能穿上绣有自己名字的国立小学校服。

儿子毕业后，我把这套校服也拿去洗衣店，然后送给了低一年级的国际班"美男面"，成为"传承美男"的佳话。

夏季校服除了袜子和鞋不变，其他都换了。帽子从深蓝色变成白色，西装上衣和短裤都从深蓝色变成灰色，衬衫从长袖变成短袖。体育服不变，用餐服不变，但清扫服从灰蓝色变成了天蓝色。

走进学校正门是一条林荫大道，左侧是学艺大学的附属中学，右侧是附属小学。去往小学校舍要经过一段林荫小路，走在这条小路上常能看到正在清扫的孩子们。秋天落叶时节，看到的是身穿灰蓝色清扫服的孩子们在收集落叶；5月黄金周过后，看到的是身穿天蓝色清扫服的孩子们在收集开败的花瓣。

冬夏换装，的确给人焕然一新的感觉。

更换冬季校服是在10月，也事先有通知，告知从某一天开始换穿冬季校服。冬季校服的校帽和短裤西装都是深蓝色，给人庄严的感觉。

冬季校服是开学典礼和毕业典礼的服装。我们只经历了一次冬装换夏装和夏装换冬装。从夏装换成冬装时，我们的感觉是：快要毕业了。

檀聪日记

2009 年 5 月 11 日（星期一，晴）

今天到了学校，感觉像第一次来似的。

黄金周刚结束，感觉有点儿不习惯了。和朋友、老师好久没见了。

国语课上，老师让我们写学艺大泉附小的入学作文。这个学校的毕业生要在毕业时写一部《成长记》，装订成书。今天只写了1页，一共要写70页，好可怕！

班主任留言

听说，里面放照片也可以。我觉得，最后有30页文字就可以，当然，文字越多越好。

2009 年 5 月 12 日（星期二，晴）

今天是我当值日生，日本的值日生就是中国的班长。中国的班长一旦确定，每天都是班长喊起立，而日本的班长是每天换，今天轮到我喊起立。

我们每天到学校以后都有一个早会，在老师来之前，大家聊聊天，有需要在墙上粘贴作业之类的事情，或有什么班里的工作，就在这个时间做，然后安静地等老师来。下学前还要有一个回家会，也是大家聊天，说说这一天是怎么度过的，然后要商量一下第二天的事情。

在今天的回家会上，我作为值日生，必须要总结这一天大家都在哪些方面做出了努力。想要说的话有很多，但没能用日语表达出来。

今天有田里的活动，我想说，播种的时候大家很努力，可惜我不会说日语的"播种"。知道的日语单词太少了，所以，要说什么的时候就会感觉非常困难。

妈妈说，那回家也禁止说中文吧。可是，那样的话，我就成哑巴了。

班主任留言

其实，用手比画着，尽量传达自己想要说的，那才是最重要的。实在说不明白的可以用汉字！

2009 年 5 月 14 日（星期四，刮风）

学校有实验田，我们国际班还有自己的地块，今天就有国际班的田间活动。

早上来到学校，山本老师让我们换上工作服就赶紧去国际班的实验田。学校的工作服样式源于英国的农业工作服，叫 Smock。

我很快换好工作服，到实验田后就帮着干翻土的工作。第一节课就是翻土，然后把苗移植过来。最后是老师给苗浇了水。

今天回家发现，晾在阳台上的体育服被风刮跑了。

班主任留言

田间活动做得很努力，非常好！马上换好了工作服，也做得好！

2009 年 5 月 15 日（星期五，晴）

今天有图工课。之前那节课没上，所以今天上课不太明白。我想应该要把图工课的工具箱带到美术教室，可同学说，不带工具箱，要带书包。我把书包拿到美术教室后才明白，原来是要画书包。

看了普通班同学画的书包，我惊呆了，他们画得可真好！应该是第一、二节课画书包，我只画了第二节课，感觉好像画得太快了。

班主任留言

　　不是画书包，而是设计书包。六年级学生都要画出自己设计的书包，冬天开展览会的时候要展出。所以要好好画，加油！

2009 年 5 月 17 日（星期日，刮风）

　　我想知道高达到底什么时候出现的，所以，今天做了调查学习。

　　今年是高达诞生 30 周年，7 月 11 日～8 月 11 日在品川区东八潮的太阳广场将立起 18.11 米的高达塑像。

　　高达的动漫基本都是富野由悠季创作的，高达 PG 是，MG 是，HG 也是！富野由悠季是导演、编剧、小说家，《铁臂阿童木》的制作他也参与了，是从日本动漫草创期开始就众所周知的人物。

班主任留言

　　富士急乐园曾经举办过高达展览。作为动画，恐怕《机动战士 Z 高达》最有意思。

男孩节和女孩节

　　中国是 6 月 1 日过儿童节，日本的儿童节是 5 月 5 日，还有 3 月 3 日是女孩节。

　　都说"六一"是国际儿童节，其实，国际儿童节有两个日子，6 月 1 日和 11 月 20 日。1925 年在瑞士日内瓦召开儿童福利国际会议，将 6 月 1 日定为"国际儿童日"（International Children's Day），1954 年联合国大会又将 11 月 20 日定为"环球儿童日"（The Universal Children's Day）。执行"六一"儿童节的国家比较多，而加拿大、埃及、巴基斯坦、孟加拉国是 11 月 20 日过儿童节。还有其他日子的儿童节，美国是 8 月的第二个星期日，澳大利亚是 7 月的第一个星期日，新加坡是 10 月 1 日，中国台湾和香港是 4 月 4 日，日本是 5 月 5 日。

　　日本的儿童节源于中国的端午节。

　　关于 5 月 5 日儿童节的由来，据说根据中国夏、殷、周朝的历法，阴历五月为恶月，五日为恶日。为预防夏季疾病，有采用菖蒲的习俗。

　　中国南朝官员宗懔（约 501 ~ 565）在《荆楚岁时记》中记载了

端午习俗：外出采集药草，肩披颜色鲜艳的绢丝防病，摆放艾蒿做成的人形祛除邪气，还把菖蒲挂在门外辟邪，同时还举办龙船比赛。

日本是男人外出做工，女人留家种田，耕作前有净身仪式，称作"五月忌"，这与中国的端午有关。也就是说，日本端午原本是女性的节日，到了镰仓时代（约 1185～1333），因为菖蒲与"尚武"同音，且菖蒲的叶子让人联想到剑，端午就变成了男人的节日，并成为祈祷男孩健康成长的契机。

中国因屈原的传说产生了端午节吃粽子的习俗，日本则是吃柏饼，就是用槲树叶包年糕。槲树别名柞栎，柞栎在长出新芽之前旧叶不落，寓意是家族香火不断。

现在的日本儿童节仍沿袭江户风俗，家门前挂鲤鱼旗，祝福男孩的出世和健康，也表示进入了夏季。

5 月 5 日还有摆五月人形的习俗，应该是娘家赠送人形，但现在也有两家一起赠送的情况，总之，是爷爷奶奶和姥姥姥爷表达心意的礼物。谢礼要在一周内送达，一般是送粽子，也可以送红豆饭或红白砂糖。

有男婴的家庭，为庆祝这个孩子的第一个端午节，通常全家出动，非常隆重。有女婴的家庭是在 3 月 3 日庆祝她的第一个节日，女儿节。女儿节是祝愿女孩健康成长的节日。快到女儿节的时候，市面上会出现女儿节专柜，礼物多用粉色包装，一派柔和的景象。家中要摆放男女人形和桃花，吃寿司、喝白酒以示庆贺。

檀聪日记

2009 年 5 月 18 日（星期一，刮风）

今天，我做了日光自由时间的调查学习。我加入的是温泉组，学习了食盐温泉的成分和功能。

通过这次调查学习了解到很多事情：食盐温泉的功能是治疗皮肤病的，成分是钠等。

我很喜欢泡温泉，中国的温泉也泡过，日本北海道和金泽的温泉也泡过。但是，至今为止，我一直不知道温泉可以喝。

通过这次调查学习我知道了：喝温泉水可以治疗消化器官的慢性病和便秘。

好，我一定告诉老爸。

班主任留言

真是做得非常好！去日光以后好好闻闻温泉的味道。观察温泉的颜色也非常有意思。为什么是那种颜色？弄明白了告诉老师。

2009 年 5 月 19 日（星期二，多云）

今天早上在操场运动的时候，不知怎么回事，名牌不见了。我非常担心，如果把名牌搞丢了，估计要挨骂。

但是，上课的时候，岩浅老师把名牌拿给我了。那一瞬间，一下子踏实了。

今天还有避难训练，我很喜欢避难训练！为什么呢？因为可以不用换校鞋就出楼门。

班主任留言

原来如此！按你说的那个意思，避难训练的确很好玩。

2009 年 5 月 20 日（星期三，晴）

今天是第二次俱乐部活动。

一共有 5 个篮球队，一般来说，六年级学生都要当队长，所以，我也就当上了队长。

第一回合的比赛是 A 对 B 和 C 对 D，E 队做裁判。第一回合我做裁判，这是我第一次当裁判，没想到做裁判和比赛一样累。

第二回合是 A 对 C 和 B 对 E，D 做裁判。我第一次拿到球后，把球传给了对方队员，对方投球进了，一个球 2 分。最后 1 分钟，居然是我投球进了！

最终是 6 : 4，我们 E 队得胜了。

班主任留言

这篇日记写得非常认真，很好！以后要更加注意逗点和句点。还有，当写到最下格需要标点时，不用换行，把标点写在最下格内即可，无须写到下一行最上方格位置。

学校的一年

在《菊子手册》里写着每月学校都有哪些大活动，入学不久后也领到了一份细致到每一天的全年日程表。

4 月：开学典礼、入学典礼

　　　　和乐会、PTA 大会

　　　　定期体检

　　　　学区亲子见面会

5 月：一年级远足、更换夏季校服

　　　　二年级远足

　　　　三年级远足

　　　　四年级校外旅行学习，移动教室（富浦），2 晚

　　　　五年级移动教室（箱根），2 晚

6 月：六年级移动教室（日光），3 晚

　　　　教育研究说明会

　　　　游泳课

7 月：游泳辅导

　　　结业式

　　　富浦海边的临海生活（五、六年级），3 晚

8 月：富浦宿舍寮的对外开放

　　　游泳辅导

9 月：开学仪式、游泳记录大会

　　　亲子避难训练

　　　教育研究说明会（3 周）

　　　国际班移动教室（富士／秩父交替），1 晚

10 月：运动会

　　　更换冬季校服

　　　教育研究说明会

11 月：菊花展

　　　建校纪念日（6 日）

　　　全校远足

12 月：结业式

1 月：开学仪式

　　　"菊子展"

　　　新一年级家长会

2 月：教育研究（自由）

　　　PTA 大会

　　　告别音乐会

3 月：六年级修学旅行（静冈），1 晚

　　　毕业生欢送会

菊园感谢会

授予毕业证书（毕业典礼）

结业式

  日本以年度划分学届，从 4 月到次年 3 月为一个年度，细致到每一天的日程表是一张 4 月到转年 3 月的日历。在这张年度日程表上，灰色部分是休息日和假期，注明了是什么休息日、体育日、勤劳日、天皇生日等等，空白格部分大多写有活动内容，什么都没写的占少数。

  每月的主要活动具体到了每一天，各月活动未提及的还有：一年内 9 次的避难训练、定期体检、各种家长会、学力调查、家长参观、游泳等比赛、音乐会、各种生活团活动、书法展、图工展等等。

  在中国约会都是定 3～5 天以后，而日本不至于定 3～5 个月之后，基本是定 1～3 个月之后，3～5 天的事属于十万火急。所以，在日本生活一定要有个台历，或随身带日历记事本，特别是开家长会的时候，不拿个笔记本洗耳恭听会显得不合群。

  过了 9 月，市场上就开始销售新年日历，而作为家长，我感觉，还是用 3 年日历记事本更方便。

  从小学一年级开始，孩子们就每年在开学不久后带回全年日程表，他们会被潜移默化地认为：有计划是理所当然的，计划就该是细致入微的。

檀聪日记

2009 年 5 月 26 日（星期二，晴）

今天在社会课的资料中看到了中国的照片，都是我没见过的场面。照片中的学校和我上学的地方完全不一样。照片中好像都是西藏等农村的学校。

我才知道，外国人脑子里的中国形象都是照片中的这个样子。而且，我也明白了，我不知道的中国还有很多很多。

还有，今天理科课看到肺的颜色是灰的，可在中国看到的肺图都是红色的。我问了爸爸，爸爸说，实际上，肺是灰色的。

2009 年 5 月 28 日（星期四，雨）

今天又下了一天的雨，但是，仍然打了篮球，而且，还赢了！

最开始打篮球的时候不知道该做什么好，最近有点儿明白了，所以篮球变得更有意思了。因为打篮球，朋友也多了。

生活团活动的时候做了游戏，是一个传话游戏，大部分还是感觉有点儿难。有一个传话内容是：螃蟹和青蛙回家时，海豚出来捣乱。

真希望雨赶紧停了吧！去日光的时候要是能放晴就好了。

2009 年 5 月 29 日（星期五，雨）

又是一天的雨。

今天有国际班家庭课，做大酱炒蔬菜。五年级不在，他们的分工也得我们六年级承担，所以很忙活。

我切了青椒，宏君切胡萝卜，华特森切圆白菜。

切青椒的方法是先把青椒切成两半，取出籽，然后再把切成两半的青椒切成大约 5 毫米的线状青椒丝。

切胡萝卜是先切出直径大概 4 厘米的圆片，然后再切出 2～3 毫米的细丝。

圆白菜的切法是先取出菜心，再切成 4 厘米大小的块，最后切成 1 厘米碎片。

切完菜就要炒了。

在炒锅上放些油，等 1 分钟，先把胡萝卜放进去炒，再把青椒和圆白菜放进去。然后，把拌了砂糖的大酱放进炒锅。

最后，大家一起吃自己炒的菜。大家一起做的大酱炒蔬菜非常好吃！

班主任留言

老师吃的时候已经凉了，但是很好吃。谢谢啦！

2009 年 5 月 30 日（星期六，多云）

今天做了馄饨。

最开始要把蔬菜切碎，肉与菜和在一起，放入香油和酱油、盐、味精，然后搅拌成馅儿。

接下来就是用买来的馄饨皮包馄饨。把馅儿放进馄饨皮里，包成馄饨的形状。

包馄饨是做馄饨最难的环节，我可真学不会啊！挑战了很多回，最后还是放弃了，上交给妈妈完成了。

还有一道工序是做馄饨汤。水烧开后放入酱油、香油、紫菜就 OK 了。啊，很美味嘛！

班主任留言

老师也有时候兴趣来了就用咖喱粉做咖喱菜。

移动教室：把课堂移到校外

"移动教室"，顾名思义，就是把学校的课堂移到校外，就是校外学习。

移动教室是日本中小学教学大纲中规定的、配合社会课和理科课的教学，指走出校园，在现场观察研究，围绕环境、历史、职场等主题进行体验式学习。校外交通安全和防止食物中毒等也是移动教室的课题。

学艺附小从四年级开始就有移动教室，公立小学一般是五、六年级每年一次。

学艺附小的四、五年级移动教室是两晚三天，六年级是三晚四天。四年级移动教室在富浦，五年级在箱根，儿子六年级那年赶上去日光的鬼怒川温泉，为期4天。

移动教室是孩子们盼望已久的，对儿子来说，小学的移动教室是第一次，也是最后一次。

来到学艺附小才不到两个月，儿子很多事还弄不明白，也不像其他同学已经有了四、五年级的移动教室经验，而且，这还是他第一次没有家人陪伴的外宿，意义重大。

虽说移动教室对儿子将是艰难的课程，但到日本这么短时间就能有如此经历的机会，他感到紧张，但更多的还是激动。他开始感言，只能在学艺附小上一年学，太遗憾了。

移动教室不是旅游，而是课程，学习内容的准备1个月前就开始了。每个学生都领到了一本学校自编的资料集，包括移动教室的相关地理、历史、文化知识。学完这本资料集之后，学生自己还要做一些调查学习。

本次移动教室宗旨如下：

1. 遵守规定，同学间合作行动。

2. 在集体生活中认识自己的责任，严格执行规定。

3. 明确选题，主动学习，发现问题，自己解决问题。

4. 走访历史古迹，建立珍重日本文化遗产的意识。

5. 在日光市及周边的环境之中，体味自然的美丽和伟大。

6. 通过步行日光深山让身心得到锻炼，进而懂得伙伴间相互鼓励的重要性。

日光移动教室包括一个叫作"自由时间"的学习内容，学校规定了一些主题：鱼和水、历史、日光雕、动物、日光木屐、鸟与植物、豆皮和羊羹、民间传说、岩石和温泉。学生根据自己的兴趣确定选题，然后再围绕选题做调查学习。在移动教室的"自由时间"里按选题分组行动。

当时，儿子还不太明白各选题是什么意思，觉得温泉应该可以泡澡，就选定了温泉小组。其实，温泉选题与泡澡毫无关系，是要在充分学习温泉知识以后去移动教室实际接触温泉。温泉知识包括温泉的历史、种类、水质成分、功能、治病原理等等。

移动教室结束后，每个学生都要写小论文，并发表演讲。演讲时要回答听众（老师、学生和家长）提出的问题。

去移动教室需要准备很多东西，温泉小组还算最简单的，动物小组要带观察仪器，而且在移动教室期间要起大早，因为人吃早饭的时候动物正活跃着。

行李是两个双肩背，大的放入巴士底部的行李仓，小的带上巴士。在移动教室说明中有携带物品一览表，写得非常详尽，包括室外服、室内服、睡衣、防寒服、4天的内衣内裤、手绢、餐巾纸、毛巾、浴巾、洗漱用具一套、防寒腹带、校服帽、手表、相机，还有2000日元零用钱、装温泉水的塑料瓶、水壶、体温计、夹纸板、笔记纸、三色圆珠笔、铅笔、橡皮、野餐铺地布、垃圾袋3个、装换洗衣服或备用的塑料袋、学校体育馆用鞋、雨衣、折叠雨伞、3天的零食、驱熊铃铛（日光是深山，经常有熊出没)，最后是日光资料集和第一天的午餐便当。禁止带手机。

移动教室有出发仪式，家长可以送行，我当然要积极参与。打扮好自己，做好早餐，和孩子吃了早餐，6点半出门，一起前往学校。两个行李包，一个背后驮着，一个前胸挂着。家长帮着拿不符合常识，孩子也不愿意。一共3辆巴士，儿子坐2号车。

出发仪式不算隆重，但也算正式，有校长讲话、带队老师讲话、保健医生讲话、学生代表发言。7点20分，大家准时上路了，校长同行，副校长在车外与大家挥手告别。

125 名六年级学生和 10 位老师出发了，同行的还有 2 名保健医生、巴士司机和摄影师。

移动教室的第一天是前往日光并游览瀑布。

巴士在 11 点到达华严瀑布，参观之后，各自吃自带的便当。这个便当要求使用一次性饭盒，吃完后可以扔掉以减轻行囊。考虑到便于入口，我装了 4 个三明治，两个金枪鱼肉的，两个火腿的。后来听说，同学们都是带饭团，没有带三明治的。

吃完午餐，乘巴士前往活动场所。环境学习的内容是做防鹿网，避免鹿吃树皮。儿子说，他当时还没有看到鹿，后来看见了。

到达移动教室的住宿旅馆是大约下午 3 点，旅馆房间已在 1 个月前确定，是日式的和室榻榻米房间，一间房住 6 名学生，房间分配是早已做好的，有房间分配表，人手一份。

到达旅馆后，大家首先在玄关按垃圾分类的方法收集齐一次性便当盒等垃圾，然后换上自带的体育馆用鞋，各自回房整理行装。

之后做的第一件事就是避难训练！日本人是从小在避难方面就十分训练有素的，避难训练之后才是移动教室的开幕式。接着，有生活委员主持的会议，选题学习委员主持的会议，保健委员主持的会议，房间负责同学组织的会议。终于在傍晚 5 点可以入浴了。

日本人的入浴时间一般是在晚饭前，辛劳一天了，入浴歇息一下，然后进餐。

6 点半开饭。餐厅是和式的，男生可以盘腿，无须跪坐，否则儿子就犯难了。据说晚饭非常好吃，不仅有天妇罗，还有烤肉。

吃饭时间只有 1 小时，还包括收拾时间。

7点半开始是选题学习预备会，时长为1个小时；8点半是反省会。

日本学校非常注重反省。一天里，针对所有活动都有反省会，在校有反省会，移动教室也不能省略该程序。反省会上每个学生都要说出自己什么地方做得好，什么地方需要提高。移动教室的时候，儿子已经习惯了反省会。

熄灯时间是9点，熄灯前要写下当天的日记。

经历了非常长的一天，终于可以睡个踏实觉了。次日是选题学习，要起大早。

移动教室第二天是选题活动，第三天是步履乡间，要走15公里。带上早饭、午饭，以及一本自编的学习资料，还有雨伞、文具、相机等，学习内容是了解步行路线图中的动植物生存环境和相关历史文化知识。背着沉重的书包走15公里，这对六年级的小学生来说不是易事，边走边做现场观察和学习研究，一共走了8小时。这个15公里路线是学生自己设计的，以选题小组为单位活动，不同选题的设计路线各有不同。第四天是参观名胜古迹并返校。

4天移动教室后有一个家长可以观看的解散仪式，我当然去参加了。

解散仪式的通知是让家长大约4点20分到校，幸亏我提前到了。4点刚过就看到几个孩子走过来，陆续地越来越多。孩子们都朝体育馆方向走，路边站着欢迎孩子归来的妈妈们。孩子们看到妈妈都不理会，直奔体育馆。

几天来一直担心天气，老天爷赏脸，回到学校才开始下雨，可见125个孩子中有不少"晴男"。日语对在一起就遇晴天的人叫"晴男"和"晴女"，对在一起就下雨的叫"雨男"和"雨女"。

大家都打着伞，我一直没看到儿子，估计移动教室前后因判若两人而错过，正准备去体育馆时，他走过来了。虽然还没到判若两人的程度，却也变成了双眼皮，一副病相，嘴唇干裂，看来够累的！和其他孩子一样，儿子也假装没看见我，和同学聊着天去体育馆了。

解散仪式在体育馆举行，由一个男生和一个女生主持。学生主持活动也是学艺附小的特点之一，经历太多次已经见怪不怪了。

两个主持人学生把讲稿放在地上，不时地看一眼地上的仪式顺序，很自然，不紧张，说错了、嗓子被痰堵住了都不过分在意，清清嗓子，又继续主持。

家长都来参加解散仪式，妈妈们站在学生后面。

仪式的第一个程序是：学生全体向后转，面对妈妈齐声说"我回来了"。这一程序让我非常感动。

然后，学生们转身朝向主席台方向。

接下来是同行校长讲话，汇报125个孩子参加的所有活动，"平安归来，非常圆满"。随后是保健医生汇报孩子们的健康情况。他们说，发现有哮喘的孩子不少，食物过敏的也比较多，所以就简单介绍了过敏和哮喘的对策。女医生的汇报非常幽默，她说："几天来没有一个孩子在保健室睡觉，很顺利。"

其实，儿子在移动教室出发那天早上就觉得嗓子不对劲，我给他带了冲服的中药。没想到，旅馆没有开水！药没吃上，好歹坚持了下来。

移动教室期间，学生们要自己料理生活，有做饭组、浴池清扫组、保健组等许多工作分工。在解散仪式上带队老师说，125个孩子住了3天旅馆，没有任何人在浴室落下过自己的洗漱用具。保健医是外请医生，非常佩服地夸奖学艺附小的孩子们太有能力了；而且，离开旅馆时，房间都收拾得比刚入住的时候还要漂亮。

学生们住宿的"汤之家"旅馆与学艺附小合作了 35 年，旅馆老板已经从中年变成了白发苍苍。

解散仪式的最后环节是唱歌。我特别喜欢听学艺附小学生的歌声，唱得太好了。

在回家路上，儿子还是一直坚持背他的两个包，旅行包驮在背后，双肩包挂在胸前，还能腾出手打伞。他说，移动教室过得很爽，交了很多朋友，晚上聊天，日语已经不算是障碍，说不明白就画画。

移动教室有专业摄影师跟拍，也是在网上公布小样，要买哪张就找到相应号码记下来，然后把号码写在订购照片的信封口袋上，再把无须找零的钱放入口袋交给班主任老师。日光移动教室期间，儿子的照片都挑出来一算，要 5000 多日元。儿子觉得太贵了，就删掉了几张。他爸爸说，那个时刻很珍贵，应该留下来。我也觉得，留下记忆的瞬间比钱的价值要珍贵许多，所以，把他删掉的都恢复了，一共是 5115 日元（按当时汇率计算合 300 元人民币）。

移动教室后的作业之一是写短歌。中国的语文课学读古诗词，但少有自己写古诗词的练习，而日本从小学开始就要求学生按古典格式写诗歌。在中国春游和秋游后写作文，日本写俳句、短歌。俳句是五七五的格式，短歌是五七五七七的格式。五七五以及五七五七七都并非字数，而是音节数。

去日光移动教室时，儿子写了一首短歌：

轟轟と（隆隆响）

華厳の滝は（华严瀑布）

音がおちる（声音掉下来）

激しい流れ（激流）

岩にぶつかる（撞击在岩石上）

自然の道（自然的山道）

すごくあぶない（实在是非常危险）

自然の道（自然的山道）

虫を鳴れる（倾听着虫鸣鸟飞）

自然の道ふしぎ（自然道不可思议）

檀聪日记

2009年6月2日（星期二，晴）

　　从今天开始，我随东京学艺大学附属大泉小学六年级去三晚四天的日光移动教室。每人都有一本说明书，1个多月前发的，老翻都散了，共112页，现在是用两个夹子夹着。其中有4页是日记，用日语写的，在这里我把它翻译成中文记录下来。

　　听到说"即将到达日光"时，我就开始激动了，真的来到日光了呀！进入日光时，看到街边排列着好多卖特产的店铺，周边自然风光无限好。

　　活动内容1：拴绑防鹿网

活动感想：今天在森林中拴上了防鹿网，具体方法是先把防鹿网缠绕在树根上，然后用白色的绳子固定防鹿网。

真的很难弄，但我们是3人一组合作，所以还算没费太大劲就完成了。

活动内容2：参观华严瀑布

活动感想：这里的电梯上升到百米只需1分钟！瀑布很壮观，从97米的高度向下看，感觉非常刺激。

2009 年 6 月 3 日（星期三，小雨、多云）

今天我犯错误了，最重要的第二天，没带相机！唉。

活动内容：今天是选题学习，岩石组和温泉组一起行动。开始一直是岩石组的活动，去了说不上名字的有石头的地方。然后就在找石头的地方吃午饭。午饭后继续找石头，我找到一块石头给老师看。老师把它砸碎，表面是黄色的，砸开后才看到，石头里面有很多白点。老师说，真是很有意思的石头，还有结晶呢。

大概下午2点，我们走到了龙头瀑布，从这里开始是温泉组的活动了。活动内容很简单，就是走到龙头瀑布的观瀑台，再回我们住宿的汤之家旅馆。

我真是冒傻气，相机带来了，却忘在这个旅馆里。

活动感想：我真是个笨蛋，忘了带相机。今天走的路一共是15公里，太累了。

2009 年 6 月 4 日（星期四，小雨、多云）

今天我又犯了错误，更重要的第三天，我又没带相机！

活动内容：今天是越野远足，我是 D 组。

从赤沼茶屋出发，途经菖蒲之浜，白沙滩很漂亮，然后到赤岩、千手之浜，我们在这里玩了水。在千手之浜和菖蒲之浜之间是中禅寺湖，蓝蓝的，因为附近有中禅寺，所以叫中禅寺湖，但我们没进中禅寺。接下来在西之湖休息，周围有很多山。这里我最讨厌了，泥像沼泽，脚踩上去就粘住了。老师说这里的湖今年已经变小了，去年还很大。

12 点准备向下一个地点前进时，我看见了鹿，有生以来第一次亲眼看见鹿，一头在树边吃草的鹿。

继续走是弓张崖，这里的路很危险。小田代之原、泉门池，水池里有很多黄色的泡泡。小瀑、汤瀑、汤之湖，这就到我们的旅馆附近了。目的地是汤之家旅馆，一共 13 公里。

今天到达目的地的旅馆感觉比前日稍轻松，但是，每天这么走，如果没有伙伴，那是绝对不可能走完的。我在地图上用红线标注了我们的远足路线。

我们去的地方都很不错，全是越野组长中岛同学定的。他一定做了很多调查学习！

对了，我想起我们还去了战场之原，一看就知道曾经是战场，全是干草，现在是一个国家公园。

活动感想：到达目的地已经累瘫了。我在想，如果每天走这么长的路，我可受不了了。

2009 年 6 月 5 日（星期五，小雨、多云）

活动内容：回到大泉

活动感想：4 天的移动教室即将结束，时间过得太快了。

在巴士里，我觉得头疼，连吃零食的力气都没有了。出发那天有点儿感冒，嗓子疼、咳嗽、痰多，老妈给我带了咽扁冲剂，但因为没找到热水，一直没喝。

最后一天晚上，作为吃货的我居然也没了食欲，感冒加重，嗓子实在太疼了。形势不妙，我赶紧又到处找热水。到保健室问了，说没有，让我去前台。我想，保健室都没有，前台更没有了。

没想到，前台的旅馆人员理解了我的意思，给了我热水。可是已经晚了，返校后要去医院。

参观二社一寺：这里的事我记不清了，有印象的是"三猴"、睡觉的猫和鸣龙。"三猴"是看猴、说猴和听猴。睡觉的猫据说是左甚五郎的作品。鸣龙是画中的龙，能叫。

只允许我们每人带 2000 日元零用钱，我买了些礼物，最后剩了 50 日元。温泉馒头准备等爸爸和妹妹来日本时一起吃，两个杯子是一个"三猴"，一个"睡猫"，我要那个"睡猫"的，因为我一直是代号"加菲猫"的懒猫。老妈或老爸用那个"三猴"的吧！本来还想再买些东西，钱不够，不可能家里每人一个礼物了。

巴士到达大泉学园的时候，感觉学校周围的环境久违了。

从移动教室归来，非常想把画了走过路途的地图拿给别人看——太值得显摆一番了。

小学生的游泳标准

进入 6 月以后，体育课全部改成游泳课，这不是国立小学的特色，日本中小学都是如此。

对我们来说，即将到来的是第一个游泳季节，所以校方发来了一年级的通讯，其中包括学校统一的游泳课规定和说明。

游泳池的清扫每年由五年级学生负责，清扫完毕后，每天路过的同学们就开始期待放水的日子。

通讯主要是给家长看的，一年级通讯中提到让家长和孩子聊聊游泳的事情，例如，游泳是快乐的，游泳课都做些什么，目的是让孩子们能够用放松的心情迎接第一个校园游泳季节。通讯中还介绍了用于游泳课的健康观察卡、要做哪些准备等。

在游泳课季节，每人领一张健康卡，需要填写的内容和注意事项在保健通讯里有所说明。有游泳课的时候，当天早上要量体温，然后把身体自检的近 10 项内容填好，由家长填写，漏一项都不能上游泳课，包括游泳课前夜是不是早睡了，游泳课当天是不是好好吃早饭了，指甲剪了没有，家长观察孩子的身体状况如何。即使不发烧，只要感觉身体不适，就要和家长商量是否不上游泳课。健康卡最后有一个家长盖章处，在上或不上游泳课处盖章。

学艺附小游泳课最为独特的是男生不穿游泳裤，而穿红色兜裆布，这在当下的日本属于非常罕见之事。

兜裆布的日语念作"焚都稀"，写作"裈"，是日本的传统内裤。特点是将带状的布穿在身上，最后在身体后部打结。

"裈"由汉字"衣"和"军"组成，历史上是一种战斗服装。古代日本的布料非常昂贵，所以，战场上靠是否穿着了裈来判断死者的身份、位阶。

江户时代，日本才开始引进棉花。此前除武士外，一般老百姓穿着麻质裈，贵族则使用绸缎制成的裈。"二战"前，裈是日本男性最主要的内裤款式，"二战"后，西洋服装流行于日本，成年男性逐渐使用三角内裤、平角内裤等新式内裤。

学艺附小的红色兜裆布是传统的款式，在市面上已经买不到了，必须由学校统一采购。学校订购了布，接下来由家长手工缝制兜裆布，不得使用缝纫机。

从缝制兜裆布到穿兜裆布，再到穿兜裆布游泳，都是为了让学生体会传统，传承文化。

可是，缝制兜裆布这件事实在是让我陷入了窘境。

学校发来一张缝制兜裆布的说明，布长3米，先对折，在布的边缘5毫米处缝接，然后缝一端开口，呈口袋状，把口袋翻过来再缝另一端开口。最后缝制的开口端要向内折，暗针封口，最后熨烫定型。

缝纫机我会用，但手工包边3米长，实在难以针脚整齐，特别是

167

暗针封口处更是见不得人。又幸运了，估计这下几乎把一辈子的运气都用光了。在上届 PTA 家长送的旧衣服里，居然发现夹有一条稍有褪色的红色兜裆布。

我喜出望外，但马上又发愁起来，为了能够每天换洗，学校要求准备两条兜裆布。我可以每天烘干兜裆布，可是，暑假临海学校的时候要求带去两条兜裆布，一条兜裆布显然是不够用的。

然后，不是估计，而是确定，一辈子的幸运就算用完了。在前辈家长送的旧衣服里，我又发现了一条崭新的红色兜裆布。

两块兜裆布有了，接下来是缝制名牌，名牌的位置很有学问，身高不同，位置也有所不同。先让孩子将兜裆布挂在肩上，再给肚脐位置做上记号，其背面正是缝制名牌布的位置。这个名牌不能使用胶粘布，必须手工缝制。

游泳课从 6 月 10 日始，学校的一贯做法是五年级男生教新入学的一年级男生穿兜裆布，儿子也属于游泳课一年级生，由五年级的海归男生池田君传授兜裆布穿着技法。

兜裆布的穿法有讲究，有难度。池田是海归生，有过一年的夏季游泳课经历，他可以用 23 秒穿好兜裆布。儿子学会了穿法，可是速度太慢，不符合要求。那几天回家后的作业主要是练习穿兜裆布，终于可以 2 分钟内穿好，达标了。

游泳课要带兜裆布、系扣式浴巾和拖鞋，各自都要有名字。我们准备的拖鞋是黑色的，然后把姓大大地写在了脚心位置。

装游泳课所需物品的是一个防水的塑料包。此外，游泳帽是学艺附小专用的。

上届毕业生浅利妈妈送的衣服里有泳帽，但儿子不能用。浅利君的泳帽是白帽带一道黑杠，儿子还不会游泳，要先戴红泳帽。能游25米以上了才能换白泳帽，然后再根据测试要求达标后，一道黑杠、两道黑杠地取得认证。最高级是三道白杠的黑泳帽。儿子的班主任已经是黑泳帽了，但还只是一道白杠。在最初级的红泳帽阶段也有等级差别，是加星号来表示升级，加到五颗星就能换成白泳帽了。

儿子第一天上游泳课很有心理负担。在中国没有游泳课，他也不会游泳。我们一家每年都去海边，但他仍没学会游泳。在中国学游泳必须报班，还需要家长陪同，我们没时间陪他上游泳课。此时感觉很对不起他，应该更加重视他学游泳的事。

日本的游泳季节包括暑假，学校游泳课仍持续，学生自愿参加，有老师辅导，也有达标测试。暑假前发来一张暑期参加游泳课的申请单，填好哪天参加，再交给学校备存。

暑假游泳课还包括一个"着衣游泳"的活动，属于避难训练，模仿发生不测时身着长衣长裤和鞋下水，感受着衣游泳之难，掌握自我保护的能力。着衣游泳训练要求每个学生准备一个空的1.5升或2升塑料瓶，作为没有救生圈时的漂浮辅助工具。

此外，游泳课中还有专门的国际班学生训练。日本是从小学一年级开始有游泳课，但各国情况不一，从国外回到日本的学生游泳技能参差不齐。国际班游泳课就是辅导国际生跟上各相应年级的游泳课。

儿子到日本后感觉难度最大的是体育课，游泳差距就更明显了。学艺附小的国际班学生向来都需要补习游泳课，可见日本小学的游泳标准在世界范围内都算是比较高的。

游泳是一项非常实用的技能，日本自然灾害多，游泳技能就显得特别重要，包括上述身穿长衣长裤的游泳训练。

小学六年级的游泳标准是白帽黑线一，就是自由泳和蛙泳都能用正确姿势游 50 米，潜水 10 米，会自由泳翻滚式转身和蛙泳单手触壁转身。同时，国立小学还要求完成海泳 60 分钟的大远泳，这项要求在其他公立学校是初一的课程。完成 60 分钟海泳是比白帽黑线一高两个级别的白帽黑线三的要求之一。白帽黑线二对 50 米泳有时间要求，白帽黑线三对 100 米泳有时间要求。

儿子能从完全不会游泳达到白帽黑线一的标准，可以说是学艺附小让我最为感动的事情。

游泳课刚开始的时候，儿子用的是初级红帽，从红帽一星逐级考核，到达白帽黑线一需要升级 8 次。而且，有游泳课不一定就有考核，技能要提高，还要抓住有限的考核机会，几乎每次考核都必须实现升级。

为赶在考核时能升级，儿子天天去附近的游泳馆练习游泳，有时候甚至一天去游泳馆两次。说是附近的游泳馆，那也有骑自行车近半小时的路程，来回 1 个小时，游泳 1 个小时。为应付学校的活动，儿子下学后仍有做不完的事，有计划性地安排每天的游泳练习时间，应该对孩子的独立性起到了潜移默化的推动作用。

从各级游泳规定标准可以了解到日本的小学生是怎么开始并学会游泳的，特别是第一级别的初级无星红帽，规定得非常有意思。在深过肩膀的水中可以站立，会用游泳池的水洗脸。要求是：身体放松地进入水中，习惯水打在脸上。

红帽一星的要求是：进入水中能够自如行走，把脸埋在水中可憋气 5 秒。要求习惯水中的行动和平衡方法，能够为憋气更长时间而努力。能够努力也是规定标准之一。

红帽二星是一年级的游泳标准，能够在水中睁眼和做石头剪子布的游戏。双脚用力蹬泳池侧壁的同时，双臂向前伸开，全身漂浮于水面 10 秒。要求在水中尽量睁开眼睛，双脚蹬池壁时，脸部埋进水中，做到全身放松。

红帽三星是二年级的游泳标准，面部埋在水中的自由泳能游 6 米，可以双脚打水。能够在水深过腰的地方捡起水底石子，头部全部潜入水中。要求以面部在水中的姿势，学会正确的手脚划水方法，能够憋足了气潜水并尽量深入。尽量深入也是规定标准之一。

红帽四星为初级红帽的最高级别，是三年级的游泳标准。能游 12 米，可以不换气。做到头部全部潜入水中时憋气 10 秒。要求手和脚的用法正确，学会换气，做到能游更长距离。

白帽是中级，四年级的游泳标准从初级红帽提升到了中级白帽，能游 25 米，也就是必须会换气了。潜水 15 秒，会站立跳水。要求手脚使用方法熟练，会换气，能游更长距离，能够尽量向远处跳水。

白帽红线一也是四年级的游泳标准，自由泳 25 米，蛙泳 25 米，蛙泳测试可用自由泳代替，潜水 4 米。要求自由泳或蛙泳的手脚使用方法正确，姿势接近完美，学会潜水方法。

白帽红线二为中级最高级别，是五年级的游泳标准，自由泳 25 米，蛙泳 25 米，潜水 6 米，会跳水。要求自由泳和蛙泳姿势正确，能以跳水的方式开始游泳。

白帽黑线一是六年级的游泳毕业标准，自由泳和蛙泳各 50 米，潜水 10 米，会触摸池壁转身和翻滚转身。自由泳和蛙泳均能姿势正确和长距离游泳，学会翻滚转身和蛙泳的触摸池壁转身。

白帽黑线二已超过小学毕业标准，但也可以在学校游泳课测试并升级。自由泳和蛙泳各 50 米，但各有时间要求，自由泳 60 秒，蛙泳 65 秒。仰泳 25 米，潜水 12 米，海泳 40 分钟。要求游泳姿势正确，还要尽量游得快。掌握正确呼吸、跳水起游、翻滚转身、触摸转身，以及正确的仰泳方法。

白帽黑线三是自由泳 100 米，时间规定为 2 分 10 秒，蛙泳 100 米，2 分 30 秒，仰泳 25 米，35 秒，蝶泳 25 米，潜水 15 米，海泳 60 分钟。要求游泳姿势正确，能够突破自己的速度纪录，且掌握蝶泳方法。

白帽黑线三是高级中的最高级别，学艺附小还真有少数学生能够取得白帽黑线三认证。

高级之上是特级，特级也有三个级别：黑帽白线一，黑帽白线二和黑帽白线三。小学老师都必须有黑帽级别。儿子的班主任是黑帽白线二。黑帽白线一的标准是仰泳 25 米（25 秒），蝶泳 25 米（24 秒），混合泳 100 米（2 分 10 秒），潜水 20 米，2 小时海泳。黑帽白线二是仰泳 25 米（22 秒），蝶泳 25 米（21 秒），混合泳 100 米（1 分 45 秒），潜水 25 米，日本传统侧泳 25 米（划水 15 次）。黑帽白线三是仰泳 50 米（50 秒），蝶泳 50 米（50 秒），混合泳 200 米（4 分钟），踩水 60 秒，掌握救助法。女子标准在时间上的要求稍有不同。

檀聪日记

2009 年 6 月 8 日（星期一，晴）

今天的日记是写一封感谢信，写给移动教室期间住宿的旅馆。日本的写作都是竖版，从国语教科书到国语笔记本都是从左向右翻开，从右向左书写。

第一次学习写日文信，格式很重要！第一列是空两格写上写给谁，然后要空一列再写正文，正文是空一格开始写。

实际上，正文是第二自然段开始写，写信开头的第一段和最后一段都有比较固定的内容。感谢信的第一段要写感谢，最后一段要写祝愿。一般写信的第一段可以是季节、时令描写，最后一段是展望未来。我的感谢信是这么写的：

致汤之家旅馆的全体员工

日光移动教室时，承蒙大家关照，非常感谢！

看到风吕（泡汤）中的温泉是全白的，我非常感动。看到这样的温泉还是有生以来第一次。气味像鸡蛋，温泉的温度是大概 40 摄氏度吧。

褥子、枕头、被子都非常舒适，饭也特别好吃，只是遗憾没品尝午饭。

有件特别要表示感谢的事情！我当时嗓子疼，带去的中药需要热水才能喝。到处找遍也没发现热水，去保健室问了也没有，基本没指望什么地去前台问了一下。我还不太会说日语，我说要热的水，前台就真的给了我开水。非常感动，由衷感谢！

希望汤之家的大家一直健康、安好！

2009 年 6 月 9 日（星期二，晴）

今天的日记还是写信，写给一起去移动教室的两位校外老师。我是这样写的：

小学生的游泳标准

布川老师、岩本老师

日光移动教室承蒙布川老师和岩本老师的关照，非常感谢！

选题学习的时候，我们去了不知道叫什么的、有好多各种各样石头的地方。途中，我的手被树扎了。岩本老师当即就给了我创可贴。太谢谢了，岩本老师！

然后我们去了有很多种类石头的地方，在那里吃了午饭。吃完午饭，布川老师告诉我们说，那地方本来是瀑布。后来，布川老师还告诉我，我找的石头里有结晶。这两件事让我感觉学习到了东西！听了布川老师的话，关于为什么那里的瀑布后来没水了，我想要做调查学习了，那又会学习到更多东西。

祝布川老师和岩本老师身体健康，万事如意！

2009 年 6 月 10 日（星期三，多云）

今天是第一次游泳课，课程名称叫"游泳指导"。

昨天跟池田君学了怎么穿兜裆布，池田君 23 秒就能穿好，我穿了好几遍，还是需要 2 分钟！

今天第一次穿的时候，失败了，第二次挑战用了不到 2 分钟，但还是让富田君和其他几个同学等我了。大家穿得真快呀！

穿兜裆布进水还是有生以来头一回，虽然穿的时候觉得很紧，但进水以后感觉很不错。

2009 年 6 月 13 日（星期六，晴）

　　今天骑着自行车去了光之丘公园，出发前老妈让我打印了地图。

　　先沿大泉大道到下屋敷，再左转，到比丘尼，然后继续直行。

　　比丘尼之后路很窄，有点儿危险。到土支田大道十字路口时直行，大概再骑 10 分钟就到光之丘公园了。

　　到公园后首先去的地方是鸟的观察设施，我看到了灰喜鹊。灰喜鹊的头上戴了一顶蓝色的帽子，中国应该叫"蓝鹊"。

　　之后，我在公园的导游图上发现了贮留池。贮留池在森林之中，但平时看不见。看了介绍以后才知道，地下有很多管道，下雨时雨水就通过这些管道流向石神井川。这样，雨水就不会浪费，可以补充河流的水。真是非常好的善待地球的循环利用！

班主任留言

　　可是，现在的问题也许是下雨越来越少了。日光战场变成了荒野，小田代原湿地变成了草原。

小学生的游泳标准

健康手册

《健康手册》是学艺附小的又一本小册子，记录学生的健康和发育情况，相当于中国学校的疫苗本，但内容更充实，且意义不同。

中国的疫苗本一般只是家长知道它的存在，而学艺附小的《健康手册》要求学生每天携带。学生通过这本手册了解自己的身体。更重要的是，这本手册起到了监督学生建立良好生活习惯的作用。

手册贯穿小学6年，必须爱护。儿子六年级才入学，所以，毕业时这本手册还很新。

《健康手册》当然也是给家长看的，了解孩子的发育状况，注意保持和促进孩子健康，使孩子能够安全度过小学6年。孩子生病和受伤时，家长要及时带孩子接受治疗。家长要监督孩子每天携带手册，在家填写的内容家长需要负责核准，并加盖印章。

每年4月由校方保健医生填写观察情况，学校体检也使用这本手册。手册有粘贴保险证的栏目，保险证有变更事项时，家长要负责及时更正。手册内容如下：

保健观察

定期体检记录

体检后就诊记录

牙科检查诊断记录

牙科就诊记录

临时体检记录及就诊记录

发育记录

身高和体重的发育曲线（男生、女生）

脊柱弯曲症

体力、运动记录

学校传染病

停止出勤记录、停止出勤手续

治愈证明、停止出席解除申请

缺勤、迟到、早退记录

学校与家庭联络栏

确认成长情况（男生、女生）

健康目标与反省

保险证复印件、经常看病的医院

　　为保证学生的健康，《菊子手册》中也写有健康注意事项，要求学生保持清洁、养成良好的卫生习惯、随时注意头发要利落、游泳季节头发要剪短。

　　学生须养成正确的生活习惯，要为保证健康地度过每一天而付出努力。在学校受伤、生病，或感觉自己的身体不舒服时，要马上去保健室。

《健康手册》要放在书包里。

身体健康是校园生活的基础，生病是请假的理由，但不能成为不付出努力的借口。身体健康不光是幸运，更是懂知识以及努力维持的结果。了解自己的身体，学会如何保持健康，是《健康手册》要教给孩子们的。

檀聪日记

2009 年 6 月 15 日（星期一，晴、雨）

今天又是游泳，一早的游泳课真是冷啊！可是，比一早游泳更冷的是淋浴。大泽君说，那叫地狱淋浴。但池田君说，最后的淋浴可是天堂淋浴。

今天练习了蛙泳。我是练习的时候还可以，真游起来就全乱套了。这次没游好，下次加油！明天的国际班游泳课有测试。好想变成白帽子！

班主任留言

游下 25 米就能从红帽变白帽了。加油！

2009 年 6 月 16 日（星期二，晴）

今天是国际班游泳课。

中途兜裆布好像松开了，我赶紧去厕所把兜裆布重新穿了一下。可这下又勒得太紧，屁股疼！此时，我想起了富田君。

宏君总是不把兜裆布勒紧，但富田君总是勒得很好，可没想到，今天游完泳，富田君的兜裆布居然松开了。真要多多注意！

有游泳课的时候非常累，回家以后都没了食欲，只想睡觉。

班主任留言

非常理解。在水里就会累，肚子也会饿。

2009 年 6 月 17 日（星期三，晴）

今天上游泳课的时候，蛙泳的脚部动作做得不错了，现在的课题是换气。

今天做了潜水训练，我只潜了 21 秒。潜水训练结束之后，手都麻了。

总是写游泳课的事，换个话题吧。

上社会课的时候老师讲，过去贵族去厕所是让人抬着去的，真是太懒了！

班主任留言

在水里要呼气！在水里不呼出的话，抬头换气的时候就不可能吸气了。

2009 年 6 月 21 日（星期日，晴）

今天去了 21 世纪美术馆，正好有开馆 5 周年的纪念展览，我看了世纪起源展。开始是人偶，只有上半身，胳膊也只有一半，有点恐怖。

接下来印象深刻的是一个高度为 20 米的像窗户一样的造型。完全没有用黏结剂，可为什么不会散架呢，非常不可思议！

最有意思的还是水池。从水池上方往下看，就是个普通水池，可是能看到水下有人。从水池下面往上看，上面有水。读了说明，但还是不太明白，说是有一面镜子。

我也好想做这种有意思的发明。

班主任留言

花样游泳要是用那种泳池，那水中的动作就能看得特别清楚了。真有意思！

去镰仓上社会课

　　如前所述，小学的社会课包括历史和地理的知识内容。配合镰仓时代的历史学习，学校安排了去镰仓的校外活动。

　　镰仓是离横滨不远的神奈川县镰仓市中心地区，日本幕府制度创立者源赖朝（1147 ~ 1199）时期的镰仓幕府所在地。幕府是架空天皇实权的一种政权形式，其最高领导者称作将军。军人当政，"挟天子以令诸侯"，军政府掌握实权，其最高指挥者就是所谓的征夷大将军。源赖朝是镰仓幕府首任征夷大将军，是平安时代（794 ~ 约 1185/1192）末期河内源氏的源义朝的第三子，幼名"鬼武者"，著名武将源义经是他的同父异母弟弟。

　　镰仓位于三浦半岛，面向相模湾，自然风光秀美，文化方面有点类似中国宋朝时期的风味。

　　外出参观学习也要提前数日制作一个说明册，写有课程时间、地点、要求带的东西、日程表，以及课程目的。这个说明册是学生自己编写并完成印刷的。

本次校外活动不是从学校乘巴士出发，而是一早在东京车站集合，活动结束后的解散地点是途中站内一条用杜鹃命名的通道。这种集合、解散方式是其他孩子和家长经历过若干次的，而我们又是第一次，杜鹃通道在哪里，还真花了一番工夫去了解。

东京车站是新干线始发站，相当于北京火车站，站内商业繁荣，来往人多。集合地点是在去往迪士尼的京叶线检票口前，这里有一块比较大的空地。东京站内有个等人的地方，叫银铃，但京叶线检票口前的空地是人多时集合的好地方。

我家在学校附近，到东京车站需乘电车1个多小时。不要求家长陪同。每天乘电车上下学的学生已经熟悉乘车方法，但像我们这种徒步上学的，还是有不少家长送孩子去东京车站的。

前日班主任对乘车方法和具体集合地点做了说明，是一种连我都难以理解的乘车方法：在有乐町站下车，从东京国际会议中心走去东京车站。我找出站内地图，对孩子做了详细解释，孩子认为可以自己独立前行，但我还是担心。不让带手机，发生什么不能联络，孩子日语又不行，询问路人有困难。但孩子拒绝陪同，我也只好在家担心，直到集合时间过后，如果没有老师来电，说明已按时到达集合地点。

集合时间是早上7点45分，需6点出门。很庆幸，时过8点，电话铃声没响。从东京车站开始，学生们按参观学习路线分组乘电车去往镰仓。

参观学习分为A、B、C、D、E一共5条路线，儿子开始报名参加突入线，因报名人数太多，改为灭亡线。灭亡线是追踪镰仓幕府的北条家族的悲剧，路线是从妙法寺到妙本寺，再到北条高时切腹地的东胜寺遗迹，最后到宝戒寺。北条高时是镰仓幕府的最后一代将军。

幕府是武家，武家之人就是武士。根据武士道，打仗时若敌方逼近，为不让自己落入敌人手中，宁愿切腹自杀。武士切腹的做法是将短刀插入腹部后，把内脏掏出来。切腹后不会马上死亡，为避免更长时间的痛苦，最后是由介错人（一般是剖腹者的亲友）用武士刀砍下切腹者的头才算完成切腹。

关于切腹的理由，新渡户稻造在《武士道》中写道："根据古代解剖学的信仰，腹部隐藏着人的灵魂和爱情。"切腹表现遵循武士道精神的英勇。

灭亡线要经过松叶谷妙法寺，是长满青苔的著名石阶路。为保护石阶，禁止践踏，在旁边另开出一条山路通往山顶，学生们也是沿这条山路登到山顶。在山顶可以看到秀美的镰仓海景。

日本对古迹的保护可谓做到了极致。妙法寺是镰仓佛教之一日莲宗的寺院，其宗祖日莲从相当于现在千叶南部地区的安房国清澄寺进入镰仓，落脚在松叶谷草庵，此地成为日莲以后18年布教活动的起居地，后被称作法华堂。松叶谷草庵有三个寺院，其中妙法寺是日莲宗初创期的大本营。由于对青苔石阶保护得好，今天妙法寺仍然是感受历史和自然静寂的圣地，吸引了越来越多的参拜者。

社会课的参观学习当然与一般游览名胜古迹不同，目的在于实地体会，从而加深对相关历史人物及其主要事件的理解。

本次校外学习之后，学生要对自己所选参观路线和源赖朝、镰仓幕府等主题写出综述报告和感想。

在镰仓参观学习的说明册中有事先总结好的学习要点，包括源氏时代持续了多少年、发生了哪些事情、涉及家族的家谱等。也就是说，学生在实地参观体验之前，已经通过制作说明册了解了相关的历史知识，总结出为什么镰仓有许多寺庙——共计 120 座寺庙记载了佛教作为一种新的宗教如何从中国传入日本，进而推动了佛教在各地的生根，使镰仓时代成为佛教普及的时代。

按说明册的总结，从中国传入日本的禅宗思想讲究"质实"，符合武士的生活作风，所以，佛教也影响了以后的武士生存观。所谓"质实"，就是外表不显眼，但积累了实力，是一种强健的生存观。如此观念也表现在建筑上，对比华丽的京都寺院，镰仓的寺院具有更为素朴的风格，也更加厚重。

镰仓寺院多，各参观路线经过不同的寺院，大家考察后做出总结报告，再通过演讲会彼此交流学习。

檀聪日记

2009 年 6 月 23 日（星期二，晴）

今天去镰仓做了社会课的参观学习。6 点 50 分到达池袋，然后坐丸之内线，7 点 23 分到达东京车站。在东京国际论坛大楼集合，坐上了去往镰仓的车。

到达镰仓后就一直是分组行动。这里 80% 的商店牌是棕色的，为什么呢？

我们 B 组路线的所到之处是妙法寺、东胜寺（北条高时切腹之洞）、宝戒寺。妙法寺的石阶上满是青苔。北条高时之墓很可怕！在宝戒寺参拜的是福德之天女。

最后是在鹤冈八幡宫吃了便当。

至此，我终于明白了社会课参观学习要做的事，感觉有点喜欢社会课了。

2009 年 6 月 24 日（星期三，晴）

今天的作业是写镰仓参观学习的俳句。

穴の中（洞里）

水が滴り（水在滴）

すずしいな（好凉快）

2009 年 6 月 28 日（星期日，晴）

今天为移动教室的演讲做了温泉调查学习，突然想起有本叫《栃木温泉》的书，是汤之家旅馆主人发给我们所有温泉组同学的。书里有张照片，显示有好多老头在泡温泉，还有好多苹果浮在温泉上。书里还写了温泉的成分和种类，等等。

班主任留言

只要不是全抄，可以用书里的资料。

千页校讯

儿子每天都带回四五份学校各种组织印发的校讯，1 年下来，累积了比两包复印纸(500 张／包)还多的千页校讯。阅读、理解和整理、记录这些校讯成为家长的日常工作之一。

校讯的分类是经过将近 1 年才摸出了些门道，开始完全不知道校讯来自学校的哪个机构。校讯有老师编辑的，也有学生编辑的。写有编号的定期发，没有编号的更多见。

学校通讯叫《菊子》，年级也有通讯，六年级通讯叫 *ALL OUT* (全力以赴)，国际班也有通讯，当年叫 *Believe*。学校通讯《菊子》是月刊，刊登校长、副校长的文章，当月活动日程，以及一些特别活动的报道。年级通讯有年级特点，六年级是小学的最后一年，面临毕业、升学，所以，通讯采用了"全力以赴"的主题。刊登内容有活动报道、年级通知等。

国际班包括三到六年级学生，自成系统。国际班的学生有双重身份，因此，国际班的活动情况反映在国际班通讯上，同时，各年级国际班学生的活动还出现在各年级通讯上。

保健室也定期发通讯，宣传卫生常识，报道流行病、身体检查情况等。午餐营养方面是每月发来菜单通讯，循环利用方面有不定期通讯，学费支出有各方面的支出报告，父母教师会各委员会也有相关通讯，然后，学校举办活动还有临时通知，学生的各种委员会、俱乐部等组织也发通讯。校外的活动宣传资料也在发放之列，比如作文比赛、广告画比赛、书法比赛、科技活动、戏剧观赏等等。

家长通过各种通讯可以具体、细致、全方位地了解学校的教育理念和活动情况，学校、家长和学生的横向联系也得到了加强。

檀聪日记

2009 年 6 月 29 日（星期一，晴）

今天又来了一个三年级的国际生。他叫工藤光。光君和洪君的名字同音，所以，估计以后要改叫工藤君和纪龙君了。

工藤君是从哪里回日本的来着？他自我介绍的时候说了，我没听清。

最开始看到工藤君，以为他是韩国人。工藤君的爸爸和妈妈特别年轻。工藤君的日语比洪君强。工藤君，这一年，请多关照。

班主任留言

工藤君是从马来西亚回来的，好好相处哦。

2009 年 6 月 30 日（星期二，雨）

今天看了东京学艺大学附属国际中等教育学校的说明。看完之后，感觉这所学校很厉害。这个学校的教育目标很强。在这所学校里，肯定能变成特别强的人。现在我还是小学生，为达到那个目标而做着准备。这所学校也有各种各样的活动。我想进这所学校。

班主任留言

你说的"强"，是觉得什么强呢？还有，和哪儿比觉得强呢？请告诉我。

2009 年 7 月 1 日（星期三，多云）

我说的"强"，是说从国际中等学校毕业很棒。为什么呢？就是说，毕业于这所学校都能去东京大学、早稻田大学等很厉害的大学。如果能进国际中等学校，就能取得 MYP（Middle Years Programme，国际公认初中课程）和 DP（Diploma Programme，国际公认高中课程）文凭。MYP 和 DP 文凭，世界各国都承认。取得 MYP 和 DP 文凭的条件是具有国语、数学、英语等各方面的能力。MYP 是初中生的资格认证，DP 是高中生的资格认证。现在国际中等学校只有 MYP，还没有 DP。

班主任留言

原来如此，明白了。谢谢！

日本国立小学 365 天

2009 年 7 月 2 日（星期四，晴）

今天是爸爸的生日。在中国的时候，爸爸的生日总是和奶奶、外公一起庆祝，这次的生日不能一起过了，很遗憾。

在中国，庆祝生日要吃面，这个面，叫"长寿面"。因为面很长，所以就有了长寿的意思，是中国的传统。还得顺便说一下，生日时还吃桃，这个桃叫"寿桃"。

我给爸爸买了生日礼物，就是之前去金泽时候买的。礼物是一条领带，是金泽的特产，叫"友禅"。

今天早上，我还吃了长寿面，只是忘了买桃。现在家里的水果只有哈密瓜。没办法，只好吃哈密瓜了。这是我发明的长寿哈密瓜。

今年爸爸 51 岁了，祝贺！

班主任留言

"加贺友禅"是非常棒的礼物。金子老师也是 7 月 2 日的生日。

2009 年 7 月 3 日（星期五，晴）

今天我练习唱《奔向目标》这首歌了。妈妈在网上检索到这首歌的石原小学合唱版，说："和石原小学比，你们唱得更好。"还真找到《奔向目标》了，我兴奋起来，唱了几句。妈妈听了以后说："喔，比过去唱得好了呀。什么时候唱这么好了？"

在中国的时候，我是个"音痴"，所以妈妈完全不能

相信我现在的唱歌水平。其实，别人唱得才好呢，我唱得
不好。

有一句总是唱不好，"那一天的什么怎么能忘记"，
为什么呢？因为这一段总是力量用得过大，导致不能自如
换气。下次上音乐课，一定要把这首歌唱好。

班主任留言

在回家会上练习吧。每天唱的话，肯定会比现在唱得
越来越好。

2009 年 7 月 5 日（星期日，晴）

今天我剪了头发。下午 3 点左右，我去了理发店。可是，
人太多，就去了旁边的大泉小学图书馆。

玄关前挂满了写有七夕愿望的彩色纸条。玄关的桌上
放有一张白纸，在这张纸上登记来馆时间和出馆时间，就
算办理入馆手续了。

我做了登记，然后就去了图书馆。这里的书，数量没
有学艺附小多，但种类很多。比如有中国的事儿，外国的
事儿，日本的事儿，等等。

看着书，突然想起，我要去剪头发！

我赶紧去了理发店，正好，没人等了。这是我来日本
以后第一次剪头发。

这家理发店的剪头椅很厉害。比如，有电源，还可以
转到后边。中国的理发椅只有坐着的功能。

日本国立小学 365 天

剪完头发以后，我照了照镜子，觉得这个发型很不错。

班主任留言

发型非常适合你！老师下星期也要去剪头发。头发长了，觉得很难受。

日本的小学教科书

　　中国最早的非八股文教科书是以日本教科书为范本编成的，于
1904 年由商务印书馆出版，叫《最新教科书》。它是中国第一套现代
教科书，把知识划分为国文、算术、动物、植物、物理、化学、博物、
音乐等若干门类，这在中国几千年的历史中还是第一次。

　　现在的日本国语教科书仍保持竖版书写，国语习题集也一样，从
左向右翻开。市面上卖的笔记本有专门用于国语的，印有竖版书写格线，
也是从左向右翻开，学校的国语课要求学生使用国语笔记本。

　　大部分小学教科书是 B5 大小，比中国的大；字号大小不一，从
低年级向高年级逐渐变小。教科书是全彩的，每页都像封面一样光滑、
亮丽，让人很有学习兴致。国语课本里的插图都出自名家之手，散发
着温暖的文艺气息。课文内容大多关于自然、文化，文学气十足。

　　小学一年级国语教科书的第一课叫"春天来了"，很顺口，念几遍
就可以自然地背下来，好像唐诗宋词变成适合一年级小学生的白话文。
日本是在春季樱花开放时节入学和升学，所以，第一课是描写春天的。

插图是春天的鸟、春天的树、春天的风景，春意盎然于纸上，跳跃着憧憬之情。

小学教科书从三年级开始增加社会和理科的内容。

社会课是学习生活环境的，包括怎么去附近的超市买东西、公共场合要注意哪些规矩，也涉及地理和历史的知识内容。

社会课配有体验学习，就是走出校门实际体验社会的课外活动，比如参观净水场、巧克力工厂、历史名胜等等。社会体验学习之后都会举办演讲课，要自己编写图文并茂的海报式讲稿，并在人前发表演说。演讲课有时安排在家长观摩日，家长也可以提问或答题。

中国的类似活动一般是老师选出几名学生演讲，日本是所有学生都演讲，目的在于锻炼孩子在人前的表达能力。锻炼机会人人均等。

理科的理论部分和中国的科学课相像，但上课地点在专门的理科教室，注重亲手操作和体验，比中国学生更早接触物理和化学，是从体验入手建立科学意识，并非从理论到理论。

国立小学活动多，儿子1年总共只上了3节理科课。后来发现，没有小学的理科体验基础，学习初中理科和以后的高中物理、化学就比一般日本学生障碍多，特别是在拔高时深感积累的缺失。

小学理科教案符合学生年龄特点，比如用手掂量各种物体感受重量，然后再用天平称量体积相同的纸、铝、铁等，从体验入手建立质量的概念。

理科教室是小学的必备设施之一，三四名学生共用一个实验台，实验台中央是水龙头和水池，用于实验用水和清洗实验教具。

关于数学，小学叫"算数"，从初中才开始叫数学。日本的小学算数教学特点是不限于计算，更注重"算数是语言"的理念，从小培养学生的逻辑思考能力。逻辑思考不仅限于理科领域，经济、哲学、文学、艺术等领域的深入和精进都最终取决于逻辑思考的能力。

为什么小学叫"算数"，而中学才叫"数学"？不是叫法不同，而是本质有异。如果小学算数没有经历过用语言表述本质，或者仅仅通过大量练习掌握了用一个公式套用所有习题的做法，则难以养成用多种方法解答同一问题的思维习惯。

儿子把九边形内角之和写成（9-2）×180，被扣分了，是算数的乘法顺序问题，n边形内角之和应写为180×（n-2）。

算数是教计算方法，而数学则是一门学问；算数是1+1＝2，数学则是解释为什么1+1＝2；算数的价值在于计算出正确结果，而数学的焦点在于到达结果的过程。也就是说，算数以取得正确答案为目的，而数学则将重点放在为什么用那个方法获得了正确答案，意义在于理论的逻辑化，追求逻辑的正确性。

算数是理解单位、比例和面积就可以了，数学则需要思考它的根据何在。算数是可体验的知识，数学是在其基础之上，通过逻辑推理思考看不见摸不到的东西。

儿子在小学属于擅长算数的，但到高二学习数列的时候才真正感受了算数和数学的区别，他意识到，以往的练习只是工具，以后，将进入奇妙的数学世界。

更有特色的教科书还应该说是音乐和美术。

小学音乐课本从一年级开始就是五线谱，从小学习五线谱可以建立固定音高的概念。儿子在中国的小学学习了简谱，唱歌的时候要在五线谱上先标注简谱，同学看到用1、2、3、4、5表示音高觉得很新鲜，因为日本没有简谱。

识五线谱在日本不是什么音乐专业技能，国立小学毕业年级的学生能用五线谱作曲，学生自己作词作曲的毕业歌是毕业季演出的重要节目。

我观摩过一节音乐课。老师说，音符好比你的身体，用身体的姿势表现音符要去往什么地方。音符都有自己的位置，它们要去哪里？唱歌的时候，要让自己变成音符，去往属于它的地方。比如今天唱歌的第一句，"彼此微笑，相互交语"，彼此遭遇时会意地对视微笑了，然后呢，要一步步相互走近，那个姿势是要去交谈。然后，音乐老师对五线谱上标注的渐强、渐弱等符号一一解释。多强？多弱？冷的？暖的？还时不常翻看意大利语词典，并讲解那些意大利语的意思。

小学的美术课叫图工，更多的内容是做东西。不仅画画，还要制作。比如先到森林砍木头，再回学校图工室锯木头，做成实用的椅子等。

音乐教室和图工教室也是小学的必备设施，音乐教室有舞台、三角钢琴，以及管乐、弦乐等交响乐队的各种乐器。音乐课在音乐教室上，竖笛和键盘须自备，也有规定的品牌、型号。国立小学不止一个图工教室，还单设了木工室，里面放着板材、电锯等。

檀聪日记

2009 年 7 月 6 日（星期一，晴）

今天领了新的日记册，新日记册是 NO.2 了。

下学后回到家里，第一件事就是读了 NO.1 的日记册。翻看记录，回想起第一学期发生的各种事情，很怀念。开学式、短裤拉链坏了、国际班做年糕、采访校长等等。还有，老师的评语也有很多。和老师一起共享每天的记录，真是一件快乐的事情。

从今往后，我要记录更多。我的计划是：从8月开始，每天写3页；从10月开始，每天写4页。之后，慢慢提高标准。

不过，在写3页和4页之前，首先要提高写作速度才行。现在是40分钟到1小时能写2页，如果按如此速度，不可能写出3页或4页。现在的速度已经是我全力以赴的结果了。

刚入学的时候，什么日语都不会，也写不出什么"全力以赴"。现在，我想写很多。

班主任留言

一定要写出更多的"全力以赴"！现在想做的事，加油的事，一定要传达给大家，这是非常重要的。

2009年7月8日（星期三，晴）

今天第六节课应该是家庭课，可变成了日语课，全校老师都来观摩。

日语课开始了，真的来了很多老师，副校长也来了。

今天的日语学习分成三个小组，A组有我、中田、皮普鲁斯、工藤，B组是大泽、渡边、华特颂……其他就不记得了。

上课的内容是，一个同学说，把什么什么东西拿来，另一同学把东西拿来，说"请"，然后再对拿东西的同学说"谢谢"。

是常用词语练习游戏，游戏方法是：一个同学先扔色子，然后，另一个做游戏的同学去拿一个标有与色子同样数字的信封。取出信封中的画，再去拿旁边桌上放着的含有画中内容的文字卡片。然后对同组其他同学说："请拿来画中的东西。"东西拿来，拿东西的同学说："请。"做游戏的同学说："谢谢。"

轮到我做游戏的时候，皮普鲁斯扔色子，总是 6 和 4，所以，我拿的东西就总是"飞机""奶奶"之类。

轮到其他同学做游戏和大家说"请拿来画中的东西"时，80％是我拿东西。我拿的东西还都是超重的，"电风扇"呀、"相扑运动员"等等。我到底有多大力气呀！

大家做游戏的时候真的很高兴。这个游戏好玩儿！如果下次还有类似的活动，我还是超想玩这个游戏。

班主任留言

喜欢玩游戏的心情明白了，可是，估计有点太容易了吧。

2009 年 7 月 9 日（星期四，晴）

今天我想起了笔名的事。看了渡边君的笔名，太有意思了。渡边君的笔名叫"飞路士 L"。最开始看到他的笔名，没明白什么意思。仔细想了想，飞路士的读音是 HI-ROSHI，和他的名字"宏"读音相同。原来如此，"飞路士"的意思就是自己的名字呀。

我的笔名是"明日云"，这个名字的意思就是，明天可能会有很多云，也可能没有很多云，明天会发生什么不知道。也就是说，千变万化。

华特颂的笔名是"飞日浜"，念作 HIHIHAMA，不明其意。

老师小学的时候，笔名叫"云黑齐"。读音是 UN-KOKUSAI，就是和"大便很臭"同音。听到这么个笔名，觉得太好笑了！

班主任留言

华特颂的笔名是"Hippie Beach"，得名于一片非常美丽的海。

2009 年 7 月 10 日（星期五，晴）

今天去了日生剧场，这个剧场周边都是特牛的建筑。

途中非常地热。来到日比谷，进入日生剧场，坐下等待，大概 5 分钟吧，演剧就开始了。

剧目的名字叫《艾尔克斯的祈祷》。"艾尔克斯"是艾尔利克秋樱的简称，演剧内容是描述了 50 年后的乌托邦学园。

这个学园里的孩子们被严格地管理着，此时，一个叫艾尔克斯的机器人来了！艾尔克斯解放了孩子们的性格。

艾尔克斯来了，作为教师的大理、丹尼尔、帕尔塔就有可能被解雇。所以，教师们对艾尔克斯产生了仇恨。于是，教师们开始对艾尔克斯复仇。

最后，由于各种原因，艾尔克斯消亡了。

看了这个剧，稍有感动。看剧的时候，旁边的奥村同学和菜菜子同学都哭了。

在剧场门口，演员们都在等我们这些学生观众。我和剧中的丹尼尔博士，还有乌托邦学园的孩子们都握了手。

看日语舞台剧还是第一次。

演出的剧团叫四季剧团，这个剧团在中国的名声也很响。我在中国看过几次儿童剧院的戏。

学艺附小有六年级毕业生自编自演歌剧的传统，看《艾尔克斯的祈祷》应该会对毕业歌剧活动有帮助吧。

2009 年 7 月 12 日（星期日，晴）

今天是休息日，写了三首俳句。

鷹の道（走在鹰之道）

人の心が（心情会是怎样呢）

落ち着いた（就是静下来）

国分寺（来到国分寺）

なんととなりが（没想到那竟然是）

マンション（一座新公寓）

秋の菊（秋日的菊花）

花がきれいに（花朵美丽起来了）

咲いている（那是在绽放）

199

日光移动教室发表会

　　整理日光移动教室的印刷资料、复印资料等，真是一大堆东西，到今天都感叹，这些居然是十一二岁的小学生在不到 1 个月间消化、体验的内容，而且他们还做出了演示资料并演讲。资料中更多的不是观光景点介绍，而是各种地图。地图也不是一般的观光地图，而是 1：25000 的地形鸟瞰图、山间考察路线图等。

　　因为选择了温泉小组的学习，日光所属栃木县温泉保护开发协会联合会的小册子《栃木温泉》就发来了，内容是介绍栃木温泉的分布和各温泉的特点，共介绍了 53 处温泉，其地理位置、水质、自然和人文由来等。移动教室入住温泉旅馆附近的名胜介绍中有一个罕见的温泉寺院，叫"日光山中禅寺"，是日光开山之祖胜道上人于 788 年发现的温泉，命名为"药师汤"。"药师汤"背靠温泉岳，山顶建有一座庙宇，供奉药师琉璃光如来。后来，848 年，慈觉大师登山，为庶民参拜，请来温泉"大权现神"，开设了更多的温泉，并以"温泉大权现"的功德留名后世，称作"日光九汤"。1966 年，台风摧毁了药师堂，但本尊药师如来安坐未损，后来药师堂得到复原，"药师汤"也因灵验吸引了各地的参拜者。

儿子从日光移动教室回来之后就一直准备选题学习的发表。老师在一张 A3 纸上用红色大字做了一个演示大纸（A0 海报）的制作范本，比如题目叫："温泉鸡蛋原来是黑色的"，然后讲硫黄的性质、pH 值、硫黄的味道、入住旅馆的温泉；再就是盐水和海水浴的经历：自己曾去过哪些温泉、有过怎样的体验；最后是温泉对皮肤的作用、自我感受，等等。

在老师的启发下，儿子在一张 A3 纸上打了草稿，写下了自己要演示的内容：日光硫黄味白色温泉的成分、特点、功能，通过实验，按温泉成分做出时间和温度变化的关联图表，还有自己去过温泉的介绍，例如金泽温泉、北海道温泉、东京的温泉。

老师看过海报草稿之后，又根据儿子罗列的内容整理出一个叫作"温泉哪儿好"的主题，提示实验展示要围绕演讲主题，比如将各种温泉成分加入热水中做成各种温泉，有体验、有分析，最后总结出源于实验结果的结论。演讲内容的准备只凭查阅现成资料是通不过老师审核的，经过自己亲手实验得出的结论才有说服力。儿子通过这样的学习，完全转变了对学习方法的认识。

根据老师的提示，儿子历经摸不着门道的艰苦过程，终于确定了发表题目："温泉是健康药"，将查阅资料获得的温泉知识归纳到一张表格中，比如，温泉按成分分类，分别具有怎样的功能，等等。

演讲包括四部分：温泉种类及其成分和功能的说明是第一部分；第二部分是实验内容，在演讲现场要制作四种温泉，并观察和体验其温度变化；第三部分是介绍自己在日光温泉和其他温泉的体验，进而说明温泉成分与水温变化的规律；最后是题为"未知力量"的结论，即，温泉靠地球能量形成，历经数千万年，是大自然的礼物、人类的健康药。

在准备演讲的过程中，学生还要做一张 A3 纸大小的选题学习报告，200 多名学生的报告结集成一个该年度移动教室的报告书。

为了演讲，儿子把没有写在海报大纸上的内容另外做了 4 页 A4 纸的讲稿，开场白 40 秒，介绍温泉的种类和功能各 40 秒，制作温泉实验 2 分钟，谈温泉体验 40 秒，说结论 20 秒。

7 月 14 日是日光移动教室选题发表会，每人 5 分钟，发表 2 次，家长也来参观。

发表会在体育馆举办，形式不是孩子台上讲、家长台下听，而是将体育馆布置成演讲阵，25 个演讲台同时开讲。参观家长和老师选择感兴趣的演讲台做听众，并提问。10 分钟一场，同时有 25 个学生发表，接着下一批 25 个学生发表，一上午共转场 10 次，才听完所有学生的演讲。

发表会也有说明书，包括布阵图和所有学生的发表内容简介，以及每个学生的演讲台编号、发表时间等。

阅读发表内容简介很受感动，学生们的观察角度各有特点，且演讲内容丰富，充分表现了小学生的思考深度，很多内容都值得作论文。发表演讲要求有实验内容，展示的物件要求亲手制作，尽量自己画图示，而不用照片，如使用照片，则要求特点突出。

内容简介是学生为吸引听众而写，有广告文案的意味，按选题摘译如下：

鱼和水

原生物种与外来物种

用粘纸制了模型，通过实验比较原生和外来物种的鱼的大小。

河鱼体重都一样吗？

调查了4条鱼，说明其不同和缘由。现场解剖！

鱼为什么会飞？

用模型告诉你各种鱼的飞法。

鱼是怎么睡觉的？

实验用金鱼做，还画了鱼的图，请来看！

鱼打哈欠吗？

为了用电脑发表着实下了一番功夫，实验用的声音即将来到现场！

鱼是如何使用幽门盲囊的？

当场解剖鱼，看看它是怎样使用幽门盲囊的，比较自己的原创思考和真正的答案。

鳟鱼吃什么？

针对鳟鱼主要吃什么、依天气不同是否更换食物等做了调查，现场演示钓鱼方法和鱼线的特点。

如何营造新环境？

我的发表是让你了解日光汤之湖里的环境。

与其说是白子川流域的变化，不如说是水质发生了变化。

展示从白子川五个地点汲取的水，并做相关实验。

为什么华严瀑布会移动？

通过实验简明介绍华严瀑布的移动姿态，并用绘画说明奥日光各瀑布的形状和特征。

华严瀑布真的是瀑布吗？

大自然创造了华严瀑布，但是，瀑布的水流却有着非常不"自然"的构造。

岩石和温泉

岩石成长记

用岩石标本说明，详细考察从一块岩石能了解到什么。

溶岩中如何形成结晶？

展示各种石头，并用真石头进行讲解。

为什么地点不同，石头种类也不同？

彻底解开岩石产地与岩石种类的疑问，有各种石头的展示，请一定来参观！

了解荒川石与日光石

来演讲台即可看到原石和石粒，还分发了解岩石的书。

我的黑曜岩切得很好嘛！

带回来那么多石头，我对如何才能切割得漂亮进行了探索和研究，现场演示具体方法给你看。

能打火的岩石

用手工制作的标本来比较岩石，能看到矾结晶的形成，还可以体验打火。

用"沉积人"做沉积实验

做了名为"沉积人"的实验器，再用这个实验器做沉积实验，展示沉积岩的形成过程。

为什么岩石有发光和不发光之分？

对日光找到的岩石做了实验，发表时讲解发光原理。

从岩石读取土地性质

做岩石硬度实验，学会区分岩石种类的方法，让你变成岩石博士！

为什么 10 日元硬币会变黑，其他硬币呢？

用实验、实物和照片、图表讲解去过的温泉，展示实验失败和成功的 10 日元硬币及其他硬币。

为什么高热的温泉在浴槽中就变成了适温？

有热泉调节体验，来试试吧！

温泉的什么成分对身体好？

用苏打粉在现场为大家展示。

温泉能疗伤和治病吗？

将带回的温泉水点在试纸上，观察 10 日元硬币在温泉作用下发生了怎样的化学变化。

现代医疗与温泉医疗的区别

对过敏症患者的体温进行了调查，发表时做温泉测定，来测验一下自己的"温泉力"吧！

轻松手工制作入浴剂

现场制作，并将入浴剂放入热水中，可用手感受入浴剂的柔肤和滋润效果。

日本与欧洲温泉的大发现!

　　以日本人和欧洲人为对象做了问卷采访,对其温泉意识进行了调查,比较各自泡温泉的感受。

历史

豪华绚烂的日光东照宫

　　通过东照宫的历史和造就东照宫的雕塑,考察为什么日光东照宫那么华丽。

东照宫到底是什么呢?

　　公开东照宫的全部秘密!只要来听,你就是东照宫达人,以后可以和同学显摆了。

为什么德川家康选择了日光?

　　家康是被当作神在日光祭祀的,可是,为什么是日光呢?家康选择这里的理由是什么?听者有纪念品!

德川家康的遗骨为什么必须从久能山移到日光?

　　用照片和地图介绍家康遗言、东照宫、久能山东照宫的社殿布局,还有家纹谜语!

走访日光街道

　　对日光街道做了彻底调查,将以古代旅人装束演讲。

日光雕

日光雕与东照宫的关系

　　日光雕与东照宫的关系是什么?从雕刻作品揭开秘密。

日光雕的历史与制作方法

用动漫讲故事的形式演出纸偶戏，请关注！只要来，即可获得用于日光雕的煤。

日光雕和镰仓雕的区别是什么？

外观完全一样的两种雕刻到底区别在哪里呢？来看我自己雕刻的作品就知道了。

怎样制作日光雕？

现场表演纸偶，还有猜谜活动，并展示真的日光雕。

日光雕是否因树种而成品不同？

我会拿来实际使用的日光雕刻刀，请务必来看！

动物

如何与鹿友好共生？

用图表演示日光标识和鹿的生息之地。

鹿的生态与特征——怎么才能马上知道鹿的年龄？

图示说明一眼看出鹿年龄的方法，并介绍鹿的兴趣。

鹿食害（反刍）

发表鹿的反刍原理，请来观看！

鹿吃下的东西变成粪是什么样？

请来观看实验结果！

鹿的毛皮特征——鹿的身体秘密

现场可以触摸真的鹿毛和鹿皮，一定要来！

从足迹能了解到什么？

从足迹可以了解到小仓山（日光山）里的是鹿还是鬣羚，

现场证明。

考察松鼠的生活习性

以花栗鼠和欧亚红松鼠为中心，发表了解到的松鼠生活细节。

寻找日光的亚洲黑熊

在图纸森林中通俗讲解熊的生活，并发表近年来的相关问题。

遭遇了熊怎么办？

调查了解一直流传的熊"装死"的真相。

动物与人的关系

展示真的鹿犄角，用绘画说明动物与人的关系。

动物的雄雌区别

从鹿到甲虫，都进行了调查和思考。

日光木屐

日光木屐的历史

展示有意思的日光木屐实物，如果时间有富裕，可以穿木屐感受一下。

日光木屐中隐藏的秘密

展示原创木屐和世界各地的木屐，进而聚焦到日光木屐隐藏的秘密。

鸟与植物

大斑啄木鸟的特征、鸟巢

自制了大斑啄木鸟的鸟巢，请大家来围观如何利用大斑啄木鸟的有趣特征制作鸟巢。

鸟为什么鸣叫？

鸟鸣总能听到，但你想过没有，为什么会有那种鸟声，鸟是怎么鸣叫的？请来现场看答案。

燕子为什么不在树尖上停留？

介绍大家不了解的燕子的生活习性。一定要来啊！

白腹毛脚燕与家燕的区别

介绍白腹毛脚燕和家燕的生活及鸟巢有什么不同，做了鸟巢模型，来看！

豆皮和羊羹

用不同浓度的豆浆做豆皮，看看结果有何不同

把豆皮和豆浆带到现场，用展板说明豆皮和豆浆的制作方法，一定来看！

更换豆的种类还能否做豆皮？

做了各种豆的豆皮，带到现场给大家看！

京都豆皮和日光豆皮的区别

展示京都豆皮和日光豆皮，用毛巾演示京都豆皮和日光豆皮的制作方法。

豆皮形成前如果向豆浆中投放各种东西会怎样？

现场向豆浆里投某个东西，要不要知道投什么？

你能做出让讨厌豆皮的人喜欢上的豆皮吗？

说不定是世界首创！做了很多种豆皮，请一定来看！

为什么三山羊羹好吃——人与自然与水的关系

用绘画和图表展示说明。

做羊羹为什么用寒天，明胶不行吗？

比较用寒天和明胶做羊羹，展示制作过程的照片，还有古代谜语等你猜。

羊羹的甜度不只为了好吃

羊羹的砂糖里隐藏着秘密，惊人实验结果等你瞧！

民间传说

灵兽有特征吗？

东照官的灵兽是怎样的？对灵兽感兴趣或想知道鸣龙的叫声，请一定来参观！

胜道上人到底是谁？

用绘画和纸偶介绍胜道上人是谁，做了哪些事情。发表内容全部是自己的原创。

河童与民间传说

展示自己做的河童。

当时，女儿还在北京上学，孩子爸带女儿特意从北京赶来参观发表会。

7月13日是发表会的最后准备时间，发表内容要做在 A0 尺寸的大纸上，发表的时候用磁石把这张大纸固定在演讲台的白板上。做这张大纸之前不知做了多少次 A3 纸的底稿，定稿后才能正式制作演讲海报。排版意味着什么，儿子到演讲前日才明白。不亲自体验一次，孩子是难以想象为演讲需要查多少资料、制作演讲海报又需要花多长时间的。如果说听课学习能理解二成，那体验学习则应该可以理解到八成。

发表不是只照搬海报内容，还要演示实验过程，以证明演讲主题的结论。温泉的种类、作用等可通过调查学习取得文字资料，但现场用演示实验来证明海报文字内容则不是易事。

为制作发表海报用了许多橡皮，为实验成功则用了许多水。

口头演讲很快就结束了。还不错。接下来是演示实验。班主任帮忙在现场准备了 4 盆水，儿子分别加入各种温泉成分，取得了海报文字所写的温泉效果，算是实验成功了！学年主任老师也来做儿子的听众，还提了好几个问题，儿子都一一做了回答。主任老师还夸奖儿子："移动教室的时候还不怎么懂日语，现在居然能发表得这么好，真是佩服。"主任老师还和儿子握了手。

演讲会场准备了评价卡。虽然来听儿子演讲的家长并不是很多，但也得到了一些家长写的评价卡。

作为演讲的反省，儿子说，因为紧张，只顾念海报了，海报上没有而该讲的几乎都忘了讲，所以，如果没有实验，5 分钟的演讲就冷场了。当然，年级主任老师的提问对充实演讲起到了重要的作用。

檀聪日记

2009 年 7 月 13 日（星期一，晴）

今天做了移动教室的演讲准备，终于明白排版是怎么回事了。为了更好地发表演讲，准备阶段就要用实际演讲时候的大纸做做看。

太费劲了！首先，我打了个草稿，把各部分内容配置得正合适。我的演讲包括三部分，分别是温泉的种类、效果，再就是做温泉的实验和体验。了解温泉种类之后，针对各种温泉成分，我做了调查学习，也明白了：泉质的名称因其成分而确定。关于温泉为什么能治病，我也做了调查学习。温泉一般都有药用效果，实际来自于其温热作用、水压作用、浮力作用、异地作用。这些作用和药用效果相关联。

这样，我的演讲主题就基本确定下来了。

2009 年 7 月 14 日（星期二，晴）

今天是移动教室的自由时间选题演讲会，我的演讲题目为："温泉是健康药"。

演讲之前，我听了船越君和岛根君的演讲。

我演讲的时候只有很少人来听，来的人有日高、安藤老师和一些同学的爸爸妈妈。反省演讲的不足之处，是只顾念大纸里的内容了，纸上没写的东西什么都没说。而且，因为念得太快了，演讲很快就结束了。幸亏有安藤老师提问，填补了演讲时间。

不过，实验取得了很大成功！只是不知道为什么，自来水的温度比重曹泉的温度低了一点儿，而之前做实验的时候应该不是这种感觉。为什么呢？

班主任留言

对不起！是老师的错！老师准备的热水不够热。

2009 年 7 月 15 日（星期三，晴）

今天做了大酱汤。

5 月我们播了种，有红皮萝卜、黄瓜、茄子、白萝卜。才 2 个月的时间，已经可以收获了。今天我们收获了好多蔬菜，红皮萝卜有 2 筐，1 筐大概 20 个萝卜，2 筐黄瓜，3 筐茄子，2 筐白萝卜，还有 1 筐韭菜。

收获蔬菜之后，我们先把它们搬到体育馆前的水池洗干净，然后再搬到各自的教室开始切。

没想到，红皮萝卜很难切，太硬了！其他蔬菜都比较软，好切。

最后是在碗里放上大酱，把切好的蔬菜也放上，再加入开水，好好搅拌一下，大酱汤就做好了。

喝了一口大酱汤，我不禁说："好喝！"

所有人都喝过大酱汤之后，老师问："这个大酱是哪里的？"我瞎说了"秩父"。没想到，还真说对了！

2009 年 7 月 16 日（星期四，晴）

为富浦临海学校，今天我去了大泉学园町体育馆。几天前我就和妈妈说了，我想去游泳馆。今天正好是休息日，所以就去了。

从我家到游泳馆不算远，大概走路 30 分钟，沿着我家前边的河一直走就能到游泳馆。

游泳馆是露天的，我想，冬天应该会关上屋顶。游泳池的水深到我肩膀，是温水，冬天也可以来。

我主要练习了腿部动作。腿部动作总是有问题，所以，游的时候完全无法前进。妈妈说，腿的动作要自己去感觉。我就试了试。手也动起来了，呼吸也可以了。

估计，这只是偶然。我一定要更多地练习！一定要在去临海学校之前做到蛙泳25米。我不断地对自己说：加油！

2009 年 7 月 17 日（星期五，晴）

今天是结业式。第一学期过得真快。在这个学期里，体会了太多的事情。开始是和乐会，和大家成了朋友。然后是日光移动教室，学习了温泉的事情。最后是镰仓社会考察，学习了过去的事情。

在今天的结业式上，唱了好多歌。最开始唱的是集合歌，这首歌有好长时间没唱了，中途有一段是一年级的独唱，声音真好听！

大家唱完歌之后，一到四年级退场，五、六年级留下来练习"富浦临海生活之歌"和"新一天的早晨"。安藤老师说，如果唱歌输给了五年级，那临海游远泳的时候就把兜裆布脱掉。

这当然是开玩笑啦！

暑假活动多

日本学校的假期与大多数其他国家和地区不同，虽然比中国的寒暑假还多了一个春假，但假期里学校不只留作业，还组织许多活动，充实到好像没了假期。

学艺附小的六年级暑假有一个重头活动，就是临海学校，其前后在学校还有自愿参加的游泳课。暑假作业不是做数学题和写国语作业，而首先是写日记，其他还有写作文、做自由命题的手工作业等。国际班学生从进校第一天开始就用学校发的日记册记录生活，暑假期间则使用一种较为简单的日记表。

暑假记录的最开始要填写计划目标，包括三个方面：生活、学习、帮忙做家务。儿子在生活栏写的是："让每一天都充实。"学习栏写的是："多听日语，争取听懂。"帮忙做家务栏写的是："每天为减少爸妈的辛苦而努力。"

暑假从 7 月 18 日放到 8 月 31 日，学生要设计自己的生活日程表，从早上 5 点到晚上 10 点。最后，家长还要写上暑假评语。

那个假期，学校发来很多科学馆、博物馆等的宣传资料，我们去了科学馆。在科学馆除了参观，还可以做很多实验。科学馆里的休息间有饮料自动售货机，还有一些桌椅，可以用餐。很多孩子是带上饭团，午饭就在休息间吃，可以在馆内尽兴一整天。儿子 8 岁时我们一家去美国旅游，参观 NASA 后，儿子开始对空间物理发生了兴趣，再来到科学馆，兴趣变得更具体了。

暑假期间，儿子每天都自觉学习，生活规律，还不忘运动，算是度过了在日本的第一个充实的暑假。

暑假期间他还有一项特别任务，就是要准备一篇发言稿。他被指定在第二学期开学仪式上做学生代表发言。虽然日本的学生代表发言大多是自愿加轮流，但对于一个在中国始终挨老师批的孩子来说，这次的发言让他的人生转向了积极的方向。

发言稿要求先写在印有学校字样的稿纸上，假期游泳课时交给班主任审阅。第一稿，儿子从学生和生活两方面洋洋洒洒写了 4 页的400 字稿纸，班主任提出了内容要聚焦的意见。之后，儿子又写了若干次，终于可以誊写在国际班学生的日记册上了。

发言稿是在临海学校的时候确定下来的，然后要把发言稿背下来，开学前几天去学校背给班主任听，当作演习。

不得不承认，日本的教育做到了为所有孩子提供上进的机会，也让我明白了：学校的最大职能不在于评价学生，而在于激发孩子的能动性，让他们主动抓住机会，从而得到成长。作为孩子第一任教育者的家长，当然也应该是这样的。

檀聪日记

2009 年 7 月 18 日（星期六）

今天我带爸爸去理了发。爸爸完全不懂日语，去理发店不会说要怎么剪。所以，我就陪他去了。这是爸爸第一次在日本理发，理完之后爸爸说，日本的理发师真厉害，很不错！的确，我也觉得爸爸的发型很酷。

2009 年 7 月 20 日（星期一）

今天是"海的纪念日"，但我还不知道这一天是纪念什么的。所以，我就进行了调查学习。"海的纪念日"原来是为纪念天皇航海巡访后在这一天回到横滨港。以往都是乘军舰巡访，这一次是乘坐了用于灯塔巡视的汽船。

2009 年 7 月 24 日（星期五）

今天去听了学艺大学附属国际中学的说明会，会场在练马车站附近。说明会讲了入学考试的条件、学校要培养怎样的学生、希望招到怎样的学生等内容。退场的时候遇到了小西君、田边君、岛根君和矢野君。

2009 年 7 月 27 日（星期一）

今天我确定了将来的梦想。看了录的电视剧 *Mr. Brain*，其中的主人公是从事大脑研究工作的，非常厉害。而且，我也喜欢 UMA（未确认动物）和 MYSTRY（未解之谜）。我的梦想是成为空间物理研究者。

2009 年 7 月 29 日（星期三）

　　终于明天就要去富浦临海学校了。今天干了好多事儿，非常忙。在学校练习了人数报告和体操队形，实在太难了！队形练习之后又在学校游泳池游了泳，有点长进了。马上就可以升级到白帽子了！

———
日本国立小学 365 天

临海学校

日本的中小学在暑假期间都有临海学校、林间学校，与中国的夏令营不同，这些都是教学大纲规定的内容。家庭收入低的学生可以通过政府部门申请到规定金额的学费补助，其中就包括临海学校等活动的补助项目。

临海学校指的是在海边住宿，以体验大海为目的；林间学校则是住宿在高原，实施登山、参观博物馆等校外学习活动。活动时间从两三天到一周，各校不一，学艺附小的临海学校时间是 3 天。

学艺附小有自己的海边设施，在东京西南的富浦，靠近《蜡笔小新》里说的热海和《伊豆的舞女》中的伊豆。到学校的海边设施上课，学习在校园生活中难以学到的东西；同时，感受集体生活也是学习的目的之一。

教学大纲对"集体住宿活动"的内容有若干规定，临海学校和林间学校之外还有修学旅行等。1925 年，日本的成城中学第一次在神奈川县三浦郡初声町开设了临海学校。

临海学校的正式课程是海水浴，从岸边戏水到海泳，范围很广。瞎子切瓜游戏属于季节性课程。暑期是西瓜旺季，学生蒙上眼睛，转圈到头晕迷失方向之后，靠同学们的声音引导找到西瓜，然后一刀劈下。还有水边救助训练，体验拉网捕鱼。如果附近有水族馆、博物馆，那也会有参观内容。此外，日本有夏天放花的生活习惯，所以，临海学校会有放花活动。划船比赛和试胆游戏是学生们期待的。在幽灵文化普及和盛行的日本，这个环节的游戏会是非常丰富的。到了傍晚，游戏在宿舍附近的林道和公园展开，有时是老师扮作鬼怪潜伏在游戏路线途中。

说到集体生活，还有一些非正式的课外内容，比如熄灯时间前后，同学们太兴奋了睡不着，就相互扔枕头。最近大多数学校都禁止这样的游戏了。

再就是试胆游戏的延续。熄灯时间过后，一部分学生又集合起来继续玩游戏，此时，试胆对象大多是老师。比如夜深时分，试试敢不敢从老师的房间门前经过，等等。

日本学校的任何活动都先有一本说明书，不论活动大小，哪怕是去看一场儿童话剧的演出，也会有一本说明书。临海学校这么大的活动，当然有一本挺厚的说明书。特别是国立小学，每次活动的说明书都十分充实。因为是每年都有的活动，而且也已经持续了很多年，所以，更新说明书并不花费太多时间。可见，积累对一件事的品质有多么重要的影响。

以《富浦临海》为题的说明书目录包括如下内容：

日本国立小学 365 天

思想准备

富浦的日常生活

生活日程

宿舍的使用方法

健康

海泳技巧和计划

老师的分担

带的东西

体温表、身体状况、病情记录

富浦生活日记

富浦的土地与自然（另附学习资料）

富浦临海生活之歌

目录之后是写给孩子们的致辞，富有自然韵味和诗意。

　　大家期待的富浦生活就要开始了。

　　夏日的云，从地平线的那一边滚滚升起，仲夏的太阳光芒四射，在阳光充足的白沙海边，使出全身力气伸展手脚，尽情地、尽情地去泳，冲破怒涛的海泳！还有，大家肩并肩地唱歌。想到这些，一定在心中欢呼雀跃吧。

　　如此快乐的生活，那一定要天公作美，没有任何事故发生。所以，大家要想一想，要注意什么才能使大家共同度过快乐的生活？

　　还有，要怎样做才能让这段富浦的日子变得最有价值呢？

上述问题的答案，就是这本手册。这本手册的作用就在于：让富浦生活更快乐，让它更有价值。

祝愿大家能够在富浦的四天中快乐地度过，并留下美好的记忆。

这段致辞以小学生容易接受的方式讲述临海学校的宗旨，完全没有教条，而是启发孩子们去主动思考。教育并非只是传授知识，而是通过提供良好的环境和条件来启发思考，让孩子们从自身的感受里收获教育成果。提供怎样的环境和条件才能更好地实现教育目的，体现了教育者积累的专业力量。

在日本，"思想准备"不只是学校活动要明确的，做任何工作，哪怕是去谈一场恋爱，都首先要整顿心理，并明确指导思想。思想准备在日语里写作"心构"，就是构造心理的意思，是觉悟，也是决心。孩子们从小就在各种活动中培养觉悟和决心。

富浦临海学校的思想准备有四条：确保孩子们顺利度过集体生活、构筑健康的身心、练好游泳、积极学习平时在学校学不到的东西。

说到彼此合作的教育，富浦临海学校就是从教育的专业角度，考虑孩子们的年龄特点，设计和提供了更好地实现教育目的的环境和条件。

六年级小学生从早起到晚上入睡，还有入睡之后，只靠自己的能力完成一天的生活，还是非常不容易的；加之是集体生活，就更加困难了。所以，必须大家互相帮助。规定必须严格遵守，擅自行动是绝对不允许的。

海边空气好，可以尽情地深呼吸；明亮的强光不被灰尘阻挡，可以充分地沐浴阳光。4 天的富浦生活无疑会让孩子们的身心更加健康。

临海学校的主要目的之一当然还是提高有用的游泳技能。在结束临海学校的时候，自己到底能提高多少游泳技能呢？这是每个学生都最为上心的。在学校学不到的东西有很多，比如陆风和海风的感受有何不同？海边捡到的贝壳是单壳还是双壳？富浦都有哪些特产？

关于富浦的自然资源，有很多学习资料，如何把那些资料变成自己的，那不是靠背知识能做到的。散步的时候、游泳的间隙，只要睁大眼睛，就能学到在学校学不到的东西。

通过对富浦地区的学习，孩子们的更大收获是通过亲身体验掌握了学习方法，它可以举一反三地应用到其他任何地区的学习之中。

富浦也是学艺附小的四年级移动教室所在地，儿子去富浦是第一次，而其他同学都去过了。

临海学校活动当天，早上 6 点 50 分在学校集合，和移动教室一样，有一个大约 30 分钟的出发仪式。因为经历了移动教室，对出发场面的仪式感已经习以为常，不觉得有什么新鲜了。

出发之后，孩子们要坐 4 小时的巴士才能到达富浦临海学校所在地。根据日程表，到达目的地后，下午就开始游泳。

4 天的临海学校也有开幕式，讲一讲生活注意事项：用餐、厕所的使用方法、身体不舒服的时候要怎么做等等。游泳的注意事项都在这个时间讲解。

富浦的作息时间是非常严格的。而且，富浦宿舍不同于旅馆，没有所谓的旅馆工作人员负责清扫和配餐等，洗浴清扫、配餐服务等都是学生自己做，来之前已经分工明确。做好这些工作也在临海学校的教学课程计划之中。

早上 6 点起床，有 30 分钟洗漱时间，然后是 1 小时的清扫、早会、散步。

起床前要先量体温，并填写记录。起床以后赶紧叠被褥、收拾、洗漱。

清晨的散步要经过海边、码头、栈桥，能看到钓鱼的，还能听见从沙滩篝火传来的笑声。缓步沙滩，很是自在。只可惜，学艺附小的临海学校是男女生时间错开的，要是女生在，应该会有孩子们手拉手在海滩唱歌的风景。学生不可以擅自行动，走丢是绝对不可原谅的。

7 点半吃早饭，8 点开始有 1 小时的学习时间。在这段时间里，孩子们可以给家人写信，还能听到关于富浦的浮游生物的故事，以及其他很多有意思的话题。

9 点开始游泳 2 个小时。

12 点吃午饭，午饭时间 1 小时，之后有 30 分钟的午睡时间，然后再游泳 2 小时。

孩子们都觉得午睡不重要，想多游泳。在这种情况下，他们会学到：午休非常重要。充分运动之后，自然会感到累，如果不给身体一个休息，那就很可能在之后的游泳中发生事故。午睡的时候有孩子故意打呼噜逗别人发笑，那老师就要批评了。

下午 4 点半洗澡，仅 30 分钟。兜裆布要自己清洗、晾干，浴池的清扫是学生自己做，有分工到位的洗浴清扫小组。

5 点到 6 点的晚饭前 1 小时，是大家来临海学校之前策划和准备的娱乐节目时间。晚上 6 点开饭，晚饭时间 1 小时，但清扫和组长会要占去 30 分钟。负责清扫和担当组长的学生每天只有 30 分钟的时间吃晚饭。

一日三餐都是学生自己配饭，有各自的分工。餐厨小组的学生要做好配餐工作，同时还要保证自己吃好饭。保证自己吃好也是配餐工作的一部分，必须动脑筋合理安排时间。

从 7 点开始有 1 小时的自由时间，实施蜡烛娱乐计划。8 点开反省会，8 点 40 分准备就寝，量体温。9 点熄灯。

大家以事先分配好的宿舍为单位生活。几个人共用一个不大的房间，如果大家都摊开行李，可想而知是怎样的乱状，所以，必须随时整理好自己的衣物。收拾东西要讲究技巧，考虑到马上要用的、每天用的、只在最后回家时才用的，必须按便于使用的顺序放好。

第一天大家都很兴奋，次日清晨也醒得早。可是，起太早会给别人添麻烦，那是不允许的。

海泳训练当然是最要下功夫的，打打闹闹和擅自游泳是可以的，只是必须保证以老师说的注意事项为前提，比如在海边要充分补充水分等。

富浦临海生活全过程无须老师随时提醒，却组织严谨，秘密在于像剧本一样细致的《富浦临海》手册。

富浦临海生活的组织单位是小组，各小组成员打乱班级构成，目的在于学习与不熟悉的同学合作。各组都有编号，每组 12 人，组长称作"生活长"。管 6 ~ 7 人不难，组织 12 人的生活可要难为 12 岁左右的组长了，但学艺附小的孩子们都训练有素，完全可以胜任。

第一天在学校集合的时候，生活长到校后向当班老师报到，接下来就由生活长负责点名了。

出发仪式以小组为单位站队，生活长站在队首。乘坐巴士事先已经定好 1 号车为单号组，2 号车为双号组，所以，上车过程既敏捷又有序。在巴士上，大家需要作自我介绍：我是哪个班的、叫什么，还要再说一句自己的本次临海生活目标。然后大家还要练习唱临海组歌。和移动教室的时候一样，每人一个行李包，一个双肩背包。行李包集中到巴士底层的行李仓，双肩背包带在身边。学生要随时查看《富浦临海》手册，到达富浦宿舍后要按怎样的顺序回宿舍，示意厕所、食堂、鞋柜等位置的宿舍设施图也在手册中体现。

手册中还说明了怎样使用壁柜：最上格放双肩背包，中间格备有衣物筐，要把手册、体温计、手电筒、书等常用物品放入其中，最下格放行李包。手册还注明了：行李带要收拾利落。

进入宿舍以后要做的事也在手册中写好了：

1. 游泳时要带上沙滩凉鞋，一层小组的集中在阳台，二层小组的集中在玄关的下鞋柜。

2. 宿舍内要光脚。

3. 抹布要集中放好。

4. 按图示说明把行李整理好，室内要保持干净。

5. 吃午饭以小组为单位。

6. 垃圾按可燃和不可燃分别收集，垃圾袋在各层走廊里，自取使用。

7. 水壶用完要马上洗好放好。

8. 午饭按宿舍顺序吃，垃圾按小组分装，并集中到走廊。

9. 30 分钟午饭之后在食堂集合，穿校服，要开交流集会。

　　集合排队的具体顺序于手册中用图展示了，生活长在最前面，然后是第 2 ~ 5 名同学，第 6 名同学是保健长，第 7 名同学是游泳长，然后是第 8 ~ 11 名同学以及最后一名同学。

　　临海手册简直就是一个剧本，而且几乎是分镜头剧本。无须老师在每个环节做说明，同学们看着剧本演练就是了。

　　经历了这样的集体生活，就用身体记住了做事的常识。当这些孩子步入社会，他们就深知生活和工作环节要如何做才叫符合常识。细致到位在日本不是标准，而是常识。在日本看不到排队吵架的现象，去名胜古迹参观，脱掉的鞋都被摆放整齐。

　　午饭后的午睡也是有具体要求的。宿舍是榻榻米式，不铺被褥，只用枕头和毛巾被。

　　午睡后把枕头和毛巾被收拾好，然后做游泳准备。准备事项如下，必须在 15 分钟内完成，顺序可以自己决定。

　　1. 上厕所，换上泳装。

　　2. 涂好防晒油。富浦有水母，要使用有防水母作用的防晒油（学校早有通知，可在特定的商店买到）。

　　3. 补充水分，食堂边有水桶。

　　4. 裤子要卷好放到筐里，由保健长和一名同学把筐抬到浴池旁边的更衣处。

　　5. 游泳长站在队首，人员到齐后，排队走到前庭。

　　6. 在前庭排好队后，坐下等待。

在前庭集合后，经人员确认和报告，大家就向海边出发了。

大家都穿着兜裆布，披着前襟按扣浴巾，穿着凉鞋，走到海边需要 20 多分钟。到达海边之后，不是老师讲述游泳注意事项，而是游泳长发言。一个学生在桥上讲解当日训练目标，另一个同学在监视处前讲述注意事项。整体活动的推进看不到老师的存在，主要考验游泳长的组织能力和全体同学的配合度。

第一天的游泳训练只有 90 分钟，但这一天可是出发日，安排得如此紧凑和充实，让孩子们更快地进入了特训状态。

然而，这一天还远远没有结束。

游泳训练之后回到宿舍，首先是入浴，然后是洗泳衣。刷浴池和洗泳衣由事先已经落实分工的学生负责。不要觉得他们太辛苦，所有学生都有自己的工作，刷浴池和洗衣服也只是其中的工种而已。

入浴后该吃晚饭了吧？还不行。入浴后要回房间整理好自己的行李，然后写日记。此时，负责准备晚饭的同学去食堂备饭。

晚餐注意事项已经细致地写在手册里了，学生们也已事先熟记，此刻就是执行。

晚餐时间只有 40 分钟，然后学生自己负责收拾和洗刷餐具，注意事项有 7 条：

1. 剩饭先集中在一两个食器里，然后倒入桶内。
2. 食器洗净擦干后要叠放并搬到厨房。
3. 遵守单行线规则。（一说行走按单行线规则，孩子们就明白，不要逆行，以免秩序混乱。）
4. 用擦桌布擦桌子。（擦桌布和其他抹布不得混用的常识也就这样让孩子们牢记了。）

5.拾地上的垃圾，然后用擦地布擦地。（日本没有墩布，都是手持抹布跪在地上擦地，学校扫除也一样。）

6.把扫除毛巾洗好放回原处，擦地布在室外水池洗，擦桌布在桶里洗。（食器布、擦桌布、扫除毛巾、擦地布等在日语里都有不同的名称，商店也按不同类别销售相关产品。）

7.把桶洗净放回原位。

8.全体到齐后入座。

晚饭后的扫除只有20分钟，在这20分钟里，学生们需要从速，还要仔细地做好各环节工作。扫除完毕后还要开反省会。

各小组在房间里认真总结和讨论：为了在规定时间内扫除干净，下次做扫除必须注意哪些要点。房间内的扫除值日是每次2人，每回更换。反省会也没有老师出场，只有学生自己组织执行。

反省会之后总算可以结束一天的活动了吧？还没有，要去海边散步1个多小时。临海手册的作息时间表中注明了：要带手电筒，手电筒不能朝向人，要照脚下。海边散步要求上衣是长袖。

晚上8点15分，终于可以准备就寝了。为避免就寝准备各环节的拥挤或混乱，又在作息时间表里注明了各组就寝准备顺序，奇数组的顺序是：更衣→刷牙→铺被褥，偶数组的顺序是：刷牙→更衣→铺被褥。被褥的铺法是在褥子上套好褥单，枕头套上枕套。

以为这就可以睡觉了吗？还不行。就寝准备结束之后，8点40分在食堂集合，还有大节目！

带上临海手册、体温计、笔记本，大家到齐之后，在食堂量体温记入手册，写下当天的回顾日记，并分组由老师检查和批复日记。

这么复杂的集合活动，只在 20 分钟内就完成了，9 点准时熄灯。可想而知，学生们要像军人那样训练有素，这也仰仗日常的积累，才得以设计出如此漫长而充实的一天。

看儿子的手册更会惊讶，每篇日记都有不止一位老师的评语，还包括几位担当游泳辅导员的毕业生志愿者的评语，评语的文字量绝对超过了日记本身。老师和游泳辅导员都是在学生就寝后批复日记的，64 名学生的每一篇日记都经过了近 10 人之手。

第一天的日程表占用页数最多，共 4 页，以后 3 天的日程表是每天 2 页。

第二天是上下午游泳两次，每次都重复第一天下午的程序，有游泳准备、入浴、洗衣等环节。每人带两条兜裆布就是为了可以上下午各用一条。

第二天晚上代替海边散步的是丰富的游戏娱乐活动，这些活动都是学生自己事先设计好的。每一项活动都由活动组长组织实施。

这一天的睡前食堂集会是 30 分钟，同样 9 点准时熄灯。

第三天就是称作"大远泳"的 1 小时海泳了。上午是一般的游泳训练，下午就给参加大远泳的同学发海泳帽。每人编号不同，所有人都有纪念照，泳帽上的编号最明显。

激动人心的海泳过程有待后续。

第四天是返回的日子，起床后的准备多了收拾行李这项内容。

房间的收拾要按旅馆标准，被褥、枕头、被套、枕套叠好后放入壁柜。被套、枕套的叠放方法在临海手册中有图示说明。

行李的准备也是非常具体的，而且，从起床到行李收拾完毕只有

30分钟。看着临海手册的日程表，脑海里不禁浮现出孩子们军人般的动作影像。

    1. 鞋放在阳台上，按规定班级位置排好，袜子放在鞋内。

    2. 孩子们是穿校服来的，也要穿校服回。上午还有游泳，所以，校帽和校服要叠好放入随身背包中。

    3. 自己的衣服、不用的东西放入大背包里，并在墙边排好。

    4. 做好游泳相关准备。

    5. 塑料袋放在随身背包容易取出的地方，以便游完泳放入泳装和毛巾。

    6. 带好短裤。

时钟指向 6 点半，即使没完成返回准备也必须到扫除地点集合。扫除时间为 15 分钟，之后到早饭之前有 15 分钟，可以继续收拾行李。但是，备饭小组必须在这个时间里备饭，所以，备饭小组的同学就要想到必须提前把行李收拾好，或委托其他同学办理。

早饭的时候发了返程车中的零食，大家还要自己灌满水壶。

然后去游泳，游泳之后要入浴，随后准备回程。

    1. 把自己的衣服从浴室拿回房间。

    2. 在房间里换好校服。

    3. 泳衣和毛巾放入备在随身背包里的塑料袋。

    4. 二层的同学把随身背包和大背包搬到一层房间。以下是房间的清扫，清扫完毕要向老师报告。

5. 不能有一点垃圾和灰尘。

6. 检查和确认垃圾桶已清空。

7. 确认窗帘已卷好。

8. 确认被褥和枕头已叠放整齐。

9. 还回坐垫。（榻榻米上的坐垫须集中在一个固定的地方。）

　　午饭后是临海学校闭幕式，主持人当然还是学生，已事先定好，然后再坐 4 小时巴士返回学校。到了学校还有解散仪式，也是由事先定好的学生主持。

　　解散以后回家，还有事要做呢：写好生活记录以及健康记录。最后，临海手册要在开学后的游泳课日交给老师。

大远泳

在日本称作"大远泳"的1小时海泳训练是有严谨计划的，按高、中、低三种级别细致规定了每天的不同训练内容。"大远泳"还不只是在距离和时间上有规定要求的海泳，而且包括队形控制、转弯等内容。想象其壮观，不禁感动。不是体校，不是游泳队，不过是普通的小学六年级学生；而且，没有选拔，所有学生都要求一致，机会均等，只是训练步骤不同，为的是最终达到同一目标。你一定难以理解，基础不同的高、中、低级在两三天的短短时间里，要经过怎样的训练内容才能达到同一目标呢？高、中、低组训练内容如下：

第1天下午：

高级组：1.习惯海水

　　　　2.漂浮（放松无力状态）

　　　　3.踢壁→漂浮→站立（站起来的方法）

　　　　4.蛙泳基础（踢腿、呼吸）

5.有伸展的蛙泳

中级组：1.习惯海水

2.漂浮、海中站立、全身放松

3.踢壁→漂浮

4.蛙泳基础（踢腿、呼吸）

低级组：1.习惯海水

打水仗

潜水（让人骑在身上）

2.漂浮、海中站立

全身放松，无力状态，随波飘摇

3.踢壁→漂浮

第2天上午：

高级组：1.抬头伸展蛙泳

在海里站成两列，留出横向间隔距离

跟着口哨做动作

2.踩水立泳

3.控制速度

4.排成两队时的弯道转弯方法

中级组：1.蛙泳基础

使劲踢腿

呼吸方法

手、脚和呼吸的配合

2.有伸展的蛙泳

低级组：蛙泳基础

　　　　踢壁→漂浮→踢腿

　　　　把脸埋在水里的蛙泳（手和脚的配合）

　　　　呼吸方法（手、脚和呼吸的配合）

第 2 天下午：

高级组：1. 远泳队形练习（三列）

　　　　高级组集合练习

　　　　取得横向间隔距离的方法

　　　　转弯方法

　　　　控制速度

　　　2. 人工岛往返（15 分钟 / 次，做 2 次）

　　　3. 浮起身体，躺在水中

中级组：1. 有伸展的蛙泳

　　　　跟随口哨做动作

　　　2. 抬头伸展蛙泳

　　　　排成两队时取得横向间隔距离的方法

　　　3. 踩水立泳

低级组：1. 蛙泳基础

　　　　踢壁→漂浮→脸埋水中蛙泳

　　　2. 有伸展的蛙泳（慢慢伸展后再游）

　　　　踢壁→漂浮→脸埋水中蛙泳

　　　　手脚的配合

　　　　呼吸的配合

235

第 3 天上午：

高级组：1.远泳队形练习

　　　　　完成三列队形

　　　2.侧泳、仰泳

　　　3.浮起身体，躺在水中

中级组：1.抬头伸展蛙泳

　　　　　两列远泳队形练习

　　　　　控制速度

　　　2.浮起身体，躺在水中

低级组：1.有伸展的蛙泳

　　　　　尽可能伸展，捕捉呼吸的时机

　　　2.抬头的蛙泳

　　　3.立杆之间往返数次

第 3 天下午：

高级组：大远泳（60 分钟）

　　　　培养强大的精神力量

中级组：1.远泳队形练习

　　　　　两列远泳队形练习

　　　　　控制速度

　　　　　弯道转弯方法

　　　2.浮起身体，躺在水中

低级组：1.有伸展的蛙泳

　　　2.抬头的蛙泳

3.在岸边尽可能长泳（站立方法）

第 4 天上午：

高级组：1.速度练习（自由泳、蛙泳）

　　　　2.侧泳、仰泳

　　　　3.水中跳跃、躺在水中

中级组：1.远泳队形练习

　　　　2.中远泳（40 分钟）

　　　　　加油到最后

低级组：1.小远泳（15 分钟）

　　　　　注意自己的感觉

　　　　2.蛙泳总结

　　怎么？不是说达到同一目标吗？还是有 1 小时海泳的大远泳、40分钟海泳的中远泳和 15 分钟海泳的小远泳之差别。不要忘了，国立小学六年级的大远泳是一项教育内容，而不是竞技。即使技能标准有异，精神目标却是一致的，那就是"全力以赴"。这也是日本教育体现在所有教学活动中的准则。

富浦临海生活记录

　　临海生活记录是儿子一直想要炫耀的，也是他的精神财富，更成为了以后克服困难的动力。几页"临海生活记录"有自己的记录、反省，还有老师和临海辅导员等前辈的评语，记录了进步，留下了自信。

临海手册中的生活记录是有固定格式的页面，记录了辅导老师和小组成员的名单。每天自己写完记录就交到一个固定的地方，次日去这个地方取回，记录本上就已经写满了各色笔迹的评语。

第 1 天，7 月 30 日（星期四），晴。

下午（游泳）：初次临海，非常快乐。在海里游泳，感觉身体很轻，浮起变得很容易了，蛙泳也会了。

反省：手脚动作的时机。

生活：初次的海边生活，非常快乐。午睡也好好睡了。

反省：带的东西要随时整理好。

岩浅：初次的富浦临海，加油。明天也和大家一起继续加油吧。今天你表现得非常好，很棒！

中村：今天檀君进步很大。认真听了老师的建议，并实践了，做得非常好！明天也用这样的姿态继续加油吧！

田尻：因为檀君的日常努力，今天已经游得非常漂亮了。还差一点儿，明天继续加油！

榎本真人：做不到的事情，要一个一个地攻克。

前辈：感觉游泳快乐真是太好了。在手脚的配合时机方面很用心，按这个感觉继续努力！

笠原：能做到放松地游了。明天争取能抬头，加油！

第 2 天，7 月 31 日（星期五），上午：多云，下午：晴。

上午（游泳）：早上，朝着自己的目标加油了。中途又呼吸困难了，原因到现在还没弄明白。

下午（游泳）：今天游到了浮岛，大概有50米。中途呼吸困难了，但我还是加油到了最后。好险！

反省：把头埋在了水里，吸气过度。

生活：今天早上很累。午睡的后半段时间睡着了。这次收拾比之前有了进步。

吉原：虽然有点危险，但坚持到最后了，那就是ALL OUT（全力以赴）。

中村：游长距离还是觉得困难吗？不过，看现在的檀君游泳，感觉没问题。要有信心！

榎本真人：越游越好了。练习多少，能力就会增加多少，要有信心！

前辈：想游很多的心情非常棒。今天比昨天有了进步，明天会比今天更好，确实在一步步成长。

田尻：从昨天到今天进步很大，自己也感觉到了吧？所以，要有信心，没问题，只要加油！

岩浅：今天的加油一定与明天相连。就按这个样子，继续加油！

笠原：进步很大呀！明天、后天，继续进步，全力以赴！

第3天，8月1日（星期六），晴。

上午（游泳）：今天游了25米，没觉得呼吸困难，头也完全抬起来了。

下午（游泳）：下午两次游到了浮岛，中途一次都没休息。而且，今天也拿到了参加中远泳的资格票。

反省：伸展的时间要长，慢慢地伸展。

生活：今天是最后一天了，午睡、吃饭，全都认真做了。早饭和晚饭都吃干净了，午饭剩了一点儿。

吉原：檀君对老师们说的事项都认真地实践了，非常好。明天的中远泳按练习那样做就没问题！我们一起加油！

岩浅：今天游得非常漂亮！这是每天努力的结果！只要去做，就能做成！明天带着笑脸回东京。

中村：檀君在今天一天里进步了很多！游得很舒缓。是很好的泳姿。马上就是明天的挑战了，加油！

笠原：真的长进很大！明天的中远泳，一起加油！

前辈：你很努力，都表现在结果上了。希望你自信地朝向自己的目标！

榎本真人：我觉得你是6组中进步最大的。吸取周围人给出的建议，我相信，一定会对中远泳有帮助的！

角町：中远泳加油啊！我在海滩为你加油！

第4天，8月2日（星期日），晴。

上午（游泳）：今天游了中远泳。我激动地戴上了远泳帽，我是62号。游的时候发了糖，真好吃！中途看到了龟子岛和人工岛，太高兴了！最后，回到了港口，没想到，居然完成了大远泳！！！唱了临海生活之歌，真的好感动。

生活：今天是临海学校的最后一天了，有点舍不得，不想回东京了。今天的午饭吃了好多，还加了饭。今天的午饭是猪肉咖喱。好想再去一次临海学校！

岩浅：我只有一句话，你太了不起了！以后，也许还会遇到很多艰苦的事，和临海远泳的特训相比，都不算什么。让自信变成力量，去竭尽全力地生活吧！

给妈妈的生日礼物—— 大远泳 "完泳证"

那天，儿子进门还没放下背包、摘下校帽，就迫不及待地递给了我一张大远泳 "完泳证"，一张沉甸甸的 "完泳证" 盛满了努力和意志。

以下是儿子当天写的一篇博文，"给妈妈的生日礼物——大远泳'完泳证'"。临海学校让他有生以来第一次体会了感动。

8月2日，我在下午6点平安地从富浦临海学校回来了。这次我大获全胜，去之前游不完25米，所以一直为戴红帽子而难为情（游完25米才能换白帽子）。

经过临海学校的特训，在最后一天，也就是老妈生日的8月2日，我获得了白帽子，还是校长发给我的。

日本小学从一年级就开始有游泳课，学校的硬件设施必须有游泳池。所以，从一年级开始就在日本上学的六年级同学都已经游得很好了。游够25米可以换白帽子，然后潜水游 4 米可以升白帽红一杠，自由泳和蛙泳 50 米加潜水 10 米得红二杠，红二杠之后还有黑一杠、黑二杠、黑三杠。拿到了再写具体要求吧，现在还没好好看呢。黑三杠之后就换黑帽子，黑帽之后有白杠一、白杠二、白杠三。白杠三就是世界级游泳选手了。我们的老师都是黑帽子。

每个学生都有一个游泳判定卡，从初级到 10 级、9 级、8 级……1 级、特 1 级、特 2 级、特 3 级。我现在已经达到了 6 级。

这次的临海学校对我来说是第一次，也是小学生活的最后一次。临海学校是男女生分开的，因为是小学最后一次临海学校，对我们就要求特别严格，必须全体通过大远泳！

大远泳就是海泳 60 分钟，而且还要按队形游，是 64 名同学的协作大远泳。从天上看我们组成的图形，是条鱼形，非常壮观。

去临海学校之前还不会换气，老师也说了，国际班学生的基础不一样，不需要勉强做到和大家一样，只要尽力就可以。但没想到，我们 64 名男生全体通过了大远泳，老师很惊讶，我也很激动。

从临海学校回来的日子是老妈 45 岁生日，我本来要从富浦买礼物的，但学校没安排买东西的时间，所以，我给老妈的生日礼物，就成了我的大远泳"完泳证"。老妈很满意，说，这是再好不过的礼物。

过去在中国的小学，我最怕老师让我们写"让我感动的一件事"。我搜肠刮肚都想不出感动的事儿，所以经常被罚写 3 篇其他题目的作文。现在，我知道感动是什么了。

在富浦临海学校，我们一共 64 名小学六年级男生，分成 6 个组，我在第六组，就是基础最差的组。

8 月 2 日，我和其他两名游泳基础不好的同学游 60 分钟大远泳。1~4 组的几十名同学已经在前日通过了大远泳，但他们又陪我们游了一回。

岸上是第五组和第六组的同学。我游大远泳的时候，岸上不断传来"檀君，加油，檀君，加油"的声音，我感动了，也明白了：一个人做不到的事，大家一起就能做到。这也是我们临海学校的教育宗旨。

64 名同学都通过大远泳之后，大家用手搭肩站成一排，高唱"富浦临海生活之歌"，我又一次感动了！

在带着感动返回东京的路上，我们经过了老妈同学朱弘叔叔曾经招待我们去看花火大会的江户川。江户川在葛饰区，巴士进入葛饰区后，我又看到了熟悉的金町。这得感谢朱弘叔叔让我第一次体验了日本的夏季花火大会。

以前，只要是和"感"有关的事，我都不大擅长，现在，我体会了感动，不知为什么，对"感谢"和"感恩"也开始有点儿懂了。

秋 篇

成长季

避难训练

学艺附小每年有 9 次避难训练，除了 8 月和行政年度末的 2 月、3 月，其他月份都是每月 1 次避难训练。

每次避难训练都有不同的灾情设定，例如地震、台风、火灾等，还有着衣游泳训练。在 9 次避难训练中，有几次是学生在校接受训练，还有几次是家长也要参加，练习发生灾情时如何接孩子回家，叫"接孩子训练"。

每年 9 月实施接孩子训练，之前学校发来通知。我所经历的接孩子训练是在 2011 年 3 月 11 日发生东海大地震之前，但东海大地震预警已有很长时间，所以，当年的接孩子训练主题就设定为：东海大地震来了要如何应对。

那次接孩子训练是在暑假后开学第一天的 9 月 1 日。早上 8 点 20 分，学校利用邮件系统向所有家长同时发送紧急通知，家长按邮件指示到学校接孩子。

邮件系统是学生一入学就要登录加入的，属于入学手续之一。学校有通知就用邮件的方式发给家长，收到学校来件要求必须给予确认回复。校方发邮件的即时性经过多次测试，收到邮件后的确认回复也再三强调了。根据学校的汇报，所有家长都已经做到了在收到校方发来邮件通知时及时确认回复。

入学手续中还包括两张接孩子卡，一张存放在学校，另一张由家长保存，各有齐缝章。发生灾情去学校接孩子的时候，家长要出示接孩子卡，学校核对后才允许家长把孩子接走。

接孩子训练虽简单，但可以提高大家的防灾意识。不知何时何地会突然发生事故或灾情，所以要通过避难训练习惯以下避难行动：

1. 在家发生事故时

　　　和家人商定后，本着安全第一的原则采取行动。不知是否停课时，注意电视新闻、广播、报纸，根据相关指示采取行动。这种情况不记缺勤。

2. 上学途中发生事故时

　　　发生事故时不慌张，镇定、沉着，与家里或学校取得联系。如果电话打不通，就根据附近工作人员（巴士和电车司机、车站工作人员、巡警等）的指示采取行动。关于发生灾情时的联络场所，去往学校和回家途中要给家里或学校打电话，但可能没地方打电话，或电话不通，所以要预先确定上学途中的求助场所。上学途中有亲戚家的，要记好那里的电话，以备万一。

3. 在校发生事故时

　　　（发生火灾时）

停止所有手头事情，镇静地听广播。

听从老师指示，戴上防灾帽，拿出手绢，尽快排好队。

避难时不挤、不跑、不说话，以不返回为原则。

（发生地震时）

不急于向外跑，钻到桌子下，抓住桌子腿。

按照老师的指令，避难原则与火灾时相同。

戴好防灾帽，头顶上方可能有玻璃等落下，注意保护头部。

　　唐山大地震和汶川地震都是死伤惨重的灾难，但是，中国媒体的报道基本只有事件纪实，较少涉及防灾意识、教育、技术、措施等方面的反省。

　　日本经常发生震级较大的地震，但由于损失不大，所以远远不能进入灾难大事件的行列。

　　作为频繁地震国，日本一直以来就很重视防灾。人们认为，地震是随时都可能发生的，必须随时做好充分的抗震准备。从建筑设计到小学的地震教育，都做得让中国人感觉太多余。其实，防震措施做到多余才能够在真正发生灾情时发挥作用。

　　在中国，人们把地震看成是一般不会发生的，所以，从建筑设计到建筑工人的施工，以及建筑工程的分包单位、监理单位等，都几乎没有给予足够的重视。意识的差异在发生震灾时就呈现了不同的结果。

　　在中国没接受过什么抗震教育，到日本后都是咨询上小学的孩子，才了解地震时应该采取怎样的对策。说到地震，问任何日本人，他们都能从知识到防灾措施说得头头是道。防灾意识决定了抗灾对策水平。

9月1日是日本防灾日。1923年关东大地震之后，为了不忘震灾教训，加之夏季多有台风，1960年，日本将9月1日设定为防灾日，即立春后的第210天。

每年一度的防灾日让大家确认家里是否准备了立刻能拿走的包裹，里面装有最低限度的生活用品，还有现金和保险证，确认避难场所、储备水和抗灾食品，房子不够坚固的要考虑修缮。东京有些区发放防灾补助金，金额是房屋加固费用的2/3，租房的人也可以领取。

日本的自然灾害频繁，为保证孩子的上下学安全，规定学校必须有通知家长接送孩子的联络措施。现在有网络，方便多了，手机可以做到同时给多人发信息，而在没有手机的时代，都是一传一的方式。

为完善孩子上下学的安全保障措施，公立小学都是家长自发组织地域班，住得近的家长组成小组，几个小组再组成大组，大组的组长和学校直接联络。

地域班的组织机构非常严谨，有机构图，也有章程和措施实施说明手册等。学校认为，地域班在配合学校保证孩子上下学安全方面起到了非常重要的作用，所以，地域班成了学校组织的一部分，一般副校长代表校方担任地域班领导。

我后来做过女儿所在小学的地域班班长，负责我家所属地区的37个孩子。所有家长都要在6年小学期间做一次地域班班长，任期为一年，做了一次就不用做第二次了。当然，有自愿做第二次、第三次的也可以做。

我的上级是大组组长，大组组长管着若干地域班，她通知我，我再通知我的地域班成员。我的地域班成员比较多，所以又分成了3个小班，我通知3个小班的头儿，她们再向下传。通知传递的最后那位家长要回报班长、组长等，以此方式，学校可以掌握是否所有人都接到了通知。

学生按地域班下学也是避难训练的内容。各地域班同学放学后到规定的地域班所属教室集合，家长到地域班教室接孩子。还有一种接孩子方式与地域班无关，即家长直接到教室接，班主任站在门口，家长排队说名字并出示接孩子卡。

按地域班下学时有的家长不能到场，那就由地域班的班长家长负责护送。地域班下学是排着队，按学校规定的下学路线回家。如果发生5级以上的地震，家长不亲自到学校接，孩子是不能回家的，地域班的班长家长也没有权力代管孩子。

日本的秩序严谨是从小养成的，学艺附小的活动也向来设计周密。9月1日除了是防灾日，也是全校清扫日，家长也要参加大扫除。

10点开始扫除，11点20分是接孩子训练，这一天还是邮件系统测试日。校讯早已通知10点到校扫除，届时如有家长未收到校方通知，即可告知学校没有收到邮件。

扫除结束后，家长和学生都到操场集合，以学年标志牌为目标站队。排队顺序以名簿为依据，男生和女生家长各一队，班主任站在队前，家长持卡接孩子。有兄弟姐妹在这个学校的，规定先接低年级孩子。老师都戴着黄色安全帽，学生戴防灾帽。家长和学生在讲台前后按名簿顺序站队，形成1号学生和1号家长面对面的队形，1号学生和1号家长离开后，2号学生和2号学生家长正好面对面。

如此细致的规定都是为了在发生灾情时能够迅速、准确地应对。

和孩子一起到规定的校舍前广场，此时训练结束。避难训练结束后，孩子们的其他校园活动才继续。

檀聪日记

2009 年 9 月 1 日（星期二，晴）

　　今天来了新同学，杉山一帛君和原田美凉。还有，今天说了好多"谢谢"。在开学仪式上我讲了话，大家都说我是帅哥，我就要一一说谢谢。也有同学说，我的讲话非常感人，我也要说谢谢。

　　全校讲话结束了，感觉一项大工作落定，松了一口气。讲话里我说了"去做，就能做成"这句话，我准备以后当作自己的座右铭，说给自己听。

　　妈妈总说，信心一定不能是别人给的，别人的赞扬会形成一种无形的压力。现在我懂了：自信，必须是自己抓住的！

　　开学仪式之后是游泳记录大会，我游了自由泳，是和其他小学的 4 个人一起游的，我第一！所以，信心倍增了！

檀聪新学期全校发言

　　大家好！

　　第一学期的远足、和乐会、移动教室、演讲会等活动，大家都过得快乐吗？

　　我是今年 4 月才来到这所学校的，虽然已经是六年级了，但第一次参加和乐会，第一次体验移动教室，当然，移动教室演讲会也是第一次。一切都非常新鲜，和大家聊

避难训练

了很多事情，我真的感觉很快乐。

去富浦临海学校的时候，我做了保健长，非常高兴！连游泳都不会的旱鸭子，居然能做保健长，感觉特别不可思议。所以我决定，更要加倍努力去做好。

已经六年级了，还戴红泳帽去临海学校，说实在的，真的很难为情。但是，因为有老师和毕业生前辈的指导，以及同伴们的支持，我终于可以下决心挑战中远泳了。而且，在中远泳途中，因为有大家的鼓励，从岸上传来的"檀君、加油"的声音，让我居然完成了大远泳。从校长手里，我接过了梦寐以求的白泳帽，非常感动！那是我有生以来第一次知道了什么是感动，戴红泳帽的难为情，此时变成了强大的自信。

会游泳了，和同学们的关系也变得更加亲密了，临海学校实在是太好了！更重要的是，我有了自信，我开始相信：去做，就能做成。看到六年级同学做的各种工作，我不再只是佩服，而是自己也想去加油了。

新学期开始了，期待的事情有很多！最快到来的是国际班的移动教室，我们要去秩父。接着是运动会，要努力的事有很多。首先，我准备积极参与一直讨厌的运动会，然后，要记住更多的日语，可以和更多的朋友交流。

总是有同学主动和我打招呼，那时，我感觉很高兴。所以，我想自己也能主动去和更多的同学打招呼。去做，就能做成。我一定会努力的！

班主任留言

今天非常努力！非常棒！做得非常好！全校发言很了不起！

2009 年 9 月 4 日（星期五，晴）

今天是最后的游泳课。在这 2 个月的时间里，我的游泳真是有了大长进。4 天里，我就从白帽变成了黑线一！

好久没做石头剪子布了，今天做了。

水中的石头剪子布非常有意思，先在水里转 5 圈，再向相反的方向转。此时，水中会出现漩涡，让人不能旋转，甚至后退。这个才有意思呢！

最后有测试鉴定，潜水就差 2 米，这次没能合格。最后有一个限时 50 米的蛙泳测试，太遗憾了，也没能合格。不过，我的速度已经提高到 71 秒了，还差 6 秒就能合格了。

今天，恐怕是我这一生中最后一次穿兜裆布了。2 个月来的游泳池，承蒙关照了，敬礼！

扫除很重要

　　刚开学那几天，从开学典礼到入学典礼，一直都是各种活动、扫除，感觉国立小学即使不上课也要扫除，突然想起和纳闷怎么没发课表。上学第四天，课表来了，估计新的一周要正式上课了。可是，虽然有了课表，老师却和学生声明，基本不按课表上课。每天放学的时候老师会通知第二天的上课内容，要求学生记在联络本上。也就是说，课表发了也没用！

　　小学开设的课程有国语、社会、算数、理科、生活、音乐、图工、家庭、体育、道德、外语、综合学习、特别活动，后来才知道，不按课表上课并不是国立小学的特点，所有中小学都有不按课表上课的共识。国立小学的特点是动不动就减一节课去扫除。

　　扫除进入日本的日常生活已有悠久的历史，可以追溯到 7 世纪的飞鸟时代（592 ~ 710）。当时，扫除行为具有浓厚的文化内涵，但扫除成为家务之一还是比较晚近的事情。

　　扫除与精神文化发生关联是在大化改新前后，当时，佛教思想从中国传入日本，贵族阶层的扫除活动便开始普及了。

进入奈良时代（710～794）以后，扫除与宗教发生了密切的关联。日本现存最早诗歌总集的《万叶集》中有记载：为祈祷出行恋人的平安，有"不扫除"以祈祷"平安归来"的"帚神之歌"。

到了平安时代，扫除已经进入了庶民生活，成为扎根日常生活的习惯。不过，相比贵族居住的御殿，庶民还基本在土房过日子，扫除也只是在灶台周边进行。平安时代的《年中行事绘卷》记载，为镇压疫病神和死者怨灵，有人拿着具有清除意义的扫除用具参加祭祀。

在注重沿袭传统文化的国立小学，扫除几乎是最重要的事情。

虽然不按课表上课，但校园生活的时间分配是清晰的。从作息时间表来看，与中国最为不同的是：第一节课不上课。8点20分到9点10分是早会、清扫、班级时间或生活团时间，也就是说，到校后要马上扫除。

从9点15分才开始上第一节课，一节课45分钟，课间休息只有5分钟。从10点50分开始的30分钟是大课间，每周一在这个时间召开生活团集会、发布表彰事项等，其他大课间是学生到操场运动的时间，而且是必须到操场运动，不得在教室里看书。运动之后上第三节课。上午只有三节课，12点5分开始的55分钟是午餐时间。

午餐后没有休息，下午1点开始上第四节课。第四节课不是45分钟，而是60分钟。第四节课一般不是国语、算数等具体的教科学习，而是外请教师做道德演讲、交警表演安全事项或其他综合学习内容。综合学习是在一段时间内确定一个主题，学生通过课外调查学习做出报纸、海报等粘贴在教室和楼道的墙上，有时也采取演讲会的形式，学生们发表和交流学习成果。

第四、五节课之间休息 5 分钟，第五节课也是 60 分钟。第五节课不是每天都有，没有第五节课的日子会有生活团、委员会等活动。扫除是生活团活动的重要内容，《菊子手册》的"一天的校园生活"中注明了，清扫要和生活团的伙伴们协作完成。第五节课有时就是生活团活动的扫除，分工打扫校内的公共区域。

国立小学的作息安排还有一点与中国大为不同，那就是下课后不能马上回家。

下课后有个重要内容，叫回家会。第五节课后没有休息，是连着40 分钟的回家会。3 点 45 分下学。周一和周三没有第五节课，2 点就开始 15 分钟的回家会，之后有生活团活动或委员会活动。有生活团活动时，3 点 15 分下学，有委员会活动时，3 点下学。总之，每天的放学时间不一样。每节课和课间时间的长短不一也体现了教学规划的处处用心和注重细节。

在早会上，值日班长在大家面前讲一讲今天要怎么加油，有时就重点突出扫除事宜。班长不是固定人选，而是施行值日制，大家轮流做班长。

在回家会上，老师会发些来自校内各种组织的通讯、通知，有校方的、年级的、班级的，还有保健室的、厨房的等等。更重要的是，学生要在回家会上总结和反省当天的校园生活，当然包括扫除活动。组织反省会的不是老师，而是值日班长，充分体现了以学生为主体的教育特点。

通过早会和回家会，学生多了发言的机会，促进了思考和语言表达能力，组织和领导能力也随之加强，逐渐理解了个人与集体的关系，组织观念也随之建立，班级更为团结。这也是民主素质的培养，让学

日本国立小学 365 天

生懂得了个性的发挥要以尊重集体为前提。

儿子每天下午4点多到家，因为六年级学生比较忙，有时5点多才回来。

各地区有提醒儿童回家的广播，秋、冬季4点半播放，春、夏季5点播放。小学生属于儿童，要求在广播前回到家中。在儿童回家广播之后，各校PTA组织定期的家长巡逻，看到仍在街上玩耍的儿童，就要督促他们赶紧回家，警察看到也会管教。所以，学校即使有活动，也会让孩子在回家广播播放前到家。

中国的居住小区有围墙，孩子可以在院内玩耍。在日本，孩子们聚集在街巷里和街心公园，骑着儿童自行车也能在大马路上与四轮车并行。所以，儿童回家广播很实用，也是日本的特色之一。

如果孩子到点还没回家，一般首先会想到：又在扫除了。

檀聪日记

2009年9月7日（星期一，晴）

今天，六年级各班一起练习了运动会的团体操，这个团体操难度太大了，最容易做的只有V字平衡。中国的运动会只有跑步，团体操之类的完全不了解。

从今天开始，音乐课开始练习竖笛。在中国的时候，一直到五年级，我都没能学会吹音阶。但是，不知为什么，在这里一下就会吹了。以后我想用竖笛给唱歌伴奏。

班主任留言

竖笛的演奏还是挺难的，大家都在努力，一起加油！

2009 年 9 月 8 日（星期二，晴）

今天是新学期的第一次家庭课，这也是 9 月最后一次家庭课。

今天的家庭课练习了缝纫机。开始没觉得缝纫机有什么危险，实际做了以后才发现，缝纫机是个挺可怕的机器。听说，原田在 3 岁的时候，从指尖到手腕都被缝纫机伤过。

练习缝纫机的时候虽然害怕，但也觉得很有意思。缝纫机的安全使用有三点，比如，眼睛一定不能离开针，等等。

回家以后，看了六年级的报纸，9 月有非常多的运动会练习，一共 11 次。而且，运动会的练习基本集中在这个月。

团体操做得好起来了，V 字和单手平衡应该没问题，水平平衡和桥腰倒立还差些。

班主任留言

倒立已经可以了吗？从今往后，会有很多需要大家齐心协力的动作，加油！

2009 年 9 月 9 日（星期三，雨）

今天练习了团体操的两人动作。田边君和真下君先在大家面前做了一次，太厉害了！我是从最初级的倒立就不行。有个实习老师问我，你是不是害怕？我双腿直立的时候，力量不够。

接下来做肩车，就是人扛人。我太重了，所以只能站下边。我要蹲着让搭档同学骑到我的脖子上，然后扛着他站起来。站起来的时候非常费劲，感觉身体要麻木了。站起时的方法，据说腹部要用力。也就是说，我腹部缺乏训练。

班主任留言

只能重复练习，没有其他办法。要信任你的搭档！

2009 年 9 月 10 日（星期四，晴）

今天有养菊花和大田活动。从第二学期开始，生活团 29 班和 30 班的活动场所发生了变化。

今天先是大田活动，田里只长着葱，土豆叶子长到了 1.5 升塑料瓶那么高！白萝卜刚出芽。

拔完大田杂草之后，大家就端着自己养的菊花到教务室门前集合。别人的菊花已经长得特别高了，可我的才只有铅笔盒那么长。现在要摘掉小叶，给盆里加上足够的腐叶土，然后再放些肥料。做完这些，我的养菊花作业就算完成了。

运动会团体操的倒立还是不行。肩车和仙人掌可以了，接下来要集中火力加油练习倒立！

仙人掌的动作我还是在下边，要两手抓住上边同学的双腿，上边同学向前做燕飞状。我要是抓不住他，他就飞出去了。上边的同学可是把全部的信任都给了下边的同学，

扫除很重要

下边的我必须不辜负信任！

班主任留言

保持胳膊肘伸开的状态，然后拉展后背试试看！以后，为了进步，可以从同学那里取取经。

2009 年 9 月 11 日（星期五，晴）

团体操的进度快起来了，今天练习了三人动作！三人拉伸做到了，但倒立时腿还是抬不起来。当三人倒立开始，我就必须有人帮忙了。

今天的图工课是第三、四节课。第三节课说了去秩父做和纸的事。一般的纸是滑溜溜的，但和纸很粗糙，适合毛笔书写。其实铅笔也好写，只是用橡皮擦的话，纸的表面就会破。在有光的地方看和纸，能看到纸里有花纹。做和纸一定很有意思！

秩父移动教室

　　秩父是位于东京北部埼玉县最西的地区，四周是山地，形成一个盆地。古代有好马、"和铜"，现在是有山有水的旅游景区。以发表处女作小说《火花》一举拿下第153届芥川龙之介奖的又吉直树最近做了秩父的广告代言人。开往秩父景区的电车车厢里，可以看到这则广告。

　　"秩父"之名源于以该地区为大本营的秩父家族，该家族是日本代表性武家之一，本姓为平氏，就是源平合战中平氏家族的一门。

　　平安末期，秩父家督的重隆一直与源氏争战，一度源氏服从了平氏，但源赖朝举兵后，合作家族投靠源氏，并帮助源赖朝建立了镰仓幕府。以后，秩父平氏就分立了姓氏，江户氏有在德川纲吉代做了大名的喜多见氏，涩谷氏出了东乡平八郎的东乡一族，等等。

　　学艺大泉附小地处东京西部，离埼玉县界只有几公里，继续向西便是历史文化名胜的秩父风景区，这里现在是很多学校常用的活动场所之一。国际班的秩父移动教室虽然只有两天，但能与日本古代文化相遇，还可以登山和体验特色饮食。

三到六年级国际班学生一起参加移动教室，作为高年级学生，儿子当然要做领导，发挥统帅作用了。准备期间，因为有了责任感，回家话都少了，只顾自己做事，总说"今天工作多"，好像一下子长大了。可见，责任感能敦促孩子自我成长。

文化不只是名胜古迹，而是涉及日常生活的方方面面。所以要给国际班学生专门安排一次移动教室，目的也是为了让孩子们更多地体验日本文化。

秩父移动教室说明书的封面上写有活动宗旨："密切伙伴关系，增强生活自信；体验自然与文化，传达收获。"

具体活动安排主要包括三大内容：亲手做和纸、登山，还有从和面开始做疙瘩汤。考虑到可能下雨，活动还准备了两套方案，比如集合时要举行出发仪式，不下雨在篮球场，下雨则在大教室。

做和纸从收集原料开始，不下雨就露天收集树叶，边思考自己的和纸设计；如果下雨，就直接去和纸制作工坊，多出的时间参观秩父节会馆，并购买做疙瘩汤的材料。午餐是大家各自带的便当，不下雨在庭院吃，下雨则在餐厅前伞下吃。

也许你会嫌日本人啰唆，既然有下雨预报，为什么不索性就设计在伞下吃饭呢？其实，午餐的目的并不在于吃，而在于实施教案之中的内容，感受庭院才是吃便当的真正目的。伞下便当满足了吃饭的舒适要求，但不能实现感受庭院的学习目的。

登山项目没有不下雨和下雨两套方案了，孩子们都按要求带了雨伞和雨衣。登山也不是目的，而是手段，通过登山磨炼意志，感受伙伴间互相帮助的重要性。所以，如果下雨，正好提高学习难度，还能强化感受。

虽然是只有两天的移动教室，到达住宿旅馆后仍要举行正式的开学仪式，儿子在此讲了话。

晚餐后是外出活动，体验"秩父屋台囃子"。"囃"在中文里是嘈杂的意思，念 zá，但还有 cà 的读音，就是指跳舞的音乐伴奏声了。所以，日文的"囃子"也是伴奏的意思，"秩父屋台囃子"就是秩父地区的民乐文化表演，是礼仪活动的音乐伴奏。

移动教室期间，孩子们还可以体验太鼓演奏。

国际班的移动教室在于为孩子们补习日本传统文化，所以，制作和纸是非常有意义的。儿子升入中学后被区政府选派到澳大利亚留学交流，要求带去有日本文化特色的物件，并用英文讲解。儿子带去的就是这次秩父移动教室他自己制作的"和纸"，让全场唏嘘不已，取得了很好的文化传播效果。

到日本旅游可能会在卖文具的信笺货架上看到和纸，内蕴花纹，淡雅、精致、漂亮。"和纸"是日本古来就有的纸，相对欧美传入日本的洋纸而言，日本原创的纸叫"和纸"，也称"日本纸"。

日本正式开始造纸国产化是在奈良时代（710～794），为编撰《古事记》《日本书纪》等国史和各地《风土记》设置了"图书寮"，同时管理纸张的制造和调货。

日本的造纸方法与中国的原理相同，都是在纸浆渗水后用篾席（捞纸器）将纸浆捞上来，再让纸浆流出，使纸浆在捞纸器上交织成薄片状的湿纸。中国的造纸法是纸浆在成纸过程中来回往复多次，而日本则是充分发挥纸浆黏结的作用，纸张还有正反面。纸的正面叫"化妆水"，背面叫"弃水"，正反面之间形成一个夹层，待捞纸器上的纸浆摇匀成纸后才流出无用的纸浆。这样，一方面保证了纸的厚度，另一方面更是实现了厚度的均匀。

纸文化的确立是在平安时代后期。在平安时代，日本一方面热衷于引进中国文化，另一方面也诞生了自己的文化，而为之做出贡献的是女流之辈。

男性贵族在政治活动中和写文章时都使用汉字。汉诗文的教育以男性为中心，而女性则难以接触汉诗文的写作。在这样的文化背景之下，反而诞生了女性文学。她们想写日记、写小说，于是就发明了比汉字更简单的"假名文字"。假名文字容易写，深受女性喜爱，用假名写的日记和小说发展出了平安时期的女性文学。假名文化则让女性作家开始在文坛熠熠生辉，其中就有著名的《源氏物语》的作者紫式部和随笔文学代表作《枕草子》的作者清少纳言。她们对后世的影响不仅体现在文学方面，还表现在文学表现形态上的创新。

"男性用汉字、女性用假名"的平安文化也表现在纸文化上。男性使用"谷纸"，以宣纸原料的楮树皮纤维制成，也叫"楮纸"。女性用檀纸，也以楮为原料，是一种表面有立体波纹的高级和纸。因为古代用西南卫矛的幼枝树皮纤维做弓，西南卫矛在日语里叫"檀"，所以得名"檀纸"，《源氏物语》和《枕草子》中都有关于檀纸的记载。檀纸表面有褶皱，也被称作"松皮纸"，在镰仓时代被中国引进。

到了镰仓时代，幕府成立了，纸文化也打上了武家文化的烙印。纸的消费群体从朝廷贵族和僧侣扩展到武士，厚实耐用的纸比华美的薄纸更有市场。

和纸在产量少的时候是被当作礼品赠送的，以表达敬意和感谢。

平安时代的贵族日记《御堂关白记》中记载说，纸曾经是佛事"灌佛会"的布施金，大臣交纳 5 帖，纳言 4 帖，参议 3 帖。赠送纸礼的风俗在武家社会得到了继承，而且，开始用和纸包装礼品，形成了后来的"折形"礼法。

日本的气候是夏季高温、湿度大，调节湿度成为住宅建筑的重要技术，建筑用材丰富，不仅有木材、草、土，也有和纸。纸用植物纤维制成，为多孔构造，表面积大，因此，纸隔断与纸屏风有利于调节室内的温度、湿度。

通过制作"和纸"，孩子们可以对日本古代史有一个大致的概念。

秩父是从大约 1300 年前就开始生产和纸了，至今在东秩父的"和纸之乡"还能参观和纸制作，也可以体验做和纸。移动教室安排制作了"世界上唯一一张属于自己的明信片"。

移动教室的第二天活动内容是孩子们自己做疙瘩汤。

做疙瘩汤对小学生来说也不是那么容易，首先要用小麦粉做面团，秩父移动教室说明书中写了具体做法：加盐和热水，然后准备菜和肉，有牛蒡、胡萝卜、猪肉、油豆腐、葱，以酱油、盐、酒、调味料等为佐料。

秩父移动教室之后也有讲演会，儿子制作的海报标题是："日本和中国的水团"。

本以为疙瘩汤是从中国传到日本的吃法，学习后才发现，日本到处都有叫作"水团"的疙瘩汤。

"水团"的吃法在室町时代有所记载，做法在以后逐渐发生了变化，到江户后期形成了现今的面疙瘩形式。不过，现在的疙瘩汤一般是被看作贫困时期的吃法。江户时代到战前还有水团店，属于庶民味道，大正中期开始减少，但关东大地震之后因粮食紧缺又出现了。

中国的"疙瘩汤"面团小，还有炒疙瘩的吃法；而日本的水团有饺子一般大小，还真不好意思叫疙瘩汤，还是叫"面团汤"比较适合。

檀聪日记

2009 年 9 月 17 日（星期四）

今天去秩父移动教室。

第一项活动内容是做和纸。首先把一块木板放到白色的水中，白水就是纸浆，来回摇晃木板，让纸浆渐渐固定到木板上。之后，把纸浆板放到一个像桌子的台子上，沥水。这时候摸了纸，感觉很柔软。

接下来在附近吃了便当，饭后是买特产。没什么觉得好的东西，所以就什么都没买。

然后，就是期待的爬山了！爬山的时候，我完全没喝水。平岛小姐从开始就说身体不舒服，洪君精力太旺盛了，杉山君和山本、山县显得很轻松。才爬了100多米高，平岛小姐就喊累。

爬山的时候唱了歌，《校歌》《争取目标》《新的早晨》，还有《崖上波妞》里的歌。一般来说，唱歌会消耗体力，可我觉得，唱歌可以快乐起来。

到达旅馆之后，我做了代表致辞，要说的话基本都记住了。

晚饭非常好吃，还有年糕。

2009 年 9 月 18 日（星期五）

今天起床后觉得嗓子疼，早生活没能参加，因为发烧，去了保健室。

洗漱、叠被、换衣服之后吃了早饭。早饭比昨天的晚饭量还大，不过大家还是都吃干净了。有一个好像烤饼的东西，时间不够了，没吃。酱汤简直是至今为止从未见过的多。

接下来是移动教室闭幕式。时间过得太快了，移动教室一下就过去了，希望至少有 3 天。可是，据说就这么生活一夜两天，费用也很高。

然后就是做面疙瘩了。

首先买材料，买完材料又买特产。我买了秩父的大酱，因为喝过这个酱的汤了，味道很不错。

做面疙瘩的地方是露营地，我的差事是点火，很有意思，需要木棍。

煮面疙瘩的时候，中途就闻见了很好的味道。

做面疙瘩大概需要 1 个小时，疙瘩汤终于完成了！

肉很软，土豆入口就化。最好吃的当然还是面疙瘩，稍有嚼劲，和汤一起非常好吃。我一共吃了 8 碗。

2009 年 9 月 19 日（星期六，晴）

今天去了学艺附中的国际中等学校学园节。以前在日本漫画里看到过学园节，就是学生们做自己喜欢的东西并出售。可是，这里的学园节完全不一样。

我最喜欢的是鬼屋。开始在初中部玩,看到别人都是搭伴一起进鬼屋,我是自己进去的,不怎么恐怖。之后看了《有来电显示》的视频,根本不可怕。美术部和漫画部也看了,漫画人物画得非常好。还去了游泳池,很宽敞!

今天只参观了初中部。明天想去高中部,期待高中部的鬼屋。

今天遇到很多朋友。

回家以后去了游泳馆。

宽松教育

日本从 2000 年到 2010 年的 10 年间实施了"宽松教育",即注重经验,减少知识性的填鸭式学习时间,执行 2002 年修订的教育大纲。宽松教育是日本教职工委员会("日教组")提出的,第二次中曾根内阁推行国营企业民营化、公立教育民营化时得到确立,也取得了"日教组"和教育者、经济界有识之士的支持。可是,在第一次安倍内阁时期,因学生学习成绩下降,宽松教育受到批判,日本教育界开始着手审议以"培养全面生存能力"为主导的教育体系。结果是:从 2009 年开始逐渐采用内容增加的新教材。

我的孩子是肯定宽松教育的,他在中国接受了填鸭式教育,对学习没兴趣,到日本以后感觉学习有意思,也愿意学了。

中国家长应该也是各有思考。后来和同龄中国妈妈聊到教育问题,涉及中日教育方式的差异,在此摘录一部分聊天内容。

A＝作者

Q＝同龄中国妈妈

A：以前我也是觉得孩子要学习好，学习是一切，其实，还是需要很多感受和体验的。至于能学到什么，可以不必事先制定什么指标，能习惯日本的生活，能快乐，是第一步。

中国家长习惯帮孩子设计人生，日本忌讳这样，特别是到了高中，就算孩子自己没愿望，家长一般也不会说出自己的想法。我也是逐渐习惯的。

孩子开始真的不知道自己要怎样，觉得那是家长确定的事情，所以对自己的想法也没信心。后来我注意不帮他决定什么，他也就开始自主判断了。由此我才明白，让孩子自己判断才能让他们真正自信起来。

过去在中国，说实在的，也没像现在这么用心教育孩子，没思考过什么。来了日本，发现人家的基础教育这么不一样，才开始反省。

Q：在国内你多忙啊！

A：还不是忙的问题，我觉得是意识不同。孩子开始以为，到日本上学可要老老实实地，不能像在中国那样闹，要争气，结果被日本老师否定了。老师说，他不敢于表现自己。

在日本，做得和别人一样是不被肯定的，而在中国，和别人做得不一样要挨批。孩子上课爱接下茬，在中国总挨骂，到了日本反而受到老师表扬，夸他活跃了上课气氛。

Q：真是不一样啊！

A：孩子现在觉得如鱼得水。日本人经常说自己这个失败、那个不行，而中国人一般是说自己这个搞得好，那个做得棒。日本很人性化，接触以后才会有所了解。日本老师作自我介绍的时候说，过去最讨厌日语，数学总得"C"。这在中国是绝对不可能的，会以为只有说出自己的光荣事迹才能受到别人的尊重。其实不然。

Q：老师不是日本人吗？怎么还说讨厌日语呢？

A：是日本人，但他讨厌日语，认为日语太麻烦了，他是个英语老师。

不介意说出自己的失败会产生完全不同的价值观念。日本的考学或就职作文题目经常有"你最尴尬的一件事""你的失败经历"等。

还有好玩儿的事呢，孩子日语还不行，却当了国语课代表。中国都是语文学得好才能当语文课代表，日本是自愿举手。"当官儿"在日本人的意识里意味着承担更多的工作任务，谁都不举手，孩子举手，就当了。他举手的理由是，需要好好学日语，所以想当国语课代表。

Q：哈哈，这样好，什么都不怕，自信。

A：不过，以前他比较压抑自己的短处，现在觉得，表现短处没什么，于是真的自信了。

前几天有个日本全国的达标测试，社会（历史、地理）和理科（物理、化学）孩子只会10％，但也不觉得怎样。要在中国，会觉得太丢人了，就会产生心理障碍。

Q：是的。

A：自信其实不源于自己能做什么，而在于认识到不能做什么并去努力，这应该是最健康的自信。

这也能，那也能，但不一定自信，也许反而接受不了什么事情做不好或不被认可，是脆弱的。有时即使别人不给压力，自己也有要求。而且，没有来自外界的压力也感觉不是滋味，认为那是没有受到重视。认识到做不好没关系，反而不会脆弱了。

Q：喜欢看日本动画或日剧，对学日语有帮助吗？

A：当然，孩子基本是看日本电视节目学日语。天天看电视，日本电视节目也好看。

我也基本是看日本电视剧学的日语，但是，不在日本生活还是没有语言环境。语言用于传达意思，不是科学，只是交流工具而已。可以比画着交流，不会日语也能交流，关键还是交流能力。女儿不会日语，轮到当班长也当得挺好的。

日本学校的班长就是值日生，每天换，叫日值，每个学生都有当班长的机会。每个学生都有机会做任何事情，这是日本基础教育与中国非常不同的一点。

女儿在北京上学的时候喜欢跳舞，积极地让我给她买了跳舞鞋和舞蹈衣，可是，老师居然没让她跳，说是要选拔。不就是个兴趣班吗？！但为此，孩子的心灵很受伤害。老说孩子在学校不说话，也不想想是谁制造了孩子的心理障碍。

女儿从来没有因为学校的不善意而拒绝去上学，很有志气。两年半都忍过来了，但在学校不说话的问题始终没能得到解决。她把舞蹈衣和舞鞋放在学校很久也不愿意带回家，估计还指望着老师允许她跳舞吧。和老师说了好几次，希望允许孩子跳舞，但学校老师说，怕因为女儿使跳舞节目失败。学校是以排演节目为目的，还是通过跳舞实现教育目的呢？失败了又怎样呢？那也是教育的过程。孩子出演节目为的是在参与中认识和提高自己，不应该是老师出作品的工具。

学校演出的大部分节目是老师在舞台上耍，可是看儿子在日本学校演歌剧，从乐队到演员、道具灯光，根本看不见老师。

日语的学习叫"勉强"，是老师教学，有规定的课本内容。而日语也有"学习"这个词，是自主学习的意思。自主学习是一种学习习惯，发现一件事情不了解，就自己调查，收获了知识会产生快感，这种快感也会启发下一个好奇心。比如学生在操场发现一条虫，就去学校图书馆找书查看是什么虫、虫的习性、如何喂养等。

儿子经历了一年的国立小学生活，已经养成了自学习惯，女儿也正在开始接受这种学习方式。女儿回家说，她知道学校的屋顶是干吗用的了，是学习看方位和天气变化的，是学知识的地方。学习其实是发现自己的兴趣并深入的过程。

小学高年级要把自己调查学习到的东西用演讲的方式发表出来，低年级就画个画进行总结。总之，启发自学很重要，我也是跟着孩子一起学习才明白的。

檀聪日记

2009 年 9 月 22 日（星期二，晴）

今天去了北区防灾中心的地震科学馆，可是，把重要的事情忘了——今天是国民休息日，休馆。本来还很期待来着，那就去美术馆吧。

美术馆在旧古河庭院里，也许因为生病的缘故，到达古河庭院已经感觉身体很累了，而且还困！所以没怎么好好看，出庭院后就奔驹入车站回家了。

可是，到车站感觉很饿，好像马上要死掉了。车站旁边有一家乔纳森连锁餐厅，于是就决定在这里吃饭。没想到，入口处的店牌上写着："今天休息"。哇！真是绝望了。

看了看周边，只有吉野家了。这里没问题！我要的是烤牛肉定食，里面有辣白菜和牛肉饭、大酱汤。非常好吃！

2009 年 9 月 23 日（星期三，晴）

今天在 TSUTAYA 音像店借了克罗罗军曹的超剧场版 3《天空大冒险》，回家马上就看了。这是第一次在日本用DVD 播放器，有纪念意义！

故事讲的是克罗罗和冬树在空中都市解放古代克隆军留下的武器 Kiruru。这个武器和克罗罗什么都一样，脸一样，血一样。最后消灭 Kiruru 的方法找到了，就是把钥匙插入一个洞里。可是，如果把钥匙插进洞里，Kiruru 就会死！到底还是 Kiruru 自己做了钥匙。

第二天，Kiruru 又来了。此时的 Kiruru 已经和普通人一样，不再有侵略意识了。

Kiruru 开始了他的宇宙之旅。非常有意思。

2009 年 9 月 25 日（星期五，晴）

今天妈妈带我去了地震中心，身体还是很糟糕，总咳嗽，咳得很难受。在这种状态下做了判断力和记忆力的测试，判断力 100 分，记忆力 40 分。太糟糕了吧？

在地震中心看了阪神地震的视频，第三层可以做灭火体验，第二层讲受伤时的对策和做实际操作练习。第一层的体验我做了，是坐在一个像演播室的地方感受地震。我体验了 4～7 级的地震，太恐怖了。还体验了关东大地震，前后摇晃了 1 分 30 秒，我绝对完蛋了，身体已经动弹不得了。

发生火灾时如何逃生也体验了，这个比预想的简单。

2009 年 9 月 27 日（星期日，晴）

今天看了电视上的中小学教科书竞赛特别节目，除了算数，其他一概不知。比如音乐的《草帽歌》、理科的什么什么现象。我觉得算数意外地简单，一年级都会。还有，我连"国会是国家唯一的立法机关"都不知道。还是要多看书，我想记住各种各样的事情。

决赛的时候，只四个问题就结束了，真没意思。主持人也说，准备了 50 多个问题，只四问就决出了胜负，真遗憾！

总之，日本的小学生应该掌握的知识我全不会，赤潮之类的自然现象也不知道。在家也学习吧！

铃铛图运动

　　铃铛图换奖品是日本大企业参与的回馈客户的活动，产品包装上印有铃铛图案，图上标明得分，客户购买产品后剪下铃铛图，积累到一定程度可按积分换取相应奖品。

　　小学生每人都有一个印有自己名字的铃铛图信封，剪下笔记本、食品等商品上的铃铛图放入信封，随时收集，在学校规定的时间内每月提交一次。收集铃铛图并非学艺附小的特色活动，所有小学都普及了。

　　收集铃铛图活动由各校 PTA 负责组织和统计，并执行消费，为孩子们购买学具，学艺附小的有些学具就是用铃铛图换取的。

　　明治巧克力和丘比沙拉酱都有铃铛标志，平时买巧克力和沙拉酱就尽量买明治和丘比的，以配合孩子收集铃铛标志。如果当月没有收集到铃铛图，那也要把空信封交到学校。第一次交铃铛图的时候，我刚弄明白怎么回事，完全没积累，所以还赶紧去买了两块明治巧克力。

　　铃铛图运动起始于 1960 年，发起目的是要实现所有孩子都能在平等、富裕的环境中接受教育。各校 PTA 志愿者通过铃铛图运动集资为学校添置设备和教材，还对国内外残障儿童伸出援助之手。

在日本，通过志愿者活动为社会做贡献是一种从小培养的道德习惯，既是社会行为，也是心理需求。购买带铃铛图的商品是资助教育的社会性行为。铃铛图运动是谁都能参与的志愿者活动，作为一名小学生家长，能用举手之劳为社会贡献微薄之力，那是值得庆幸和快乐的事。

志愿者活动和生涯学习、体育运动一样，在日本社会中已经形成了生活习惯。

生涯学习是一个人一辈子要学习的东西，每个人都选择一种专业作为自己的生涯学习内容，一些学院的教授也开办生涯学习讲座。19世纪，"生涯学习"的概念在欧美就产生了，日本的生涯学习现已普及。知识和科技发展、经济结构转型都需要我们不断地更新知识，一门学科难以应付眼前，更不能一世无忧，于是，生涯学习就有了需求。体育运动、生涯学习和为社会做贡献是健康社会人的标志。

现在，全日本有851万个家庭和企业、社会人参与铃铛图运动。

铃铛图商品有彩页名录，学校会随时发来最新的。我先把名录仔细地看了一遍，然后在常用商品上画了标记。遇到一种东西有几个品牌，我肯定买有铃铛图的，比如丘比沙拉酱、明治巧克力、日清拉面、森永黄油、山田养蜂场的蜂蜜、昭和笔记本等等。

铃铛图的得分各不相同，铃铛图信封表面印有一个表格，在提交信封时要填写所属月份和累积得分。这些操作都是孩子自己负责，我只负责尽量购买带铃铛图的商品。

铃铛图的收集不是个人积分活动，必须通过学校来实现用积累的铃铛图换东西。

檀聪日记

2009 年 9 月 28 日（星期一，晴）

今天玩了 DS 的《汉检》游戏，还真挺难的。我是从最低级开始玩的，居然到了第 10 级就有不认识的汉字。10 级到 7 级还算比较简单，6 级就难了，因为从 6 级开始就有三四字的成语。还有两字成语的构成，这完全不明白怎么回事了。最终，我只通过了 6 级。

我准备参加 11 月的汉字鉴定，目标是 5 级。练马区没有考场，只能去丰岛区。

妈妈也玩了这个《汉检》游戏，妈妈选的是 1 级，这种选法够厉害！可意外的是，居然完全不行，一题都没对。

我能读中文，但日语的读法就不会了。我想大学的时候考下 1 级。

班主任留言

原来如此。老师在 DS 的《美文字训练》游戏里已经通过了"中上"水平，《汉检》的游戏也有，但没怎么玩过。

2009 年 10 月 4 日（星期日，雨）

昨天下了雨，开幕式结束后，运动会就中止了。今天天气很好，运动会可以进行了，可是，我一早起来仍然心里乌云密布。昨天中止运动会我很庆幸，因为，又可以争取一天时间练习倒立，但是，到今天还是不会倒立。

早上做准备的时候，看到有同学的爸爸来占地方。无论如何，这占地方的行动也太早了吧。

开幕式在预定的时间重新来过，然后成功地结束了，天气也非常棒。四年级荒马项目的音乐非常有意思，还有，意外发现一年级的大球滚很难做。五、六年级的女子倒大棒看着很疼。

我参加的项目有三个：骑马战、百米跑、团体操。骑马战其实就是打架，大将4人抬，小兵3人抬，我是抬大将的。大将如果被拽下来了，该队就输了，如果在规定时间内双方大将都没被拽下来，那就根据各队中被拽下的小兵数量决定输赢。

上午我参加的项目只有骑马战。骑马战不仅要光脚，而且还光膀子，这样的骑马战还是头一回体验。我身上的所有装束就是红头带和蓝短裤，真是赤膊上阵呀。入场的时候响起了大河剧《天地人》的主题音乐，大将都戴着胄，确实有古代战争的气氛。作战的时候和打架是一样的，镰田君的眼部下方受了伤。在2000人前裸露上半身完全没有感觉不好意思。

团体操是在下午，中午吃饭的时候我一声不吭，因为担心下午的倒立，向来饭量大的我居然才吃了不到一半的便当就吃不下了。

下午先是百米赛跑，我是男子第一道，最糟糕的位置！各道共五人，我好歹没有落到最后，第四名。杉山君跑的时候鞋都飞了，为什么鞋会飞了呢？

终于到团体操的时间了！开始之前，来住君告诉了我一件有意思的事情。他说，"天空之城"的第六个人是多余的，不需要的话，还在那里，太逊了。

团体操有单人动作、双人动作、三人动作、五人动作、九人动作的天空之城、十人动作的金字塔和人塔。单人动作一个个都练会了，双人动作出现了大难关，就是倒立。倒立是双人动作，一人倒立后，另一人抓住倒立人的腿停留一段时间。我一直觉得倒立是特技，不是每个人都会做的，可是，团体操必须每个人都会倒立。倒立需要臂力、腹部力量，我俯卧撑不行，仰卧起坐也做不了几个，真是很无望。老师说，相信对手，豁出去就能行，可是，我还是害怕，总担心对手没抓住翻过了头。

到团体操双人动作了！大家都动作整齐，谁稍有偏差就非常显眼，而且，这时也没有音乐，全场安静，只能听见口哨声。也顾不上担心对方是否能抓住我的腿了，翻过头也无所谓了，总之，豁出去了。倒立的时候，我用尽了全身的力气，一次到位！非常感谢对手来住君及时抓住了我的腿。

倒立完成了，接下来我可以放心大胆地做金字塔和人塔了。金字塔五层人，人塔三层人，但其实人塔难度更大些。金字塔是最下层五人，然后四人、三人、二人、一人逐渐上去，但每层人都是趴着的，最上层的人也是跪着的，而三层人塔都是站着的。我在最下层，虽然不像待在最上层那么可怕，但下层稍微配合不好，上层就很危险，其实也有相当的难度。

做最后的人塔时，村尾哭了。

得分板上显示了得分，我们红组胜了！

本来以为运动会就是争第一、第二，但运动会结束后，我终于明白了，这个小学运动会实际是为锻炼意志和征服自己而举办的。

运动会的第一目的不是竞技，
而是教学

　　日本的"国际协力机构"简称 JICA，在中国也有一定的知名度，成立于 2003 年，在全球 54 个国家都设有事务所，中国事务所设立于 1982 年。它的主要功能是对外实施源于日本政府的开发援助（ODA），包括向发展中国家派遣青年志愿者。很多发展中国家的基础教育较差，表现在学校以各种理由不全面实施合理的教科指导。JICA 派出的青年志愿者到当地学校教体育，并组织运动会。

　　日本的中小学运动会一定有跳大绳和拔河、两人三足等项目，中国学生也不陌生，但在如此运动会项目中贯彻合作理念为先的教育意识，据说在世界上都是极少数的。在日本的基础教育中，运动会的重点不在于当天的竞技结果如何，而是通过竞技活动的练习过程，让学生学习协调性和行为规范、礼仪等。

　　有一位派去非洲马拉维教体育的志愿者说，当地的老师和孩子们根本没见过也没听说过跳大绳和拔河，开始时，他们拔河赢了也不明白是怎么回事。后来通过练习，大家终于慢慢有所体会了，通过练习的过程，大家才真正明白了决胜负的快乐。

日本的合作精神是众所周知的，其基础教育中的运动会可以说是重要的成因之一。派去发展中国家的教育志愿者之所以组织运动会，主要目的还在于实施一种团队协作的活动。大家协作的活动在日本的基础教育中还有很多，国立小学的每月大活动、每周小活动，甚至每天的扫除活动，都是协作教育。运动会除了培养协作精神，珍惜使用运动器具等的行为规范同样是典型的日本教育。在"世界杯"赛场上看到日本啦啦队捡垃圾不是偶然，那也是其基础教育的成果之一。

儿子上高中以后对运动会完全失去了兴趣，因为他们学校是人工草坪。在他看来，土地上的运动会才有气氛，或许是由于经历了学艺附小和后来的公立中学运动会吧。日本学校的运动会一定有光脚上场的项目。运动会前日，大家一起在操场捡石子的景象一直让他难忘。下雨后，为了让土地操场不积水，学生们甚至用纸巾去一点一点地吸水分。日本小学生的毕业相册中会有一张空荡荡的操场照片，那是他们运动过的地方，留作了一生的记忆财富。

所以，运动会一定要在孩子们日常游戏和流过汗水的地方举办，才会产生教育意义。

进入9月1日开学的第二学期后，学艺附小的孩子们就马上开始为运动会做准备了。运动会在日本任何小学都是非常隆重的活动，不仅父母，爷爷奶奶兄弟姐妹都要去观战，一早起来就用塑料布占地方。带塑料布是为了坐着观战，再就是用于午餐时运动员学生和家长共享便当。

据说，日本公立学校的运动会已经不怎么热闹了，但儿子上的国立小学仍然每年坚持举办一次隆重的运动会。

运动会的内容不只是跑步，还有烈马赛、骑马战、倒杆赛等日本传统竞技项目，竞技合战和短跑、中长跑穿插进行，也有来自中国的拔河项目。

选手分为红、黄、蓝三个队，红队由一到六年级的梅花班组成，黄队由菊花班组成，蓝队由紫藤班组成，国际班也叫百合班，被分到各队，儿子属于红队。红、黄、蓝队员用不同颜色的头带加以区分，所有竞技活动都在这三个队中展开。跑步项目和中国不一样，中国是只有选拔出来的选手才跑，日本是每个学生都要跑，比如五、六年级男子100米项目，一组六人，红、黄、蓝队员都有，根据六人组中的名次确定得分，如果蓝队队员名次优先的多，那么，蓝队的跑步积分就会高。只有接力赛是跑得快的选手参加，但也是红、黄、蓝队队员都有。

开幕式很隆重，有鼓乐、旗手开道、运动员入场、开场舞等环节。操场是土地，而且入场都是光脚，运动会中的上下场都要跑步行进，包括做裁判的老师移动位置也都是跑步，很有气氛。其实，夏天去游泳池时也发现了，负责安全的人上下岗和换班都是跑着来去的。

学校的运动服是统一的，蓝色短裤，白色短袖圆领衫。

儿子参加的是六年级男生的骑马战，光脚、光膀，配上最近NHK上演的电视剧《天地人》的主题曲，很是那么回事。儿子的位置是大将左位，大将的帽子用的标志也类似《天地人》的"爱"字图样。

运动会最精彩的环节当然还是六年级的团体操。学生练了一个月，每周练两次吧，能达到这种近乎杂技的地步，真是了不起。

六年级团体操是一年级到五年级学生的梦想，校舍入口的石碑上刻有六年级团体操的金字塔和人塔图形，金字塔是五层，人塔是三层。运动会还保持团体操项目的小学现在已经寥寥无几了，但学艺附小是国立小学，沿袭传统是使命之一。

檀聪日记

2009 年 10 月 5 日（星期一，雨）

    今天用秩父的大酱做了炸酱面。

    首先，在炒锅里放少许油，油热了以后，把肉馅和葱放进去。今天用的葱是阳台上收获的分葱，把分葱切碎用的。锅里的肉馅变了颜色以后，把秩父的大酱放进锅里，还要边点水边炒酱。当大酱融化到油里以后，就用小火，让酱煮一阵子。

    此时，在另一个煤气灶上把面煮上。面煮好以后，把炒酱的火关掉。然后，把豆芽放进煮面的热水里。

    现在，可以把面捞到盘子里了，再放上豆芽菜，把炸好的酱浇在面上，炸酱面就做好了！

    在中国吃炸酱面的时候大多要和蒜一起，而且，炸酱面里要放少许醋搅拌后再吃。

    顺便说一句，炸酱面是北京料理。

2009 年 10 月 6 日（星期二，雨）

    星期三有秩父的演讲发表。我准备发表的主题是：日本和中国的疙瘩汤有什么区别？

    今天，在妈妈的指导下，我自己做了一次疙瘩汤。首先，把小麦粉放入一个圆盆，边加水边搅拌小麦粉。比在秩父做面团的时候多放了一些水。

运动会的第一目的不是竞技，而是教学

中国的疙瘩汤是直接把搅拌好的面团疙瘩放进热水里煮。水开了以后，用筷子把小麦粉一点一点地挑进煮水锅里。

小麦粉没有了，就把事先打好的鸡蛋倒进锅里。然后，把切成块的西红柿放进锅里。今天，把剩余的圆白菜也放了进去。

稍煮一会儿，放盐、酱油和鸡精、香油调味。最后撒上一些葱末，大功告成。很好吃！

班主任留言

中国的疙瘩汤是酱油味吗？和日本一样啊！其实，日本疙瘩汤本来是大酱味的，但老师还是喜欢酱油味。

2009 年 10 月 8 日（星期四，雨）

每天都在听"环保车减税"的电视广告，路上也有很多环保车减税的广告牌，可是，环保车到底怎么环保了？一直不明白。

今天学校发了社会课的附属教材，叫《连接世界的产业和贸易》，读了以后，感觉还是挺难的，不太明白，只是环保车的意思稍微懂点儿了。因为排出的二氧化碳减少了，所以环保了！二氧化碳是废气，我理解，就是对健康有害的气体。

而且，我原来也不知道，ecology 的简称就是 eco。我好傻。

日本国立小学 365 天

班主任留言

稍有不对的地方纠正一下，BIO 说的是生物。生物柴油就是用菌把玉米变成柴油。二氧化碳吸热，二氧化碳增加了以后，地球就不断变热，就出大麻烦了。

2009 年 10 月 9 日（星期五，晴）

今天的图工课做了我一直期盼的椅子。

还有，要用锯，今天是我第一次使用锯。

我想做的椅子，椅背是金字塔形。

锯木头非常难，首先要测量椅子腿的高度，在木头的表面画上标记，然后再锯。所有的椅子腿都要高度绝对一致，所以难。杉山君的几个椅子腿的高度相差了 5 厘米。

我只顾做椅子的下半部分了，据说，做椅子一共是 6 节课。照目前的进度，我觉得完成有点困难了。

今天终于上了正经的课。可是，下个月还有菊花节，也很要劲呀。

2009 年 10 月 10 日（星期六，晴）

今天去电影院看了《赌博默示录》，电影里的游戏是赌博性质的。

主人公伊藤开司是个非常穷的人，他在便利店打工，欠了超过百万日元的钱。游戏的管理者这样说："赢是一切，不赢就是垃圾！"还说："钱比命重要！"我觉得他说得不对，应该是命比钱重要。有了钱，没了命，一切都是无用的。

运动会的第一目的不是竞技，而是教学

如果有命，可以挣钱。

最后的 E 卡游戏非常要命。

开司的对手在游戏上做了手脚，于是他可以看着自己的表了解开司的心理动作，也就预先知道了开司要出的牌。

开司把头撞在玻璃上，流出了血；心理动作就被搅乱了。对手的表没用了，最后是形成了一场心理战。

开司最后还是赢了，得到了两亿日元。

班主任留言

老师是读了原作，然后看了漫画。能了解些电影的内容，真的很好。以后再多告诉我一些啊。

2009 年 10 月 11 日（星期日，晴）

今天去了深大寺，听说深大寺的手打面条很知名。

坐了大概 1 个半小时的巴士来到深大寺。从巴士上下来，看见路上有很多面店，我是在手打面条大师茶屋吃的。

坐在榻榻米的位子上，可以边吃面边看外边的树林风景，感觉到了传统的气氛。

途中，遇到了一个很像表老师的人，估计就是表老师！

面条很好吃！

然后去了深大寺旁边的神代植物园。10 月 1 日到 30 日有月季节，月季很漂亮，我喜欢的月季叫"爸爸梅昂"。

5 点到 5 点半有个水野直子的音乐会，夕阳、月季和歌声，很有浪漫的感觉。

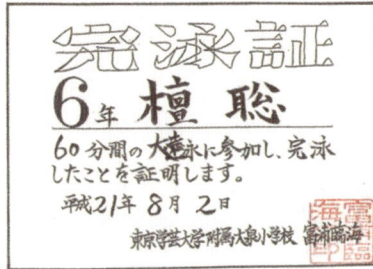

∴ 完泳证（上）

∴ "百合岛"发表会（下）

∴ 音乐汇报会，承担了键盘部门的工作

∴ 自己做的椅子（上）
∴ 给低年级做礼物（下）

∴ 做和纸（上） ∴ 为感谢会准备的礼物（下）

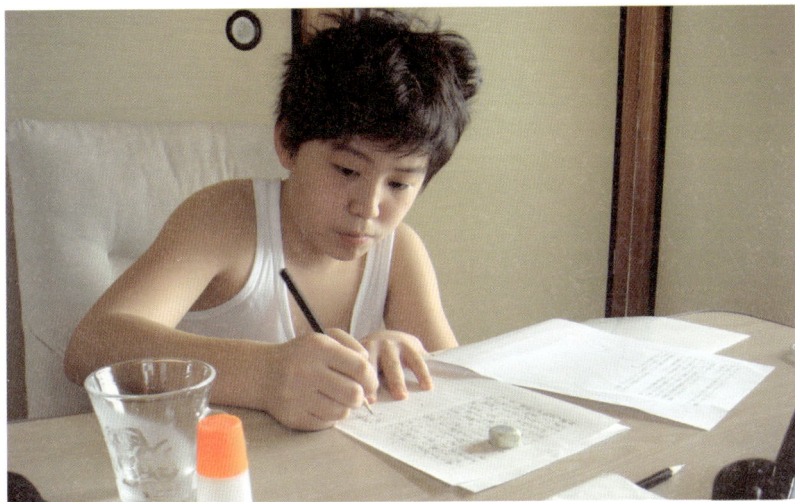

∴ 赤膊赶写《成长记》(上)
∴ 《成长记》（下）

生い立ちの記

東京学藝大学附属大泉小学校
第七十一四年業三

徒

聡

∴ 100 米跑（上）　∴ 团体操（下）

∴ 出演毕业歌剧

∴ 2016 年春考取顺天堂大学医学部

"体谅文化"

有一天，我把冰箱里的樱桃分装在两个碗里，一个碗给了儿子，另一个碗在我手里，儿子马上看我手里的碗。我问："你怀疑我的多？"他说，如果我的少，他就给我几个。其实我手里的那个碗是想留着第二天早上给他吃的。

到日本几个月后，儿子最大的进步是开始懂得体谅别人了，这让我感到很欣慰。养成为别人着想的素质也是来日本上学的目的之一。

有位日本公司社长在他的博文中写道，他面试过中国人，当问到来日本感到最吃惊的事情，应聘者说，在日本的图书馆看到大家把书放回书架时都注意让别人能看到书的标题。开始社长还没明白什么意思，追问后才知，看到标题，找书就容易了。应聘者说，在他居住城市的图书馆，书都是乱放的，就连图书馆的管理员也不像日本这样按标题的音序排列书籍。这件事倒让社长感到很吃惊。

为别人着想在日本不仅是文化，更是行为规范。最近来日本的中国游客大幅度增加，于是，日本有了更多了解现在中国人的机会，普遍发问，中国有"为别人着想"和"行为规范"吗？电视报道刚开业的上海迪士尼也是充满了排队吵架、对着花坛把尿、在垃圾桶旁边小便、用厕所的干燥机吹脚、用小刀在柱子上刻写"到此一游"等违反行为规范的场面，主播讽刺地说，看来似乎离迪士尼那个梦想之国还相去甚远。

小学六年级班主任是这样对孩子们解释"体谅文化"的。

"为别人着想"是必须具备的能力之一，那具体怎么做就叫有体谅的能力呢？体谅的能力又是怎么养成的呢？

简单说吧，学校教育的所有活动都是在培养体谅能力。《教育基本法》中写了教育的终极目的是"人格的形成"，体谅的能力是形成人格的必要条件。

日本的教师没有高高在上的意识，都是积极主动地尽量做到与学生同化；日本服务做得好，完全基于为客户着想的素质。与他人同化也正是日本体谅文化的根本，为别人着想的素质可谓日本文化的重要特点。

在欧洲社会，相对于客体，自己是以主人的身份去款待对方的；中国和韩国的友好精神是把对方认作自己的伙伴或朋友。也就是说，只要自己有余力，就尽量去为对方服务。

日本的不同在于：与对方同化才是他们认为的体谅和服务精神。比如志愿者去了地震灾区，会想：当地人的住宿有没有问题，自己带的钱够不够；给灾民分发饭团的人也会收到当地灾民塞给自己的一点儿钱。也就是说，不管发生了多么严重的灾难，作为日本人，他还是会首先考虑对方的需求。这就是日本传统的体谅精神。总而言之，日本人就是把自己的身心都变成对方，以同化彼此的精神去行动，所以服务做得到位，让客户感觉贴心。

社会风气使父母更多地关注孩子的学习成绩。其实，孩子的成长首先是要学会体谅别人。学习成绩再好，如果没有感受周边的能力和素养，就好比不懂文化而只有语言，那会让语言失去生命力。

其实，对这里的"体谅"一词我始终找不到合适的对应的中文，只能选择接近的，但还是不能完全表达日语的全部内涵。

"体谅"在日语中是"思考"和"做"的复合词，原意就是"思考着做"，或者说是"为别人着想地做"。

英文把日语的"体谅"译成 sympathy，中文一般把 sympathy 译成"同情"。但日语的"体谅"不像"同情"那样有高对低的感觉。当然，英语的 sympathy 也没有高对低的意思，sympathy 是共享感受，日语的"体谅"是设身处地为别人着想。这种能力在做任何事情时都是不可缺少的。

因为是小学毕业的年级，我也一直关注儿子理想中的中学。东京学艺大学是日本教育专业领域的最高学府，相当于中国的师范大学。从 2007 年开始，学艺大学附属中学和附属高中合并为东京学艺大学附属国际中等教育学校，这并非简单的初中和高中合并，宗旨是要办一所全新的学校。日本的初中和高中一般是分开的，学艺大学附属国际中等教育学校是把初中和高中的六年教案作为一个整体来设计，中学执行 MYP（初中国际文凭），高中执行 DP（高中国际文凭），75% 为英语教学，大学目标是剑桥大学等海外高等学府。

新校办学理念的关键词是"国际人"，就是要培养能够在国际舞台上发挥作用的全球化人才。那么，这所学校对"国际人"又是如何定义的呢？一共有十条，其中一条就是："具有体谅的素质。"

檀聪日记

2009 年 10 月 12 日（星期一，晴）

今天是体育日，学校休息。在家看新闻，有一件非常可怕的事情。有一个女孩在老虎机店迷了路，被诱拐了。第二天，在河边发现了女孩的尸体。女孩只有 5 岁。太可怕了。

还有，公园附近无家可归的人被杀了，60 多岁。发现的时候，死者倒在了塑料布上。为什么无家可归的人会被杀呢？大概，我想，是暴力团的人要钱。现在的社会真是很危险。诈骗的事也很多。

班主任留言

如果没有非常严重的理由，暴力团的人是不会伤人的，他们很专业。更可怕的是一些成年人，不知深浅，做事胡来！为了一点钱，稀里糊涂地就杀了人，这种情况开始多起来是最大的问题。

2009 年 10 月 13 日（星期二，晴）

今天是国际班同学的秩父移动教室发表日，但杉山君因为嗓子疼，没来，真遗憾！我的发表，自己觉得是成功了。可是，有一个提问，我没回答上来。提问的内容是：日本和中国的疙瘩汤哪个好吃？我觉得，中国和日本的疙瘩汤都好吃。

今天还有个别学习时间，算数的进度表终于变成绿色的了，还真是挺难过关的。

今天最糟糕的事情还是流感。早上到了学校，看到六年级梅花班的全体同学都戴着口罩。询问原因才得知，有11个人得了流感，我很吃惊。下午有一张学校通讯，里面写了五、六年级学生封闭一周。已经10月了，怎么还闹流感呀！

班主任留言

恐怕从今往后才是流感季节呢。从西边吹来干燥的风就是危险信号！

2009 年 10 月 14 日（星期三，晴）

今天早上去了学校，三层只有国际班，感觉真有点冷清。国际班的大田劳作之后，大家在说，是不是把空的地方都种上花。打篮球的时候，笠松老师对我和杉山君说："现在，六年级学生里，存活下来的就只有你们啦！"

生活团真是太要命了！反省会的时候，我对四年级同学说，四年级来做！结果四年级同学说："檀君，你来做！"我问原田，他们四年级不做反省吗？原田说："不反省啊。"真是的，才四年级，你们有多牛啊！真不明白什么意思！

班主任留言

老师看到你可以自发地推进事情，并主动去组织生活

"体谅文化"

团的活动，觉得很高兴。非常好！一定要加油！

2009 年 10 月 16 日（星期五，晴）

　　今天本来有图工课的，结果变成了国语和算数。不过，计划跟不上变化，第一、二节课又变成图工课了。这次是用了黏结和切木头的机器。为什么老师不一开始就把机器拿出来呢？！

　　还有，今天在国语课上写了四首短歌。本来想回家告诉妈妈的，可是忘了怎么写的了，只记得临海的那首。下午的社会和理科课也变成了写短歌。

　　上课的时候，为了不聊天，我用白色胶布把嘴粘上了。这又是初次的体验，很好玩。

　　下周就要换冬季校服了，时间过得真快呀。

校　歌

　　日本的学校基本都有自己的校歌，在入学典礼、运动会、毕业典礼等学校重大活动时，学生都要齐唱校歌。伴奏是本校学生乐队，不播放录音。校歌的歌词被郑重地悬挂在体育馆主席台两侧。

　　校歌都是原创，是学校的象征。好比在公司就职首先要制作名片，建校前就要先把校歌创作好。新创办的学校有时不得已在建校后才拥有校歌。除了校歌还有宿舍歌、声援歌等准校园歌曲。学艺附小有校歌，临海学校的时候还有临海生活之歌等。

　　学艺附小的校歌五线谱收录在《菊子手册》里。歌词内容庄重，体现了国立小学的特点，大意如下：

　　　朝云闪耀

　　　吹拂着武藏野

　　　绿色爽朗

　　　风走过

菊子们歌声高扬

彼此呼应

步伐整齐

走吧

让学习园摇摆

充满生机

今天蓬勃继续

菊子打开新世界

充满活力

走吧

像泉水涌出

年轻的力量

日本明天的荣光

菊子和世界共同创造

希望不远

走吧

　　学艺附小尤其注重唱歌,音乐专业出身的校长在学生毕业文集《菊园》中写有纪念文。翻译如下:

歌唱的学校和文化

校长　筒井贤昭

　　"菊园"的孩子们经常唱歌，经常全校一齐唱歌。这里有歌唱的文化，是大泉的优良传统。说到传统，也许有陈旧的感觉，但我认为，传统是"带有憧憬地去不断传承好的东西"。没意思的东西历经自然淘汰，早晚也就消失了。无论什么时代，总是会有新旧交替。

　　一年级憧憬六年级的歌，就会萌生好的印象。我们学校的丰富活动都有原创歌曲，所以，日常中总是和六年级一起体验唱歌。学校活动的歌，是我们学校的老师根据参与各项活动的孩子们的体验和感受，作出词曲，一直传承下来的。活动之歌在校园生活中被亲切地歌唱，也让孩子们的校园生活变得丰富多彩。校园歌曲是充满生活感的歌，在各种场所和场景都能听到孩子们的美丽歌声。学校的经营，就是让每一个学生都能够投入感情地歌唱。我们的学校已经确立了凡事合作的体系，不仅音乐老师，班主任和学年教师都在配合培养有丰富感受性的菊园之子，这毫无疑问是长时间传承的校风，也就是学校的独特文化。

　　在今年的告别音乐会上，家长和孩子们合唱《集会歌》时出现了高潮。出席告别音乐会的客人有来自维也纳的奥地利教育和文化联邦最高音乐责任人。大家都知道，维也纳是音乐之都，对很多人来说，是值得憧憬的城市。我也作为旅行者去过维也纳，与欧洲的其他城市不同，在维也纳，普通人的音乐水平也都非常高。在那里，从维也纳华尔兹开始，充满了许多高品质的音乐。几百年的传统就在眼前，真是名副其实的音乐之都。就是在那样的城市长年生活的音乐教授说了以下的话：

"这所学校有着非常好的文化，歌声中有强健之音，再好不过的是唱歌的时候表情很棒。竖笛吹得很柔和，音乐汇报会也都在彼此配合地演奏。这所学校简直是超级棒，比奥地利的学校水平不知要高出多少个层次，给我留下了深刻的印象。今天来到这里，真是太好了。"

教授投向孩子们的目光富有深深的爱。在音乐会第一天上午的最后节目之后，教授和孩子们一起合影，看上去心情很好。也许多少有捧场的意味，但教授回国的时候还在说，能在日本听到"告别音乐会"真是一生难忘。

大泉，有着极好的音乐传统。

檀聪日记

2009 年 10 月 19 日（星期一，晴）

今天开始换成冬季校服了。

第一节课到第二节课中途都是图工课，第二节课剩下的半节课是音乐课。

图工课只锯了椅子的坐板，坐板边缘很不平滑，这下，真的是不能坐了。

音乐课讲了下周藤原先生要来学校演奏尺八，为感谢先生来校，我们要唱歌，歌名是《请给我翅膀》。

第三节课说了国际岛活动的事，要在全校发表演讲。我也许需要把中国的教科书拿来。

再有，以后的体育课要练橄榄球。

班主任留言

要区分说话人和听话人的日语用法。

2009 年 10 月 20 日（星期二，晴）

今天到学校就换了体育服，准备上橄榄球课。

第一节课学习了橄榄球的定位。学习卡的用法也讲了，然后是确认规则。开始，我以为橄榄球就是美式足球，结果发现，规则基本不一样。

队名也定了，叫"TAKOS"，就是"章鱼死了"的意思。笠松老师上小学的时候，他们小学的橄榄球称霸全日本。太厉害了吧！

个别学习的日语终于升为中级了，非常高兴！但初级最后的反省文没写，下次写。

班主任留言

笠松老师来我们学校前是在长崎县的清水小学，就是这所小学的橄榄球水平称霸全国。

2009 年 10 月 21 日（星期三，晴）

今天有三节国语课。内容是写运动会的作文。据说，这就算是《成长记》一书的草稿了。第四节课的社会课和下午的国语课调换了。

上课的时候，渡边君玩橡皮，并向我的眼睛扔了过来。当时很疼，还去保健室洗了眼睛。上午眼睛一直都模模糊糊的，看不清东西，到了下午视力就逐渐恢复了。

便当是在生活团活动地点吃的。

委员会活动是洗了菊花节需要用的锅。

明天有全校远足和决定纸气球的事，很期待！

班主任留言

不好的事情接连发生，很想有时间可以一个个说说。

2009 年 10 月 22 日（星期四，晴）

今天早上的生活集会是电视生活集会。外边很晴朗，为什么要开电视生活集会呢？大概是因为外边太冷了吧。

生活团的全校远足路线定了，纸气球也写了。

今年的远足路线好像稍有变化，要是挑战路线 A 就好了！

写纸气球的方法是：直接用马克笔写。我写的是："我的梦想是做空间物理学家，去解开世界未解之谜。"其他六年级同学的梦想都特别好，印象最深的是阪本君的梦想。阪本君的梦想是："要学内科，变成妇产科医生。"这是学 GYNE 呀。

GYNE 每周三晚 10 点播放。

班主任留言

校长应该说了，是因为流感盛行才改成开电视生活集
会的。

2009 年 10 月 23 日（星期五，晴）

今天做了万圣节的准备。说准备，其实就是定了吓唬
一年级同学的路线。路线选择有二，一条路线是从紫藤班
开始，然后是梅花班，最后是菊花班；另一条路线是先在
梅花班藏着，然后去菊花班，最后是紫藤班。

我还没有准备好服装，想周六或周日去买。我想买的
是 Kyoji，可他死了，有点不吉利，所以就决定买那个算命
师的服装。为什么只有国际班搞万圣节活动呢？

杉山君的服装是蓝色王子服，杉山君穿上那件衣服是
什么样子，非常期待。

在中国的时候，曾经在同学家过了万圣节，在学校里
过万圣节还是第一次。

班主任留言

其他班也有搞万圣节活动的。

藤原道山来国立小学演奏尺八

大概 1 个多月前吧，学校发来通知，说有位 20 多岁的年轻人要来演奏尺八，请家长报名赏乐。当时第一次听说尺八，不明白是什么，所以就没报名。

活动是 PTA 组织的，因为报名人数少，国际班的教谕委员就拜托 PTA 会员招呼大家。我是 PTA 会员，但觉得不报名一定有原因，劝说有点儿不合适，所以就擅自没配合工作。不过也想，演奏当天如果没什么其他重要的事情，我自己可以去听尺八演奏。这才仔细看了学校通知上写的关于尺八的介绍："日本传统乐器，主要为寺庙的和尚吹奏祈愿曲，好比古琴、二弦琴，是日本国宝性质的传统乐器。"

既然要去赏乐，怎么也得了解一下乐器的相关知识。然后发现，尺八原本起源于中国唐朝，但现在已成为日本木管乐器之一了。文化如果不传承，就不存在了；起源只是历史，没有现实的文化意义。尺八传入日本以后经历了一段空白时期，从镰仓时代到江户时代形成了现在的形制。

尺八名称的由来是因为管长一尺八。这里的"尺"在不同时代有实际长度的差异，约为54.5厘米，也有改良版，有短有长。短则声音高尖，长则声音低厚。

根据《旧唐书·吕才传》记载，7世纪初，唐朝乐人吕才用十二律筒音做竖笛时总结说，要吹出黄钟，需要一尺八。黄钟是中国十二律之一，相当于日本十二律之一的"壹越"，洋乐音阶的D调，声调最为响亮。

尺八在英文中叫"shakuhachi"或"Bamboo Flute"（竹笛）。之所以叫竹笛，是因为尺八一般用桂竹（日语中叫"真竹"）从根部向上取七个竹节制成。

尺八有五个音孔，据说最早是六孔，从镰仓时代到室町时代变成了五孔，前四后一，类似西洋管乐的长笛和南美的Quena。

尺八竖着吹，演奏是靠气息、手指和脖子的角度控制发出声响。气息容易理解，手指有半开、全开、1／4开等，与一般吹奏乐不同的是，要伴随脖子的晃动、高低等形成音调和音色的变化。

幸亏去了尺八演奏会，真是很不错！年轻的帅哥演奏又为传统乐器平添了几分现代韵味。学艺附小的校长是音乐专业出身，他也吹尺八，演奏会的最后节目是校长和藤原道山合奏。尺八的乐谱很有意思，校长还转着圈地给大家展示。

有时，在东京人多的车站附近也响起来自远古的尺八之声。当你在繁华中犯困，静寂之音让你清醒和精神振奋。

藤原道山是受筝曲家祖母的影响，从10岁开始学习尺八，14岁开始师从于日本无形文化遗产持有者的"人间国宝"山本邦山，20岁进入都山流师范学习，以后则以"道山"为名。他毕业于世界四大艺

藤原道山来国立小学演奏尺八

术大学之一的东京艺术大学音乐学部邦乐科,现在已是该校讲师,有"和乐贵公子"之称,对雅乐、能乐、狂言、囃子、筝曲等邦乐都有涉猎和钻研。

藤原道山的演奏活动不仅限于日本,在欧美也很活跃。他创新的尺八 Bolero 是世界上最小的交响乐队,还有影视、舞台作品采用他的音乐,例如电影《武士的一分》、日英合作的舞蹈作品《鹤》等。

在日本,尺八也像中国古琴,学的人很少,但尺八已进入中小学音乐课程。期待有一天中国的小学也开设古琴课,以恢复中华传统文化。

檀聪日记

2009 年 10 月 28 日(星期三,晴)

今天第一节课是体育课,打了橄榄球,好像很难啊!我简直太差劲了。我觉得,橄榄球还是跑得快最为重要,我不仅跑的速度不行,而且还总是下意识地与别人正面冲突。

大课间的时候去了三年级紫藤班的鬼屋。到那里才知道,已经好多人在排队等候了。鬼屋里并不可怕,但歌曲还是有点气氛的。而且,我还被扮演成幽灵的同学吓了一跳。从鬼屋里出来正好打上课铃。为什么鬼屋总是很有人气呢?!

班主任留言

我觉得鬼屋有人气是因为大家都想看可怕的东西,那种心情老师也特别强烈。

2009 年 10 月 29 日（星期四，晴）

　　今天的生活团活动首先是收获土豆。挖土豆好像挖宝，挖出来的土豆有些特别大，也有很多小的，为什么呢？是因为没有阳光吗？

　　挖完土豆之后去选了生活团的菊花代表作品。选出的菊花开得真是漂亮啊！我的菊花刚能看见一点花瓣，还没有开花。

　　个别学习课的卷子还是进度很快的，汉字到初级总结部分了，算数还差一张卷子就完工了。日语就别提了，完全不行。

　　下午又练了橄榄球，昨天没能摘下标签，今天摘到两回，只是其中一回越界了。

　　明天就是万圣节了！

班主任留言

　　带式橄榄球规则难。在学校给你看规则录像。

放飞梦想

　　学艺附小几乎每月都有大型活动：4 月开学典礼、做品尝春天味道的艾蒿年糕，5 月全校远足，6 月六年级移动教室，7 月临海学校，8 月游泳记录比赛，9 月国际班移动教室和运动会准备，10 月运动会。

　　11 月 3 日是日本文化节，学校 71 周年校庆。这一天，学校举办每年一度的菊花节，做菊子汁，就是大酱汤，还有"放飞梦想"活动。

　　菊花节的主要内容是菊花展，展览孩子们自己培育的菊花。学校也被命名为"菊子园"，意为"菊花的孩子"。

　　校舍前有一块土地是学生的种植试验田。学生们每年要在春天种一盆自己的菊花，代表自己，放在这块试验田里，自己培养，一直到秋日开花，菊花节时展出。届时，全校举办菊花展和评比活动。

　　儿子养的菊花没有全开，有点儿遗憾。但第一次养菊花，已经不错了！活动以生活团为单位组织展开，每个生活团都在各自的活动地点召开菊花发表会，由生活团团长主持，每位同学轮流发表自己养菊花的经历和感想。

周末或节假日休息之前，学生们要想着给自己的菊花浇水，课间休息要去看望和照顾一下自己的菊花，夏天放暑假时要把菊花带回家里养，开学后再搬回学校。

　　关于养菊花的方法，学校发了一个简单的说明，学生还须自己调查学习养花常识。谁的菊花如果中途枯死，学校也不再发替代品了，秋季菊花展就不会有自己的作品了。所以，大家都非常尽心。

　　菊子汁是孩子们用春天以来生活团活动种植的蔬菜做的味噌汤。活动当天温度为5摄氏度，孩子们却都光着腿。孩子们要工作，所以上身都在校服外套了扫除服。做味噌汤的时候孩子们自己生火，很有气氛。

　　家长们都来观看菊花展，自带白饭团和孩子们一起聚餐。孩子们在学校蒸白米饭，米是前日带去学校的，每人带一合（电饭锅量杯一杯）。白米饭或白饭团不许夹东西或撒调料，为的是更好地品尝味噌汤的味道。

　　菊花节的最重要活动是放飞用和纸做的气球，日语把气球叫作"风船"。塑料气球虽更容易充气和放飞，却不环保。和纸是可降解的环保材料，采用和纸风船也是为弘扬日本文化传统。

　　孩子们事先把自己的梦想写在纸气球上，活动当天充气并亲自放飞。纸气球上写有放飞者的学校通信地址。每年都举办这个活动，真有收到过从南非、迪拜、埃及、亚马逊等世界各地寄回学校的气球，附带梦想成真的祝愿。回来的气球就贴在学校公告栏，非常动人！

　　放飞梦想活动由PTA负责执行，PTA会员第六次会议的主要内容就是为举办菊花节分配工作。我是PTA成员，当天要工作，虽然是第一次也是最后一次过菊花节，也不能像很多家长那样和孩子一起共享他们做的味噌汤。

PTA 的工作包括给纸气球充气，需要与专业公司合作。一早充气车和相关工作人员就来到学校，我们 PTA 成员开始紧张地分气球、给气球充气。充好气的纸气球要一一拴在从美术室搬到楼道的板凳上，到了放飞时间，孩子们就来领写有自己梦想的纸气球。把气球交给孩子的时候很紧张，生怕他们没拿住气球线，就让气球飞了。

拴好气球后有一段等待的时间，正好寻找儿子的梦想。找他的风船可是经历了艰辛。拴气球的凳子是适合小学生坐的，比较矮，气球也不过一人高，所以，只能匍匐在众多气球之下才有可能找到儿子的气球。终于找到了！儿子写的是："做空间物理学家，解开世界未解之谜。"

首先感到庆幸的是，他的梦想终于变成了人类的梦想，而不是鸟啊、飞机啊之类。升入中学以后，他的兴趣从百慕大之谜转变为热衷于把自己冻起来多年后再解冻的实验。虽然这种实验有过复生奇迹，但还是让我不安起来。他总唠叨"平行世界"，后来，梦想从空间物理变成了东洋医学，总之，梦想具体到医生职业了。

菊花节的时候，日本正播放一个电视连续剧，叫《GYNE 妇产科的女人们》。在日本，妇产科医生叫 GYNE。电视剧描写的是日本妇产科医生的故事。同在一个气球上书写梦想的坂本君要做妇产科医生，也许当时就是受了这部电视剧的影响。前不久，儿子和坂本君小学毕业 5 年后再会了，我首先关心的是：坂本君还是要做妇产科医生吗？

儿子是在听东京大学报考讲座的时候再会坂本君的。小学毕业后，坂本君考入海城男校，儿子才到日本一年，日语都说不利落，根本不具备考学资格，就进了无须考试、按住地分配的公立学校。时隔五年，能在东京大学报考讲座上碰到坂本君，用儿子的话说，"终于和他们平起平坐了"。

学艺附小是国立学校，聚集了走精英路线的孩子，初中能考入海城男校属于更上一层楼，比留在学艺附中更优秀。留在学艺附中是基本不可能考取医学部的，所以，坂本君在小学毕业时就"跳槽"了。他为"跳槽"计划的实现也是吃了很多苦头，一下学就奔私塾。国立小学活动多，不重视学知识，对考学不利。为了考学，大家都要上私塾。

遗憾的是，坂本君虽以前10名的成绩考入了海城高中，但进了海城之后玩儿得太厉害，沉迷游戏，成绩骤然下降，现在想考医学部也来不及了，所以已经放弃妇产科医生的梦想了，志愿改为东大理二了。东大理二是药学和生物系，不能做医生。

考东大已然很优秀了，理一的理工比理二的药学和生物更优秀，而学医是理三，比理一、理二都要再上一层楼，属于顶尖优秀级别。

男生从小学毕业到高三期间变化很大，儿子在讲座上碰到坂本君时已经不能彼此确认了。两人眼神对视了，但直到点名才彼此确认了猜测。坂本君回头和儿子招手，致以了微笑。

2009年11月，儿子11岁，他仰望着自己的梦想随纸风船飞向了秋天的蓝色高空。

现在，儿子已经是医学部的学生了，正在实现做脑外科医生的志愿。

檀聪日记

2009 年 11 月 2 日（星期一，雨）

今天的图工课继续做椅子。我的椅子基本完工了，而且，用的材料还比较少，只是胶用得太多了。杉山君的手指让工具扎了，出了好多血。

第三节课的算数取消了，应该是因为有面谈。听说从下周一开始又要来新同学了。

第四节课是国际班的大田课，收获了白薯和胡萝卜，胡萝卜有点小。

下午的菊花节前日准备是把锅装进塑料口袋，放到走廊里。还搬运了桌子和椅子。

明天的天气预报是"晴"，但温度预测最低，只有4摄氏度。

2009 年 11 月 3 日（星期二，晴）

今天是菊花节，非常冷！

到学校以后就开始准备柴火、食材，然后回到教室开了早会。早会之后去操场，跳了大泉音头舞。跳完舞以后就做菊子酱汤，叫菊子汁。之前，我和齐藤君一起给大家发了锅。有些生活团居然没把锅搬来。

做菊子汁时我担当伙夫，别人都戴了黑眼镜，只有我忘了，眼睛很疼。也不是疼，其实是痒，流出了好多眼泪。不过，最后做成的菊子汁还是非常好喝的！

下午是放飞气球，有个气球在仪式开始之前就飞向了天空。

放飞气球之后是各委员会分头做自己的工作。

今天一天非常快乐！

日本国立小学 365 天

班主任留言

老师生活团做的菊子汁也非常好喝，是至今为止最好喝的一次。米也很好，是吧？有点甜。

2009 年 11 月 4 日（星期三，晴）

今天学校的午饭非常好吃，有我喜欢的蔬菜，还有桃果冻。只可惜，蔬菜之外的东西都不能再要了。

下午是避难训练，可是，避难原因没听清。应该是下起了暴雨，所以按地域班下学。

大家分别到地域班的教室集合，然后练习了菊子安全规范的迷宫图。非常简单，而且，纸的背后写有答案。

我的一年级配对变了，我们成了三人组，排队的顺序随之发生了变化。今天下学早，到家才下午 3 点。

今天一天非常快乐！

冬 篇

毕业季

生涯运动

中国的专业运动员大多出身于体校，而在日本，国家队运动员基本出身于义务教育阶段的普通中小学。日本没有比文化课更注重体育竞技训练的所谓体校，但基础教育中的体育教学系统化程度高、科学性强，且技能标准专业化。指导思想是：全民体育、生涯运动。

小学体育课有"保健"的教学内容，到了中学，体育课就叫"保健体育"了，有正式教材。当然，体育也是大学的必修课。

体育教学的科学性首先表现在课程内容根据低、中、高年级学生的发育特点进行设计，同时配合了保健知识的指导。年龄不同，教案实施方法也各有侧重。而且，小学体育还考虑到了与中学体育的衔接。

小学体育教案并非简单地按体育项目加以区分，而是包括了构造身体、使用器械的运动、跑跳运动、游泳、游戏和表现运动这几部分，各学年的具体内容也不同。

"构造身体"的概念在中国的体育教学中没有特别提出，更多还是强调技能的提高和竞技结果，而日本的体育教学则把构造身体放在了首位，让孩子们从小就认识到：自己的身体是通过主观努力、用科学的方式去打造的，也逐渐能在体育教学中掌握构造身体的基本方法。

构造身体的体育教学非常重要，为了能达到"生涯运动"，必须在小学适龄期做好相应的身体准备。小学低、中年级就是简单的节奏运动和做多种动作，到了五、六年级就增加了动作复杂的提高身体柔软性的运动和持续的强烈运动。

使用器械的运动在低、中、高年级都主要包括垫上、单杠、跳箱三部分，只是动作难度逐渐提高。

在日本影视作品中经常看到小学生在公园练习单杠的场景，爸爸陪练通常为表现父爱。一、二年级就要求做到双手支撑单杠做简单的翻转，到了三、四年级，如果还不会前后翻转，孩子就会觉得很丢人。体育技能的高要求是为了激发孩子的自主性并全力以赴，老师也会用诱导和鼓励的方式，让孩子通过自己的努力建立起真正的自信。在日本的学校，运动健将更有人气，学习好不如运动好。

儿子到日本时已经六年级了，进学艺附小上体育课首先是补习单杠的前后翻转，因为六年级的器械运动是在高高的单杠上前翻几周和后翻几周的组合技巧。当时，为了让孩子能尽快地了解日本文化，周末总要带他去些有名堂的地方，有时陪他骑车去公园，结果，每到一处，儿子就先找单杠，然后就练起前后翻转了。

为运动会团体操，儿子最苦恼的是倒立，这是小学三、四年级的垫上内容，毕业年运动会的团体操实际也是六年体育教学的集大成，看起来近乎杂技。

日本的低、中年级体育课，跑和跳算作一类运动，而且还包含丰富的游戏种类，设置了各种障碍物以增加趣味性。到了高年级，跑跳运动就改称田径运动了。

至此，你会纳闷儿，球类运动怎么只字未提呢？日本小学体育教学大纲并没有规定掌握足球、篮球、排球、乒乓球等具体的球技项目，而是划分为身体运动、器械运动、跑跳运动、游泳运动、游戏运动、表现运动等，球类运动属于游戏运动，和捉迷藏等玩耍类项目是同类。而游戏运动按目标型、网型和球场型进行分类，目标型游戏运动是练习接球、传球、投球等动作，网型游戏运动是练习团队合作，球场型游戏运动是利用队员在球场中的位置，通过反击和队形等实现攻防目的。老师会对学生讲解这些基础动作的身体原理以及如何应用于各种球技，使学生逐渐做到科学地运动。带式橄榄球（Tag rugby）以橄榄球为基础，专为青少年设计。学艺附小特设带式橄榄球课，也是为了实践游戏运动的相关技能。

再就是表现运动，这是日本学校体育的一大特点。舞蹈不属于文艺，而是体育。运动会的一年级项目包含穿着各国民族服装跟着音乐节奏做动作，每个动作都有名称。中年级有跳竹节舞、拉网小调，高年级已经能跳很复杂的民间舞蹈了。几乎可以说，表现运动就是跳舞。

从小学三年级就开始有保健课，四年级就讲发育和性知识，五年级重点在心理健康，六年级是学习疾病预防。学校保健室发行《保健周刊》，讲解保健知识和季节性流行病，也报道学生的健康情况。

学校体育的目的不单纯是锻炼身体、提高技能，更多还在于让学生体会运动的快乐、不错过运动对身体发育的积极影响、打好生涯运动的身心基础。

檀聪日记

2009 年 11 月 9 日（星期一，晴）

今天的图工课是做椅子，离菊子展开幕已经没有多少时间了。我觉得，自己的椅子作品好像还缺点什么，要只是一般的椅子，恐怕就太没意思了，于是，我想出了个好主意。渡边君的那个从其他角度也能坐的椅子很不错，受那个椅子的启发，我把自己的椅子也转了 90 度，然后，再装上一块板子。椅子转成这个角度，倒也不觉得奇怪。

第三节课是算数，桥本老师不在，所以做了"百合岛"活动的海报。刚开了个头，只做了一点点。吸取以前演讲的教训，这回的海报要少写文字，尽量自己现场口述，否则，海报上的文字和我要说的内容就重叠了。

下午有毕业委员会的活动，看了毕业歌剧的创作和排练日程，感觉将要非常非常忙！

班主任留言

毕业歌剧从创作到演出，会是非常忙的时期。进入第三学期以后，六年级学生的生活团活动全部都是歌剧时间。当然，扫除还是要做的……

2009 年 11 月 11 日（星期三，雨）

今天清晨下了很大的雨，起晚了，比平时晚起 20 分钟，没能好好吃早饭，只喝了牛奶。到学校刚好赶上上课。

第三节课做了"百合岛"的海报，老师说，今天必须完成底稿。可是，我还是没弄完，剩下"周围的环境和社会"部分，社会部分我决定以日本和中国的经济为主题。

第四节课本来是社会，有人没做完海报，所以，就继续做海报。

下午的俱乐部活动也没能正常进行，只在教室里玩扔球了。

班主任留言

建议：写以前的事，要用过去时，比如，到学校的时候，已经开始打铃了。

2009 年 11 月 12 日（星期四，雨）

今天做了报纸，可是，我的三年级搭档又没在，因为他们都去三年级普通班上课了。

关于"百合岛"的活动，我的工作是负责班级介绍，目的是要告诉大家国际班是怎样的班级。班级概况是大家都知道的，所以，我想多介绍些国际班的特点。

第二节课看了带式橄榄球的录像，越位等规则很容易懂。最有意思的是规则介绍的前半部分，说是扔球和踢球都不行。下午是公布轻音乐队的分工，很幸运，我做上了第一志愿的低音键盘手。

班主任留言

祝贺你！曲子已经决定了吗？是《不可能的任务》吗？很期待 12 月 18 日的演出！

2009 年 11 月 14 日（星期六，晴）

今天本来要去国际儿童图书馆的，结果去了国会图书馆。坐上电车，路程 1 个多小时，在永田町站下车。走出车站我吓了一跳，路面都是警察，不明其因，估计是因为奥巴马来了吧。

走到图书馆入口，自动门旁边竖着一块牌子，上面写着："未满 18 岁不得进入"。估计里面有儿童不能看的书吧，没办法，只能去看国会了。

国会很大！然后去了皇居前苑，皇居被树木包围，完全看不见里面是什么样。

准备回家的时候看地图，发现东京塔离得很近，就去了东京塔。途中肚子饿了，买了叉烧包。花了两小时，终于走到了东京塔。高塔一闪一闪的，非常漂亮。入口处有很多圣诞树。

去大展望台的票还挺便宜的，在展望台上看到了迪士尼、国会。慢慢地看完以后，坐电梯下到一层，然后朝车站方向走去。途中，看到东京塔变成了蓝色。

今天一天过得非常高兴。

班主任留言

蜡人馆看了吗？在芝公园有警视厅的公安部。

2009 年 11 月 15 日（星期日，晴）

今天吃了和歌山产的无核柿子，太好吃了！我想，中国有没有这种柿子呢？就查了一下，好像中国没有无核柿子。不能从日本带到中国去吗？然后又查了，要用怎样的方法才能带进中国，于是得知，原来好多大树都是嫁接而成的。

嫁接无核柿子的方法是，首先要在 2 月剪下一根无核柿子的枝，用嫁接胶布把切口裹好，保存起来。如果想带去中国，就用这种办法。在 3 月到 4 月间，把无核柿子的枝嫁接到粗的砧木上，每个砧木可以嫁接两根剪枝。从嫁接的地方会发芽，那就是无核柿子的芽了。等芽长大了，就会长出柿子，那就是特好吃、特好吃的无核柿子。

班主任留言

有一点是要攻克的，那就是必须保证没有不明害虫和有害菌附着。过去日本不检疫就允许外国植物进来，结果增加了很多不明害虫，比如阿根廷蚂蚁和美国白蛾。

小学老师不好当

在开学季中对日本小学老师的工作有点滴介绍，小学老师不好当，因为必须具备做班主任的能力。做班主任意味着什么呢？在中国的小学，各科有不同的老师，班主任是语文老师或数学老师，而日本小学不同，班主任需要教全科，包括体育在内。学艺附小国际班百合班的班主任承担几乎所有科目的教学任务：数学、国语、美术、家庭、保健、物理、化学、历史、地理、体育，还有综合学习的辅导。有的小学可能音乐、美术、理科都有专门的老师，但要求班主任能够教授大部分科目。

英语在日本一直不是小学必修课，近年来才在综合学习时间中增加了英语活动。各校根据自己的情况，将英语课作为国际化学习的一部分，让孩子们接触外语，对外国生活和文化产生亲切感。正式学习英语是从初一开始，所以，小学班主任无须具备英语能力。

日本是职业资格体系相当完善的国家，做小学老师，就像开车需要驾照那样，也必须取得教员执照。即使大学毕业，学了教育专业，或拥有高学历，那也必须取得教员执照方可从事教师工作。学历与职业资格是两码事。

中国的大学专业有很多是职业化的，比如电影学院毕业与从事电影业有直接关系，传媒大学毕业即可从事媒体工作，新闻专业毕业就有了做记者的基本资格。在日本，"大学"的定义是以 12 年教育毕业者（完成小学、初中、高中 12 年教育的学生）为对象实施专业化的高等教育，但大学不单是学习知识的地方。以修得必要技能为目的的职业训练学校叫专科学校。如果有高中生想将来做体育记者，那他要报考大学的什么专业呢？文学部，或社会学部，在文学部和社会学部都可以选择媒体方向；是否能做成记者，关键还要靠他持续的努力。换句话说就是，任何专业实践都要以坚实的学问为基础。没有文学基础自然拍不出有价值的电影，没有社会学知识也不可能产出有意义的新闻报道。

大学与专科学校截然不同，但专科学校与大学不是学历高低的区别，大学毕业后进专科学校学习的也有很多。那么，大学的特性到底是什么呢？

大学是思考和探索的地方。上大学不能停留在学习知识的层面，要掌握各领域相通的规律，并把它变成可以灵活应用的职业武器。

"教谕"是中小学教员职业资格之一。在通过教员资格认证考试的前提下，大学毕业可取得"一类"教谕执照，短大（大专）毕业可取得"二类"，大学院（取得硕士、博士学位的大学研究所）毕业可取得"专修"执照。如果没有教育学历，仅仅教员资格认证考试合格了，则可以取得"二类"执照，但成为小学老师，通常都需要具有"一类"执照。

然而，即使有了"一类"教谕执照，还是不能做小学老师，还需要通过小学教师招聘考试，公立学校由各都道府县实施，私立学校由各校实施。教师招聘考试合格了才能从事小学教师工作。小学教师的录用率是1∶4，根据就业地区，竞争率也有不同。可想而知，能在东京的国立小学担任教师需要多么出类拔萃。

在公立学校就职的教师属于公务员，私立学校的老师有些是没有通过公立学校招聘考试的，但并不说明私立学校的老师水平低，一方面，国立、公立学校就职名额有限；另一方面，教师的个人志愿也不同，私立学校更具教学特色。

做小学老师还不只是通过几道关的考试就能胜任了，不爱孩子则难以坚持。做小学老师需要对孩子的成长从心里感到快乐，对指导孩子有十足的责任心。同时，与孩子的家长建立关系也是重要的工作内容，需要持有坚定的教育理念，对孩子家长以诚相待。

关于小学老师教全科的本事，教员资格认证中就有相关内容的考核了，考试包括一试、二试、口试三部分，一试有教育专业的相关科目，也有从九科中选择六科的一般科目考试，且所选六科至少包括图工、音乐、体育中的两科。二试是从九科中选一科写作论文，还有从图工、音乐、体育中选择两科的技能考试。最后的口试是关于指导实践的相关内容。

做小学班主任不仅考核严格，要求本领全面，而且非常辛苦，自由度比大学教授差得多。一所国立小学有近千名学生，教员也就不到20名。早上7点前到校，晚上7点也回不了家，都要工作到晚上八九点，甚至深夜，乃至留宿学校。从儿子日记的班主任留言即可看出小学班主任的辛劳和尽职尽责，也可多少窥见日本小学老师的工作状态。

檀聪日记

2009 年 11 月 16 日（星期一，晴）

今天的第一节课突然变成音乐课了，可是，没带音乐课用的东西。练习的时候，借了老师的。用完好好洗过之后还给老师了。

第二节图工课坐到自己的椅子作品上试了试，结果，椅子腿折了。好在坐板下有缝隙，就赶紧又插进一块木板。我已经不想坐这把椅子了。

第四节课是做报纸，三年级去上社会课了，我的搭档小组成员还是不在。没想出什么好主意，岩浅老师给了我几个提示，比如可以做采访，采访大家最爱吃的三种东西是什么。

下午的歌剧时间来了特殊的客人，两位嘉宾都是歌剧专业工作者。

班主任留言

是笠松老师请来的，一位嘉宾是演员，另一位是编剧。

2009 年 11 月 17 日（星期二，雨）

今天下了一整天的雨，如果到周四一直这样下雨可就糟糕了。因为下雨，第一节的体育课自然就没有了，真遗憾！

个别学习是做了汉字的卷子，进入中级以后，就用词典做卷子了。计算是做了自学和检查，还是挺难的，不过，看说明图就能懂了。日语是做了一张卷子，花了不少时间，今天的卷子是读书，《猴子，噜噜噜》和《哇就变成哇》。《猴子，噜噜噜》是本练习动词用法的书，《哇就变成哇》是纯粹搞笑的。

下午做了围裙，还剩口袋没做，其他都做好了。

班主任留言

段落的分法做得非常好了，有很大进步！

为了让日语好起来，即使是简单的词语，也要用心理解。加油！

2009 年 11 月 18 日（星期三，晴）

今天的音乐课做了主控练习，基本都会了，还剩两段就全部完成了，只是速度的快慢还控制不好。据说，离正式演奏只剩下 3 个小时的练习时间了。

第三节课做了"百合岛"的准备。因为上课后我去了保健室，所以有一段说明没听到。大家分成小组，在一张白纸上写下各自的想法。水族馆、动物园、奥林匹克都出来了，餐厅的难度很大。大家一共要做 600 个道具，每人做 150 个，这绝对不可能！距离"百合岛"活动已经没有多少时间了。

中午给菊花换了盆，我的菊花是粉紫色的。

2009 年 11 月 19 日（星期四，晴）

　　今天是全校远足。早起以后，看外边不像是下过雨，但也没出太阳。去学校之前路过车站，我还特意给车卡充了钱，其实用不上，是学校准备集体票。

　　到学校以后，觉得有点热，也许是发热内衣起了作用吧。我的上身，除了发热内衣，全都是紫色的。过了 30 分钟，杉山君来了，他把防寒服等全脱了，只剩一件短袖。大家都问，有那么热吗？

　　生活团集合的时候，日高说，坂本今天请假，发烧了。

　　在车站坐上了开往小手指站方向的各停车，然后在云雀站换车，到达饭能站的时候还真觉得挺累的，脚都站疼了。

　　到站后我马上去找挑战路线 A 的入口。入口狭小，路也高低不平，非常滑，走起来脚上沾泥。本来是要在到达山顶之前吃便当的，但大家都想在下山的时候吃，所以，就决定在下山的时候吃便当了。老师说，山顶只有 4 摄氏度，可我一点都没觉得冷。

　　下山途中，在一个比较宽敞的平地吃了便当，我的餐后甜点是大正制药的咽喉糖。

　　下山是一条非常轻松的路，所以还算容易走。而且，边走边和旁边的同学聊天。说是和乐会，其实，和之前的远足完全不一样。

　　在回程的电车里犯困打瞌睡了。

　　回到学校，大家最后做了这一天的反省。

　　下学还算早。

2009 年 11 月 22 日（星期日，晴）

从昨天开始，电影《2012》开始上映了。读了爸爸带来的《未解之谜》，开始探索玛雅人，而且，发现了非常有意思的事情。当时，在玛雅人宫殿附近有两口天然井，一口饮水用，另一口被当作神井。玛雅人向这口神井里扔人，他们认为，这样的话，人就不会死了。据说，在这口神井里埋藏着许多宝物。许多探险家都去寻宝，可什么都没找到。

我觉得，过去只有玛雅人和埃及人拥有很高层次的文明。

班主任留言

美索不达米亚文明、埃及文明、印度河流域文明、黄河流域文明，被称作"四大文明"。

PTA 的巡逻工作

　　与家长建立关系是小学老师的重要工作，但日本的小学教育还不仅是学校和家长的配合，而是学校、家长、社会三位一体。

　　从 5 月开始，PTA 的工作还包括安排下月的巡逻计划。巡逻不只是 PTA 委员参加，所有妈妈都要值班，由 PTA 委员负责安排。

　　日本国家电视台的 NHK 教育台曾在 1986 年到 1993 年的 7 年间播放过小学安全教育节目《安全巡逻》，从那以后，日本各小学就都纷纷建立了家长巡逻制度。

　　"巡逻"是指在某区域范围内巡视，目的是配合警察提早发现安全隐患并加以防范。都说日本是"村社会"，一点都不错。它的地区管理系统非常周密，不在某个地区过日子很难了解其社会的具体运行规则。从卫生到安全，甚至包括街头恋爱，都在地区管理组织的监管之下。

　　小学的巡逻就是地区管理系统发挥作用的表现，让孩子们的安全和健康成长得到保障，保证上下学的交通安全和避免事故发生，培养孩子们作为"村民"的归属感和自豪感。

学艺附小的巡逻首先由 PTA 委员制作说明书，参考以往相关文件，注明各年级负责的时间，6 月是六年级，7 月是五年级，9 月是四年级等，每月的巡逻都由某一年级学生的家长负责，除六年级外，每个年级承担 2 个月的巡逻工作。具体巡逻路线和执行办法另有具体说明。

PTA 委员要做的巡逻工作特别具体、琐碎、费时，从统计每位家长可巡逻的时间开始，到发说明书、填表、收表、统计、巡逻排班等。因为巡逻必须是两位以上的家长配合执行，所以，安排巡逻还要考虑一起巡逻的妈妈是否合得来。

巡逻的具体工作是查看校园内是否有可疑人员进出，上下学时间在校外是否存在安全隐患等。

一个时间段的巡逻由两到三位家长共同执行，如果一起巡逻的妈妈没来，另一个人是不能单独执行巡逻的。如需请假，要提前联络，当天突然不能到场就只能联络年级 PTA 委员。

巡逻当天，大家先在学校教务室外集合，然后领取带有巡逻标识的臂章和学校准备的巡逻专用手机，接着带上巡逻日记本开始按规定路线巡逻。

巡逻路线有示意图，不同情况的处理办法有说明，例如，发现陌生人要先观察，不确定是否可疑就先和陌生人对话，问对方是做什么的，是否带家长名牌了，等等。学生家长到学校都必须佩戴学校统一发的名牌，如果没有名牌即可判断是校外人士了。确定可疑时要用巡逻专用手机联络教务室，不能使用自己的手机。如果遇到学生或自身发生危险的情况，首先要让孩子离开危险现场，在确保安全的情况下，用警报器求救。

巡逻完毕后把臂章、警报器等送回教务室，仔细填写巡逻记录后才算结束巡逻工作。

校外巡逻表也是 PTA 委员安排并制作的，写有各位家长的当值时间和负责地点。家长按发到自己手里的巡逻表自行前往巡逻地，事后填写巡逻问卷。巡逻问卷的制作和收集也是由 PTA 委员处理的。

有些小学还定期征集巡逻志愿者，志愿者穿着印有学校名称的巡逻服保护学生上下学。

日本的安全秩序背后是民众的共同维护。

檀聪日记

2009 年 11 月 24 日（星期二，晴）

今天第一节课本来是体育，结果变成了"百合岛"时间。我是 A 组，负责图书馆。图书馆，就是书啊，要拿很多书过来，外国的书也可以。要为来访者读书，而且是读外文的书。我对"百合岛"很期待了！

下午，六年级学生为第二天的活动做了全校大扫除。我的扫除场所是五年级梅花班。就觉得可能会很快扫除完毕，果真，大扫除结束前 1 小时就完成了任务。田岛老师去问吉原老师，之后要做什么。3 分钟之后，田岛老师回来了，说，根据吉原老板的指令，我们接下来是扫除岩石园。岩石园的扫除还是第一次呢！

在岩石园，我们捡了落叶。突然不知谁说，让我用中文说说大家的名字。我说了，大家听了以后不太明白，都笑。为什么大家会那样笑呢？

班主任留言

我觉得可能是因为和日语发音相差很大，感觉不一样，所以大家才笑。听见有人用韩语和你说"你好"，你觉得奇怪吧？那很正常。当然，如果是嘲笑、讽刺就不好了。很遗憾，日本人的国际感觉实在是……

2009 年 11 月 25 日（星期三，雨）

今天是非常重要的日子，我们六年级全体学生承担一年级学生的入学考试辅助工作，结果，我忘了大事。什么大事呢？忘带校鞋了。

我只能穿着袜子走进自己负责的会场。守屋老师看到我的脚，问："檀君，你的校鞋呢？"我回答说："忘带了，但在玄关放着还没穿过的外用鞋。"安藤老师说："那就去拿来吧。"我把外用鞋取来，和安藤老师说了对不起。

等了 10 分钟，工作开始了。我的工作是核准试卷上的号码。工作完成后，我回到走廊，又等了 30 分钟到 1 小时，幼儿园的考生们来了。我们把他们领到教室里，然后要确认桌子上的号码和他们身上别的号码一致，如果两者相符，就用铅笔画个钩。今天一天，我重复做了 6 次这样的事，还是挺辛苦的。

工作结束之后，我们在实习研究室集合，拿了点心。

2009 年 11 月 26 日（星期四，晴）

"百合岛"的海报我决定介绍中国的长城。海报里写不了很多字，今天我把演讲用的底稿做好了。

现在大家看到的万里长城是明代的，也就是1368 ～ 1644年间的长城。最初的长城是战国时期，即公元前475 ～ 前221年间建造完成的。当时，有6个国家为防御匈奴建造了自己的长城，那是最早的长城。秦始皇统一各国之后，就把各国的长城连了起来。长城总共有1万里（1公里等于2里），所以叫"万里长城"。到了明代，进行了20多次的大规模长城修建，长达6450公里。

山海关是明代长城的起点，八达岭是大家一般都去的旅游景点，慕田峪是最近才开放的，可以参观了。

班主任留言

6450公里在日本来说，就是从东京到福冈的往返距离。长城规模之大，了解了。

2009年11月29日（星期日，晴）

今天一早起来就进入了"百合岛"海报的最后制作环节，做起来真不容易啊！虽然之前有过日光自由选题的经验，但这次做又没信心了。用彩笔写的时候，紧张到用了5分钟才下笔。中国食物的照片总算弄到手了，这其实也挺费劲的，是用了爸爸带来的照片。可是，比起照片，我觉得还是画画简单些。画塑料袋的时候，总是把提带部分错画成兔子的耳朵。

现在最大的问题是还没有确定整个演讲的主题，素材倒是都做好了。

班主任留言

　　从主题开始设想应该会轻松些，可以有预见性，例如主要是讲吃的东西，还是乘坐的东西。还有就是，要根据主题，从各种观点出发进行调查并介绍，那就应该很好办了。

　　比如以乘坐物为主题，可以从四个方面讲述：社会板块可以介绍巴士、电车及其他；生活板块可以介绍一般人都乘坐什么交通工具，交通费需要多少，摩托车和自行车哪个用得多；学校板块可以比较介绍乘校车和电车上下学，有没有骑自行车上下学的；环境板块可以介绍，城市面积的增加带来的各种问题，例如需要铺设很多道路，钢筋混凝土造成空气中尘土的增加。

"百合岛"活动

　　进入 12 月以后，毕业季的活动就紧锣密鼓地开展起来。在毕业主题的年级活动之前，还有个国际班的"百合岛"活动。

　　学艺大学大泉附小是日本最早设立国际班的，我们在的那一年是国际班设立 40 周年。国际班叫"百合班"，所以，每年一度的国际班活动就取名为"百合岛"。来到这所学校的四年级或五年级国际班学生有可能经历两次"百合岛"，但也最多只有两次，因为在国际班最多两年就必须转入普通班。

　　"百合岛"的活动宗旨是通过国际班学生介绍各自的海外经历，增进对海外学校生活的了解。内容包括两部分：一是展览，二是发表。各年级普通班学生轮流参观，家长也可以出席。

　　展览活动部分是做成一个个海外体验空间，要求有外国气氛，还能传达新鲜资讯。海外体验空间包括图书馆、服装店、课堂、音乐欣赏、娱乐休闲、电视新闻等，这些展示空间是国际班学生带去自己在海外当地学校穿过的校服，用过的教科书、作业本、CD 和相关道具布置而成，电视新闻空间播放国外新闻视频。国际班的学生分工管理这些体验空间，展区不得说日语，得用当地语言和手脚比画相结合的方式向来访的普通班学生作介绍。

至此，"百合岛"的"岛"区形象更清晰了吧？其实就是一个浓缩异国各地风情的小世界。

展区布置和管理都是国际班学生自己操办，同时，每个三到六年级的国际班学生都要做一张100厘米×80厘米大小的海报，介绍来日本之前自己生活过的国家和地区。活动当天当众演讲，每人15分钟，一共演讲两次，演讲后有提问时间。国际班学生的家长都来听演讲，也可以提问。

每一个展示空间都由四五个学生负责，发表也是在若干讲台进行。发表海报要求介绍四部分内容：自己生活过国家和地区的学校情况、生活习惯、周边环境、社会面貌。难以用语言表述的内容可以为来访者提供体验感受。

儿子负责图书馆，带去了家里的中文书籍以充实展示空间，同时也为其他展示空间提供了自己在中国用过的运动衣式校服、教科书和习题本。像举办学园节那样，为了让更多的普通班同学光临"百合岛"，国际班同学一起绘制了宣传彩页，在"百合岛"前日利用课间休息时间开展游说活动。

接到"百合岛"活动的通知是在不到两个月前，因为经历过了移动教室的发表，"百合岛"的发表对儿子来说已经不陌生了。说发表就马上反应：又要做大纸海报了。只是可以介绍的东西太多了，提炼主题成了难点。

儿子的发表基于他自己的感受，介绍了中国学校的特点：首先是作业多，每天要花 2 ~ 3 小时写作业；其次是运动少，和日本不同的是，家长不来观看运动会，而且，运动会只有跑步项目；第三是活动少，只有春秋两季的远足；第四是住宅形式多为小区，朋友比较多。

生活板块，他选择介绍了日本人都知道的万里长城，介绍了日本人都不知道的长城有三个：八达岭、慕田峪、山海关。再就是他的最爱：羊肉串、煎饼、糖葫芦。社会板块，介绍了中国的城乡差距远比日本大。城市的商业是市场与超市并存，市场的物品便宜、新鲜，但有时缺斤短两，卫生安全也得不到保证。在周边环境板块，他总结的特点是：道路特别宽、过马路难、车多、空气污染严重，但奥运会后市民环境意识有所提升。

最后的黑色幽默是关于垃圾分类的。垃圾桶分为可利用和不可利用，然而，揭开垃圾桶盖，看到两个桶只是外表分开，内部却是连着的。也就是说，分类扔垃圾后还是被混装处理。

儿子的演讲发表了不止两次，来访的同学和老师也很多，最有意外效果的是：长城有三个，分类垃圾桶内连成了一个。

儿子发表演讲的时候，年级主任老师刚好站在我身边，就说，也许是孩子性格好的缘故，大家都主动靠近他，相处非常和谐。还说，儿子的到来活跃了国际班的气氛。

一上午的演讲之后，午餐是国际班妈妈们带来各自拿手的异国风味饭菜。在学校食堂，国际班学生和家长聚餐，校长和国际班的老师们也来品尝。

百合班有从世界各地回到日本的学生，美国、英国、意大利、迪拜、马来西亚、菲律宾、韩国、南美洲、澳大利亚、中国等等，世界五大洲文化在一顿午餐里都有所表现。有的家庭是父亲派驻海外，娶了当地的夫人；更多的是父亲派驻海外，一家人跟去，孩子在当地长大、上学。无论是外国妈妈，还是日本妈妈，因为长居当地，大家带来的会餐饮食都是非常地道的，风采各异。可以在一个小学的午餐会品尝到各国家庭饭菜，实在是珍贵的体验。

聚餐时我尝了马来西亚妈妈做的咖喱炒面、意大利妈妈做的千层面、迪拜妈妈做的烤肉等等。有的妈妈还把当地风格的器皿和餐桌布带来，做成家庭餐桌，让大家既品尝味道又感受文化氛围。更重要的是，妈妈们在午餐会上彼此交流烹饪秘方，我也学到了几招。原来只能去异国风味餐厅吃的很多菜品都能在家里做了，更是丰富了便当制作的种类。

我带去了100个猪肉韭菜鸡蛋馅儿的水饺。日本普遍吃炸饺，水饺很少，所以过去在东武集团上班的时候，公司野炊聚餐我都是带水饺，非常受欢迎。"百合岛"前日试制了一下，感觉水平不减当年，也在"百合岛"聚餐活动中获得了儿子班主任的特别好评。

国立小学的教学内容按主次顺序排列，应该是："学校活动""生活团""心的学习""知识学习"以及"综合学习"。运动会、放飞梦想等属于学校活动，大田种菜收获、培育自己的菊花、全校远足等属于生活团内容。它们渗透了这样的教学理念："生活能力是基础，然后才有学习能力的提高。"意思就是通过生活体验把不喜欢的学习变成兴趣爱好，于是，学习成绩的提高也就水到渠成了。"心的学习"贯彻于扫除等各种校园生活细节之中。

学校的整体教学理念也充分体现在国际班的教学活动之中，国际班的"知识学习"包括老师和学生一对一的"个人学习"和考虑各国教学进度不同而从最基础的层次开始过关的"积累学习";"综合学习"包括秩父移动教室、万圣节化装游行和"百合岛"活动等。综合学习的特点是注重五感体验，从感觉到意识形成疑问，然后调查自学，最后付诸发表行动，进而感受发言的快乐。

为"百合岛"活动制作海报和协助布置展区，都充分体现了五感体验的教学意图——同学之间互相学习、通力合作，并努力提出自己的解决方案。

"百合岛"的策划、组织和实施是有相当难度的，老师只给予辅导和提示，从头到尾都是三到六年级的国际班学生操办。活动的准备过程还锻炼了不气馁、坚持到最后的意志力。

秩父移动教室通过接触自然和当地文化形成了体验，也加深了同学之间的彼此理解和联系；万圣节练习化装走步也是学习，培养表现能力；"百合岛"是展示海外生活体验的好机会，展现创意和交流能力，传达生活的文化气息，增强了外来个体的自信心。

檀聪日记

2009 年 12 月 7 日（星期一，晴）

今天去学校，怎么好像久违了的感觉。

第一节课打了带式橄榄球的比赛，最后还是输给了鸽子队。比赛之后岩浅老师提醒说，要上图工课了，然后就赶紧跑去玄关。我做的椅子颜色有些变浅了，就又上了一遍色，结果，和原来的颜色完全不一样了。索性涂成两种颜色，可能反倒不错，最后也涂了些木蜡。

课表上第三节课写的是"百合岛"准备，但变成了普通课。可岩浅老师不在，我们就自己开始了发表练习。我发表的海报社会部分还真是费劲！题目太糟糕了，是"城市与农村的不同"。只写农村的事，别人看了会误以为我原来一直生活在农村，所以，我把题目改成了"离开城市"。第四节课是综合课，预演了工作小店。我感觉应该是差不多了，还要再想想，是不是还有什么能传达意思的动作。

下午是"百合岛"的会场布置，可是，又有六年级的毕业委员会活动。岩浅老师把六年级百合班的同学叫在一起，说去布置"百合岛"会场。还是"百合岛"的事优先！

回到家里，感觉好久没这么累了。冲了个澡，5 点就睡着了。醒来的时候看表，已经是第二天早上 7 点了。

班主任留言

老师也觉得疲劳显现出来了，大家也都觉得累了啊！还有两周，加油！

2009 年 12 月 9 日（星期三，晴）

今天是"百合岛"。早上一到学校就拿起紫色的马克笔跑去了实习研究室，而且，早会都是在自由研究室开的。早会结束之后开始放音乐，"百合岛"准备工作开始了。

开始没什么人来，只是我的生活团同学来了。发表的时候，大家的视线都集中在我的中国教科书上。第一次发表结束之后，我就赶紧去了工作小店，发现大家都只选择日语的书看。

第二次发表是在大课间，开始也是没多少人，后来，六年级紫藤班的从入口处涌来，看到我就说："嘿，檀君！"开始只有四个人，逐渐地人多了起来，全都是六年级紫藤班的。我觉得肯定超过十个人了，还有几个六年级菊花班的。我心想，这可比日光自由选题的发表隆重多了，日光发表时也就三四个人。

当我讲到中国的周边环境时，大家都笑了，吉原老师也笑了。应永正君的要求，讲了五次"周边环境"部分。

午餐也特别棒，感觉像英国的皇族家宴。

班主任留言

"百合岛"很快乐吧！

准备和收拾都很辛苦，但能够成为留在心里的活动，老师也感到非常高兴。

2009 年 12 月 11 日（星期五，雨）

今天是一周的结束日，怎么感觉这周那么长啊！估计是因为有"百合岛"的活动。

算数课做了卷子，不是考试。求面积的部分挺简单，立方体的特点和分数减法做错了，怎么就错了呢？把卷子交给老师，笔记本也交了，然后写了反省文，以后要尽量把字写整齐一些，注意写小一些。写完反省文之后又写了 *ALL OUT*，中心意思就是：今后的算数课要全力以赴，尽力加油。

国语课学习了非常有意思的东西，是平假名和片假名的由来。过去只有汉字，老师给出了一些例子。比如，"末佐礼留多可良"。我瞎念了一下，还真对了！平假名是为把汉字弄得柔和而形成的，片假名是取了汉字的一部分而形成。

图工课又给椅子涂了颜色，今天椅子的上色算是全部完成了，还要涂些蜡。

下午进行了音乐汇报会的彩排，可是，失败了。最后的降 b 部分没能很好地弹出来。

班主任留言

离汇报会还有四天，加油！没时间去外边玩儿了。

"百合岛"活动

音乐汇报会

"音乐汇报会"是毕业季的第一个年级活动，又让我经历了从难以置信到惊讶万分。

六年级各班组成若干轻音乐队，没有选拔，所有人都参加，只是分工不同。普通班每班可编成若干乐队，国际班六年级只有五个人，正好编成一个乐队。每个乐队演奏一首曲目，家长可以观看。

音乐汇报会通知刊登在年级通讯 *ALL OUT* 上，地点在第一音乐教室。学艺附小有不止一个音乐教室和不止一个美术教室，乐器、道具齐全，可见日本的学校非常重视艺术教育。

第三学期的全校家长会安排是：一早观摩上课，然后开家长会。六年级的观摩内容是看毕业歌剧的排练。学校在 2 月中旬举办每年例行的"告别音乐会"，六年级演出歌剧，其他年级表演合唱，当天还安排有六年级家长合唱节目。所以，六年级最后一次家长会的签到手续还增加了领取歌谱的内容，是一个二声部合唱五线谱。

参加"告别音乐会"合唱的是所有六年级学生的妈妈，男生妈妈唱低音声部，女生妈妈唱高音声部。发来二声部五线谱意味着，妈妈们都是能看懂五线谱的。幸亏我学过钢琴，且父亲是歌剧演员，母亲做过职业钢琴伴奏，所以我对五线谱并不陌生。但说实在的，因为钢琴已经很久不弹，看着五线谱还真是无法立即唱出来，再加上对日本校园歌曲完全不熟悉，所以，只能在网上找到这两首歌的合唱版，《从今天到明天》和《启程的日子》，先听听曲调。

日本没有简谱，音乐教材都是五线谱。如果在中国没学过钢琴或其他乐器，那就完全跟不上日本的小学音乐课了。国际班的学生多有不识五线谱的问题，所以，为音乐汇报会，音乐老师要特意为国际班的孩子标上"哆来咪"。看来，不只是中国不普及五线谱，欧美也没有普及。

在中国属于特殊技能的音乐修养到了日本不过是小学生都具备的能力。我开始认识到：教育的重点不在于学习成绩的提高，而应该是素质的培养。

中国是从中考到高考都只根据考试分数来选拔和录取，不参考日常成绩，更与音、体、美等副科无关。因此，在义务教育期间，从学校到家长都不重视音乐、美术和体育。画画技巧成为课外辅导班的专业培训内容；不专门学琴就不懂五线谱，也不懂乐理；体育不达标也没人着急；期中、期末考试前甚至取消音、体、美课而做数学题。小学设置了科学课，但几乎没有实验内容，教委也不对小学实验设备作任何规定，更不要说什么技能考核的实施办法。这样的义务教育符合儿童健康成长的需要吗？是否利于养成自主和自立的良好精神素质？现实似乎是：越是学习成绩拔尖的孩子，越缺乏生活常识，知识偏食，营养不良。

各种素养的育成都有适龄期，如果在适龄期未获得感性认知，则会导致知识偏食，获得的知识也不能得到良好的应用。

在日本考公立高中的成绩一般分为两个部分，初中成绩占三成，高中考试成绩占七成。也就是说，即便高中考试成绩优异，初中的期中和期末考试成绩、笔记和作业的提交情况、技能测试结果等都会影响到最终的考试成绩。

举个例子。报考东京都立高中，满分为 1000 分，其中 300 分为初中成绩，700 分为高中考试成绩。作为高中主科的国语、数学、英语、理科（物理和化学）、社会（历史和地理），这五门功课的满分是 500分，需换算成 700 分。初中成绩的换算规则是：五门主科成绩按照单倍计算，副科（美术、音乐、体育和家庭技术）成绩乘以 2，两者加总，并换算成 300 分，可见副科日常成绩的重要性。

副科各科都有知识性笔试和技能考核。美术的笔试包括光线表现、雕塑方法等技巧知识和画家人名、作品名称、作品分析等，技能考核是绘画和塑造类作品；音乐有演奏考核，笔试是五线谱号含义等乐理知识和古典音乐分析；体育不仅包括单杠前翻一周、后翻一周、垫上空翻等技能考核，还有人体结构、运动原理等内容的笔试；家庭技术的笔试是有关材料的专业性认知，技能则是对木工、种植、厨艺、缝纫等作品的评定。

音乐教室不是礼堂，没有足够的空间容纳所有年级学生的家长，所以，音乐汇报会按班级顺序进行——第四节课是菊花班，第五节课是梅花班，第六节课是紫藤班，国际班学生的百合班和梅花班一起演奏。

我说难以置信，首先是所有学生都参加演奏。并非所有学生都学了某一门乐器，演奏部门也不是学生自己会什么才做什么，而是自己想做哪个就做哪个。先不说弹奏技能，乐队的配合也是专业性的，孩子们怎么就都能一一胜任呢？而且，演奏的曲目也有相当难度。儿子没学过钢琴，却承担了键盘部门的工作，百合班演奏的是电影《碟中谍》的主题曲——《不可能的任务》。

儿子的演奏没有失败，而且在不到一个月的时间，百合班乐队能完成这项"不可能的任务"，这让我惊讶万分。

檀聪日记

2009 年 12 月 14 日（星期一，晴）

今天把蓝兜塞路的书包设计画完了，设计感想也写了。用 4B 铅笔画的，可铅笔色还是太浅。虽然写了设计感想，但感觉和主题离得有点远。

大课间的时候有避难训练，不知为什么，有三人不知去向。

第三节课做了大田的事情，种了球根和薄荷。之前种的球根已经发芽了。

下午的第五节课没有了，那是因为流感，普通班的人都请假了。然后，角町老师过来，音乐特训开始了。和渡边合了好几次，终于算是行了。

班主任留言

合奏很不容易，18 日以前一定要玩儿命练习啊！

2009 年 12 月 15 日（星期二，晴）

今天早上到学校以后，看到六年级梅花班的同学没换体育服。问了青木君，青木君说，变成社会课了。于是，这个时间成了百合班体育课。先把椅子与围裙和书包的画搬到体育馆，之后又跳了绳。我只会前绕后绕，绕两回跳一下很难。

第三、四节课的个别学习时间做了日语的卷子"季节变化"。写得太多，累坏了。

第五、六节的家庭课是炊事实习，我们男生组完全没协作好。最后，我把做的东西送给了副校长。

班主任留言

跳绳的技巧是要尽量提高绕绳的速度。你看过电视广告上那个女生跳绳的镜头吗？我觉得那个绕绳的方法最好。

2009 年 12 月 16 日（星期三，晴）

今天第一节课是音乐汇报会的最后练习，开始还有些担心，合了一次，居然完全可以了。现在，就只祈祷正式演出的时候不出差错。

从第二节课一直到中午休息，都是写大字对联。打开书写套装，感觉装备很丰富。六年级的字帖是"创造之心"，写这几个字还真难！

中午的生活团，大家发表了第二学期的总结，六年级同学什么也没说。

下午有委员会，我想肯定要说反省总结，还思考了一番，结果只是委员会点名，没说反省总结。在往《菊子手册》上写反省文的时候，我把老师评语栏都占了。

班主任留言

有好多话要说是非常棒的事情，一个个认真地好好总结。

2009 年 12 月 18 日（星期五，晴）

今天是音乐汇报会。从早起就一直担心会出错。而且，时间还过得那么快，一下子就到第五节课了。身体在发抖。

第五节课下课以后，我们就去往音乐教室了。爸爸妈妈们都在那里了，不知为什么，看到那些爸爸妈妈们之后身体就不发抖了。

我们百合班是第一个进教室的，等了大约 5 分钟，紫藤班来了。演奏的顺序据说是紫藤班决定的，开始是《海螺女》，接下来是《鲁邦三世》《世界唯有一枝花》《勇气百分百》《不可能的任务》《载上你》。可是，到我们组演奏的时候，矢野君失踪了，变成先演奏《载上你》了。《载上你》演奏完之后，矢野君出现了，但发抖得很厉害，所以，他就停演了。这下轮到《不可能的任务》。矢野君停演，我们的演奏还是成功了。我的键盘出了点小错，只是没暴露而已。不过，演奏成功，太好了。

"菊子展"

3月毕业，在半年前已经开始毕业活动的筹备了。毕业活动共有七大项内容：毕业相册、毕业文集、感谢会、毕业典礼、毕业晚会，还有，作为学校的传统，每个六年级学生都要写一本成长故事，10万字，对小学毕业生来说不可想象吧？再就是六年级小学生要自编、自导、自演一出歌剧。

各项毕业活动均有组委会，儿子参加了最重头的一个，就是编剧委员会，任务是写毕业歌剧的剧本。在歌唱和表演方面，学校请来了专业人士做指导。据说，上一年的歌剧把大家感动得一塌糊涂，这一年怎么也要做到更好。

我是PTA委员，每周六都要去学校参加毕业活动委员会的策划会议，之后要落实各种相关事宜。各种纪念品的设计和定制在中国一般是委托策划公司去做，但在国立小学，这些都是妈妈们包办。

12月9日是国际班的"百合岛"活动，当天普通班有邦乐（日本民族音乐）鉴赏会。12月18日是"音乐汇报会"，同时举办全校大型活动"菊子展",而且,"菊子展"第一天还有带式橄榄球比赛来凑热闹。带式橄榄球规则很多,不是小学生轻易能掌握的运动,但学艺附小也组织了很多年。

学艺附小的校园叫"菊园",学生称作"菊子"。所以,"菊子展"不是菊花展,而是学生的艺术作品展,主题就是:"自己做东西"。音乐汇报会展示音乐教育成果,"菊子展"则表现孩子们的美术潜能。

"菊子展"举办三天,地点在体育馆和实习研究室。布展当然是学生自己操办,展览期间的课间或放学后是学生参观时间,家长也在展览期间光临。放学以后,学生可以和家长一起相约共赏。我是和儿子一起在展览首日共赏了一次,音乐汇报会当天我又自己看了一遍,周六上午再去拍了照。三天都去了,也还是不可能把近千名学生的所有作品都看遍,这些作品的想法和创作思路都非常有看头。

虽然"菊子展"不是六年级的专属毕业季活动,但这一次的"菊子展"是六年级学生最后一次参展,也是六年小学教育的总结性成果展示。作品命题和制作工艺难度大,且六年级学生承担着为低年级同学做榜样的使命。

展览包括三部分:绘画、美工和手工。六年级参加绘画部门的展览命题是:陪伴自己六年小学生活的书包,设计一款日本小学生专属书包"蓝兜塞路";美工部门是从锯木头开始设计和制作一把椅子;缝纫部门是从买布、裁剪开始缝制一条围裙。作品准备从5月就开始了,是美工课和家庭课的主要内容。

中国小学生的书包一般是双肩背,样式不固定。日本小学生上下学用一种叫"蓝兜塞路"的书包,外出参观、远足的非上下学场合则不使用蓝兜塞路,而用帆布等材质的双肩背包。

蓝兜塞路也是双肩背包，但材质为硬质皮革，样式有棱有角，大小适合书本尺寸，结实耐用，是小学六年的见证。书包构造从人体工学角度考虑了小学生的体格发展。

　　传统蓝兜塞路分量较重，还需要打理皮革，所以，2004 年以后，响应轻量、结实且维护简单的呼声，采用可乐丽（Kuraray）材制造蓝兜塞路成为主流。现在约有七成的蓝兜塞路用可乐丽，其他三成是马皮等高档材质。

　　可乐丽由日本著名化工企业可乐丽开发，轻而结实，且防水性强，广泛用于鞋、书包、蓝兜塞路、体育用品、皮夹克、沙发等制造业。可乐丽公司的开发屡经挫折，终于创出人造皮革的顶级产品，从而成为人造皮革的代名词。

　　蓝兜塞路大多是手工制成，一个蓝兜塞路的所用部件达百余个，仅肩部用材就有表材、内材、聚氨酯造型、粘贴加工、打孔、缝纫、黏结、手缝等十道工序，所以价格昂贵，从相当于人民币 2000 元到万元以上不等。

　　蓝兜塞路起源于江户时期（1603 ~ 1868）。日本军政府的幕府引进了西洋军队制度，士兵背包的荷兰语叫蓝塞路（ransel），日本人发音不准，就说成了"蓝兜塞路"。到了明治时代（1868 ~ 1912），蓝兜塞路被指定为帝国陆军将校的专用背包。

　　蓝兜塞路用作小学生书包还是起始于官办示范小学的学习院。学习院参考士兵背包制作了小学生专用书包，当时的形状更像现在的双肩背包。后来，皇太子（大正天皇）要上学了，天皇家族成员一般都进学习院，伊藤博文就呈上蓝兜塞路作为贺礼。从那以后，蓝兜塞路渐渐推广和普及。

虽然蓝兜塞路是小学生专用书包，但各学校也有不同规定样式。现在的公立小学已经大多没有校服，只用校帽了，蓝兜塞路的样式也没有统一要求。但国立和私立小学的蓝兜塞路还是有各校规定样式，并印有校徽。

学习院的蓝兜塞路采用传统设计。传统型蓝兜塞路的最大特点是书包盖覆盖了整个书包，而发展型的书包盖一般只有传统型的一半长，还有横向的。2011 年，日本修订了教育大纲，A4 规格的书本多了，教材也厚了，所以，能放 A4 书本的大型蓝兜塞路成为主流。

儿子用的是学艺附小再利用的旧书包，还是适合 B5 大小书本的传统蓝兜塞路。作为国立小学的学艺附小，现在规定使用的蓝兜塞路仍然是印有校徽的传统型，男生用黑色的，女生用红色的。传统蓝兜塞路只有黑色和红色，现在市面上卖的什么颜色都有：粉色、茶色、蓝色、绿色等。颜色各异的蓝兜塞路是 20 世纪 60 年代出现的，开始时并不好卖，打开销路是在 21 世纪以后。

考虑小学新生的上下学安全，各区交通安全协会都赠送黄色的蓝兜塞路安全罩，推荐一年级学生使用。但有人认为，让坏人知道是一年级小学生反而不安全，所以，有些地区废除了学生佩戴名牌的制度，也不推荐使用安全罩了。

蓝兜塞路也是外国游客的人气纪念品，已成为日本文化的一个标识。在日本的机场、旅游区经常能看到孩子背着蓝兜塞路，那一定不是日本孩子。

日本孩子童年时期的玩具、用具，长大后就扔掉了，但蓝兜塞路是珍藏品。为留下儿时的记忆，现在甚至有一种生意，就是把用过的蓝兜塞路加工成微型珍藏版。

　　蓝兜塞路作为书包算是昂贵的，要使用小学六年，所以，结实、耐用非常重要。尽管现在市面上也有比较便宜的机制蓝兜塞路，但国立小学带校徽的蓝兜塞路仍然是手工制作，价格相当于5000元人民币。给一年级小学生送蓝兜塞路，在日本一直是重礼。

　　儿子来到学艺附小还不到一年，但通过设计蓝兜塞路深刻体会了"承蒙蓝兜塞路关照"的心情，和在中国使用普通的双肩背包有不一样的感受。懂得了珍惜，应该说是孩子的一大人生进步。

　　儿子认为做椅子是"菊子展"最有意思的内容，没想到会是从锯木头开始。尽管手笨，多次受伤，但在制作过程中，为了让每一个环节都达到自己满意的程度，儿子学会了执着。椅子作品使用了各种紫色，那个时期他什么都喜欢用紫色。紫色的椅子让他联想到服务员，所以，就给他的椅子作品取名为"欢迎光临"。椅子的工艺特点是全方位可坐，没有椅背。

　　做围裙也是儿子的人生初次体验，是他自己在商店选买了布带去学校，在家庭课上做的。与那些从小学三年级就开始练习裁剪、从小学四年级就开始使用缝纫机的日本孩子相比，儿子的裁剪和缝纫水平相差甚远，但是他尽力实践了。

檀聪日记

2009年12月21日（星期一，晴）

　　到今天为止，已经来日本9个月了，时间过得真快呀。

　　第一节课去体育馆收拾了"菊子展"的作品，作品要搬回教室。到体育馆的时候，菊花班、梅花班、紫藤班的椅子作品已经被搬到了其他地方，百合班原田的椅子好像被选去参加区里的美工展了。

第二节课是回顾第二学期，写"我的生活"。我写得很费劲，重写了两回，终于把意思表达清楚了，可写完时都已经午休结束了。

第三、四节课制作了报纸，感觉很简单，只是贴了些照片。然后，各报做了发表。我的小组有三人没来，还有两人不会读汉字，发表的事就全归我了。我心想，太棒了！

下午的毕业委员会只有第五节课的时间，布置了好多歌剧的作业。

第六节课是针对岩浅老师讲的"人形与幽灵"进行讨论。

班主任留言

第六节课是写《成长记》时间。

2010 年 1 月 7 日（星期四）

回顾寒假：

寒假生活节奏：

早上 10 点，起床；10—11 点，早饭；11 点—下午 1 点，学习；下午 1—2 点，午饭；下午 2—4 点，学习；下午 4—6 点半，玩儿；晚上 6 点半—8 点，晚饭；晚上 8—9 点，洗澡；晚上 9—10 点，睡觉。

这是我到日本以后的第一个寒假，却回中国度过了。不过，生活节奏很好，很适合我的生活习惯，每天暴饮暴食，已经感觉有点吃累了。在北京待了两周，日语都好像有点儿忘了。

　　2010 年要加油的事：

1. 不感冒。

2. 每天 10 点前睡觉。

3. 读更多的书。

书法课

日本的百货店文具货场一直是琳琅满目的，从高级钢笔到可爱多样的便签纸，花样多、翻新快，符合消费者的需求，甚至成为小学生的游玩之地。

有个 2002 年播出的日剧，叫《爱的力量》，前一阵子重播了。故事背景是文具公司接连倒闭，作为广告公司职员的主人公想策划振兴文具的活动，有一句文案很有感染力："那天，你给我买的第一个文具，是铅笔。"十几年来，日本处在泡沫经济崩溃之后的不景气状态，但书籍出版行业、文具商品、电视媒体都仍然保持了不减当年的水平，只是付出的努力越来越多，事倍功半的事也多了。

超市的文具货架更是充实到要买的东西不好找，商品种类多，每种文具数量少，但备货讲究实用，学校规定购买的文具在这里应有尽有。

在日本，特别是小学，所用文具几乎都是学校规定的。比如国语练习本，包括学写汉字的田字格本，每个年级要求的尺寸不一样，从低年级到高年级，田字格越来越小。国语练习本还有用于做笔记的，是竖版书写格式,由左向右翻开,没有方格,线条显示竖行和行间距。数学也有两种笔记本,一种是便于画图的坐标纸本,一种是普通方格本,方格大小也从低年级到高年级逐渐缩小。小学用的笔记本要各科分开,为了容易区分,笔记本后附带不干胶,可贴上科目名帖;同一规格笔记本的封面一般都有五六种颜色可供选择,而且左右翻开的都有。

除了笔记本,学校规定的文具还有用于图工课、音乐课、书法课的。图工课要准备水彩画套装,为提兜式,内容包括笔、颜料等。彩色铅笔、油画棒就更是易耗品。有的超市还将"学校用具"单独作为一类陈列,并有专用货架。音乐课用的竖笛和键盘在超市文具货场也可以买到。为书法课准备的文房四宝套装一般是学校统一订购的,也可以自行购买,或用哥哥姐姐剩下的。我家是儿女各有一套,因为年龄相差没有那么远。日本的中小学都有书法课。

有一样东西是日本所特有的,那就是"半纸",即用于练习书法的和纸,质地类似于中国的宣纸。半纸的尺寸是 25 厘米 × 35 厘米,名称源于把和纸的全纸一分为二。

平安时代的法律实施细则《延喜式》就有对和纸规格的记载,尺寸为 70 厘米 × 39 厘米,把它一分为二就是半纸。江户时代的半纸用于包装,明治时代开始用于习字。现在,半纸作为文房用具已经量化生产了。

半纸是小学生必备的书法课耗材,且有不同质地可选,练习用纸很便宜,书法用纸就贵些。

中国的小学也有大字课,初学是描红,但日本没有描红这一程序,书法课教材是从书写笔画开始的。比如今天学写"横",孩子的书法课提兜里就会有许多张写有"横"的半纸,以及包含笔顺为"横"的汉字。儿子到日本上学时已经是六年级了，学写横、竖的时期早已过去，上来就是写迎新年的"书初"。

"书初"是日本在新年伊始用毛笔书写和绘画的习俗，通常在1月2日，有"吉书""试书""初砚""笔始"等叫法。过去农家于正月初二祭祀大田和山神，开始新年的准备，商家也是从这一天开始新年出货，"书初"的日子由此而来。现在日本只过新年而没有春节了，所以，新年活动就全部按公历来规划。

"书初"本为宫廷仪式，江户时代以后才普及到庶民阶层，书写的词句大多为汉诗。日本所说的"汉诗"是指中国古诗，但并非都出自于中国诗人之手，日本人也写汉诗。日本称中国古文为"汉文"，称日本本土的古文为"古文"。过去没有电脑，书法的好坏直接影响仕途，因此，"书初"就成了祈愿书法进步的重要仪式。

正式的"书初"做法是：首先在房间里挂上学问之神菅原道真的画，准备新开的笔墨；用新年伊始汲的水来研墨，朝着当年的吉利方向开始书写。写就的"书初"还有在正月十五过小年火节时烧掉的做法，火焰越高，说明书法进步越大。

现在，每年1月5日在东京的日本武道馆都会举办全日本"书初"大会，约有4000人参加，各地媒体都做实况转播，可称为现代新年的一种风俗。

日本的学校在新年前放寒假，学校会发来多张书法纸，并规定当年的"书初"写什么字，也有字帖。寒假作业之一就是每天练习书法，开学后选择一张自己认为写得最好的"书初"交给学校。儿子第一次写"书初"，以为写什么都可以，就写了"成绩向上"。后来学校又给了新纸，重写后提交了。

学校会把所有学生的"书初"都粘贴在教室附近的走廊墙壁上。新年家长会的一大乐趣就是开会前后观看孩子们的"书初"。各区也举办"书初"展览,展出各校学生的优秀作品。小学书法课延续了"书初"的传统,也巩固了"书初"文化。

檀聪日记

2010 年 1 月 8 日(星期五,晴)

今天是新学期的开学仪式。渡边君做了发言,我觉得他的发言很厉害,讲到了许多非常好的话题。

开学仪式之后是学年集会,已经决定 1 月 15 日去参观国会。

回到教室,得知了令人惊喜的消息。从 2 月开始,一直到修学旅行,我们百合班的国际生要去菊花班、梅花班、紫藤班的普通班进行交流学习。3 月再回百合班,然后就是毕业典礼了。

回到家以后,去萨利亚餐厅吃了饭。想来,去年入学典礼那天也是在这里吃的饭。

2010 年 1 月 10 日(星期日,晴)

今天去了昭和公园的花绿文化中心,今天这里要举办世界咖啡式研讨活动。活动的做法是:五人围坐一张桌子,针对环境问题进行讨论。讨论 20 分钟之后,一个人留下,把讨论的内容传达给新来的人。像这样流动三次。

开始我不想参加，但是和大家讨论以后发现非常有意思，很快乐。而且，在上百人中，除了我，其他都是20—60岁的人。也就是说，我是最年少的参与者。而且，我还接到了好几张名片，给我名片的人总说，请一定登录到主页看一看。妈妈却一张名片都没接到。最重要的事是：休息的时候，我被当地的有线电视台采访了——在日本的首次亮相！

2010 年 1 月 13 日（星期三，雨）

今天上了茶道课，挺难的。最难的是一小时的"正坐"（跪坐）。到了中场休息的时候，感觉腿好重，稍微一动，就倒了。是的，这就是麻了，而且，和一般的麻痹不一样。为什么别人不麻呢？

休息时间，和渡边君去了电脑室附近的厕所，从厕所出来时听到了悲鸣，赶紧向后看，原来是假幽灵出来了，而且是尖叫着逃向了日本文化室。肯定是有人想吓唬大家，所以装成幽灵。

第三节课也是茶道课，我们 B 组终于吃上了羊羹。可是，吃之前有非常复杂的流程。羊羹很好吃！

班主任留言

茶道的每一个动作都非常重要，每一个动作都有内涵。不是单纯的记住程序就行了。

2010 年 1 月 15 日（星期五，晴）

今天是去国会参观的日子，可我遇到了最糟糕的事情，在市谷站发生了事故，有乐町线和副都心线都停了。我坐的是 7 点 21 分的电车，到小竹向原已经快 9 点了。再坐 JR 山手线，花了 30 分钟，总算到达东京车站了。赶去集合地点，已有十几个人在那里了，我成了全校最后一个到达的。然后，我们十几个同学和细井老师一起拼命地向国会跑去。

跑到国会前，找了好一阵才得以和同学会合。百合班单独成队，我排在了最后。

参观国会还是挺困难的事，有 800 多人。

国会里最有意思的是小泽干事长财产追踪组的房间。

从国会出来以后吃了便当，之后去了宪政纪念馆，里面很小。接着去了美术馆。二层有幅画我很喜欢，那是长泽秀之画的风景，题目叫《不在》，非常酷的一幅画！

2010 年 1 月 16 日（星期六，晴）

今天去了汤岛天满宫，据说，这里供奉着日本全国学问最深的神。因为是周六，人很多。

先在接待处领取了合格祈愿牌和白衣，然后在祈愿牌上写下自己的愿望，穿上白衣，走过红地毯，到达祈愿的地方。稍等了一会儿，低下头，听到有人念我的名字、我的住所、我的志愿学校名称。

离开时得到了很多纪念品，里面有烤海苔和日历等东西。

最后，买了紫色的护身符，抽了签，是"吉"。

班主任留言

江户时期，在汤岛曾有过很大的学校。

老师去秋叶原买了理科的实验教材。

六年级开始了解政治

日本的孩子从什么时候开始接触政治呢？小学开设社会课，包括历史、地理和政治内容，关于政治的事情是在中学公民课中开始系统学习的。国立小学有研究性质，所以，部分活动的实施比一般公立学校早一年，参观国会、临海学校等就是一般公立学校的初一教学内容。

社会课和图工课的校外参观活动包括在政府街散步，参观国会、宪政纪念馆和东京国立近代美术馆，目的在于感受国家的政治面貌和通过欣赏优秀的美术作品发现各种表现手法。

参观国会需要事先预约。国立小学的参观总是受到特别优待，不仅可以参观议事堂，还能走进国会议员办公室进行采访。

参观注意事项有三：

每个学生都要确实把握参观目的，并融入自己的学习；

遵循参观规则；

严守集合时间。

集合地点在东京车站内的指定地点，离我家一个多小时车程，好懂的乘车方法需换车，费时；省时且下车后离集合地点近的路线又不好懂。乘车技巧复杂，选择不换乘的乘车路线，目的地不叫"东京"。很多孩子都是独立前往，但考虑到我家孩子来日本才不到一年，日语还说不利落，平时上下学也没有乘车经验，所以还是决定陪他乘车。

日本的地铁、轻轨一般是很准时的，偏偏这一天发生了意外，地铁大幅度晚点。孩子没有手机，幸亏我陪在身边，得以和老师联络，否则可就大乱了。终于到达集合地点前的出站检票口，顾及孩子的面子，我没有跟出车站，只是目送他消失在东京车站内的拥挤人群之中。

回家途中，接到学校的群发信息，说全体集合完毕，这才松了一口气。

东京有两个众人皆知的地名，一个叫"霞关"，一个叫"永田町"，也都是车站名称，两地离得不远，都在千代田区，分别是官僚和政界的代名词。日本行政机关集中的街区叫"霞关"，外务省、文部省、农林水产省等部委的机构都在此。"永田町"是国会、总理大臣官邸、自民党总部等国家中枢机构所在地。明治时期，陆军省设在永田町，所以，当时说"永田町"指的就是陆军参谋总部。1936年国会议事堂建成，政治功能集中，"永田町"就成为政界的代名词。

日本孩子自出生就觉得民主政治是理所当然的，从幼儿园到小学、中学、大学、社会，随时都处在民主机制之中，了解到自己有选择的权利。于是，为了有选择的能力，首先就要有自己的想法，同时，也要懂得尊重自己的选择，并理解个性的发挥是在维护集体的基础之上。

在这次小学六年级的校外社会课说明书中，写有对国会的介绍。

"国会是干什么的？"

"制定法律、编制财政预算、认证缔结条约、指定内阁总理大臣、提出修改宪法的建议等。"

"国会里有众议院和参议院，两者的区别是什么？"

"国会有三种，1月召开每年一度的通常国会，内阁根据需要可以召集临时国会，还有选举之后召开的特别国会。"

以上话题要求学生自己做调查，并提交学习报告。

檀聪日记

2010 年 1 月 18 日（星期一，晴）

今天有音乐课，忘带音乐提袋了。不过，今天的音乐课只是练习了歌剧里的歌，很幸运，没用音乐袋里的东西。

前半部分时间是六年级拿着 MD 去音乐准备室练习唱歌，后半部分时间和四年级交换上课场地，六年级去音乐教室，四年级来音乐准备室。

歌剧的歌又增加了一首，歌名叫"versus"，就是 vs。作词和作曲都是风间百合同学。她真厉害，这首歌的节奏很难！

第三、四节课是百合班做报纸的第二部分，中途，中田不知去了哪里。最后，赶在下课时完成了草稿。

下午是歌剧试演，我有点失败。说台词的时候，脸部表情呆板。渡边君是笑着说的，受他的影响，我也笑了。

回到教室之后是写《成长记》的时间，我跑出去玩了，让老师生气了，对不起。

老师也有点过分了，对不起。

2010 年 1 月 20 日（星期三，晴）

今天又上了茶道课，还做了袱纱的练习。这次的学习内容是茶具的擦拭方法，装抹茶用的茶具叫"枣"，就是擦"枣"，还真挺难的。

第四节课是和六年级紫藤班一起上了算数课，我觉得是为百合班的同学特意出了简单的题。不知为什么，我感觉在紫藤班很容易融入。如果是去梅花班交流学习，我绝对就沉默不语了。

下午的委员会是作自我介绍，我说了很轰动的话。我说的是："我是六年级百合班的檀聪，虽然经常偷懒，但想在剩下的时间里加油。"然后，四年级的所有男生都说："我也偷懒了。"

班主任留言

偷懒不好，要带着责任感去加油。

2010 年 1 月 22 日（星期五，晴）

今天的图工课做了茶碗。做茶碗很难，首先把黏土揉成一个圆球，放到蓝色的陶艺转盘上。然后在揉成圆球的黏土上开一个洞，让它逐渐扩大，再适当整形，基本就完成了。最后要用工具才能完工。

六年级开始了解政治

下午公布歌剧角色的演员和乐队，渡边君的角色是虎的朋友宪吉，我的角色是农民八平。我是只有两句台词的小角色，但我想为这两句台词加油。

班主任留言

带着自信加油！不能害怕出错，要大声地、慢慢地说台词。

小学里的茶道课

日本的小学大多都配有和室，内设榻榻米，可供学习茶道等传统文化。设置茶道课的情况，各校不一。学艺附小是国立学校，非常注重传统文化的学习，特别是对国际班学生，茶道是必修课。

"传统"和"文化"在日本是两个不同的概念，有传统不一定有文化。茶道是理解传统和文化的重要教育手段，类似的教育手段还有短歌（俳句）、乡土音乐、写毛笔字、民间舞蹈等；国语课注重古典文学，社会课充实历史学习，音乐课唱和歌、奏和乐，家庭课融入传统生活仪轨，保健体育课练习武道。

传统文化原本就渗透在日常生活中，而时代的变化减少了孩子们理解和体验传统文化的机会，所以，有计划性地、系统地学习传统文化就有了必要性。

东京都教委曾推出"立足国际社会需要、以本国文化为基础"的观点，在明确本土文化意义的同时，培养孩子们加深对异国文化的理解。家庭课做米饭和酱汤是传统文化的学习，与社会课的"日本农业与水产业"、体育课的饮食营养均衡相关联。国际班做艾蒿年糕是为了体会春天的味道,七夕节通过制作和悬挂许愿竹签体会对收获的感恩;小学六年级在校内还举办"百人一首"大会活动,就是从一百名和歌诗人中各选一首作品荟萃成诗集,学生可以从中了解许多古诗词。俳句写作竞赛就更是家常便饭了。日本各区都有为智障和残疾儿童设置的"特别支援"班,在这里有"哑语狂言"等传统艺能活动。

茶道课是体验学习,孩子们从中感受和理解日本人的精神世界,并应用于日常生活之中。茶道包含衣(和服)、食(和食、和点心、茶)、住(榻榻米、隔断、门、窗等建筑部件及其建筑样式)、历史、季节感等各种要素,它们其实也渗透在了国语、地理、历史、家庭、综合活动等科目的学习之中。

除了在学校的榻榻米和室里学习茶道,学校还组织学生到公共场所和文化遗产地的真"茶室"里学习。学校举办国际交流活动和海外修学旅行也是实践茶道的机会,孩子们亲自为外国朋友点茶,传播日本传统文化。

儿子升入中学以后,学校每年选出男女生各一名参加区里派遣的澳大利亚短期留学交流活动。儿子曾报名参加并胜出竞选,但得意之余还得接连恶补日本传统文化——在来自英语国家的辅导员的帮助之下,要用英语讲解各种日本传统文化形式。

现在,日本料理在世界各地都有很高的人气,还有日本动漫、时尚等,都得到了国际性的认可,而这些都是日本人的日常生活所触及的内容。

传统必须融入现实生活,从而成为现代文化的一部分,如此才能有更长远的未来。

檀聪日记

2010 年 1 月 25 日（星期一，晴）

今天第一节课是歌剧练习，我们做演员的好像在玩。开始的时候，男女拉手，喊了加油号子，之后做了发声练习。最后是 A 角和 B 角组分开，各自作一句自我介绍。

第二节课是音乐练习，这次又来新歌了，歌名叫《时光机》。我觉得是一首好记的歌！

第三节课把报纸做完了。

下午继续练习歌剧，这次是大家合念台词了。

班主任留言

每一个动作、每一句台词都是重要的环节，一定要尽力加油！

2010 年 1 月 26 日（星期二，晴）

今天的体育课练习了单绳双跳，开始很难做到，到快下课的时候终于学会了。

第二节课是个别学习。

第三节课和六年级紫藤班一起上了算数课，这次的算数题是计算一个大的口袋里有多少个塑料瓶盖。先拿出几个塑料瓶盖得到重量，再量口袋整体的重量，最后是用比例的办法算出了瓶子的数量。开始不太懂，松岛君仔细地给我做了说明。

第四节课围绕星期五的研究发表会日程与老师做了讨论。

下午是家庭课，上课之前发生了一件事情。渡边君把体育帽扔到了原田的眼睛上，原田哭了。家庭课是写自己的关系网，我把自己的关系都扯到迈克尔·杰克逊那里了。

班主任留言

渡边君把帽子扔到原田眼睛上可不好，老师们知道这件事吗？

2010 年 1 月 28 日（星期四，晴）

今天做了面试练习，是校长给我面试。练习面试的时候，我完全没有紧张，相反，感觉很有意思。最后校长说："一百分，就按平时的感觉发挥就可以了。"

下午为明天的研究发表会做了准备。扫除的时候看到体育馆旁边叫作"仓鼠之碑"的像墓碑一样的东西。仓鼠是什么呀？问了别人，说是一种像老鼠的动物。

班主任留言

仓鼠的和名叫"天竺鼠"，是住在沙漠里的老鼠。

2010 年 1 月 29 日（星期五，晴）

今天是研究发表会，本来想早上 8 点 50 分起床，结果，醒来时已经9点40分了。在仅有的20分钟里要干完四件事：准备便当、刷牙、早饭、穿衣服。边看电视边做完了这些事，居然10点整出了家门。

到达学校之后开了早会，然后就去信息应用室。大家聊了过山车的事。

下课后马上回到教室，开始吃便当，杉山君看到我便当里的柔软的豆腐皮，也吃了一些。

下午的算数课很有意思，特别是最后的谜语竞猜，完全都不明白！

班主任留言

不明白还觉得"有意思"，说明"学习"已经成了身体的一部分，非常了不起！！！

国立小学更是研究机构

　　相当于中国教育部的日本文部科学省为取得改善教育的实证资料，在 1976 年设立了"研究开发学校制度"，针对学校提出的教育课题和伴随社会发展衍生的多样化需求，指定"研究开发学校"，这些学校可以不遵照现行教育大纲的要求而实施自己设计的课程安排。通过这些学校的研究实践，文部省可以开发新课和施教方法。

　　关于"研究开发学校"的指定，首先是校方通过其上级管理机构向文部省提出申请，国立小学经由其大学法人，公立学校经由都道府县教育委员会，私立学校经由都道府县知事；文部省在审查并认可申请之后，会委托学校管理机构实施研究，时间为四年（2012 年以前是三年）。到期后，学校可以根据研究需要申请延期。学校要每年制作并提交研究报告，研究阶段的最后年度举办研究发表会。

　　学艺附小就是"研究开发学校"，接受学艺大学的管理。儿子在校期间，学艺附小的研究课题是："培养国际社会所需的丰富学习能力和生存能力。"各科教学都要围绕这个研究课题展开研究活动。

国语课的研究主题是："思考别人的认识方法与自己有什么不一样。"几位老师都以该主题为核心施教，培养学生珍惜言辞，注重语言表达，通过交流拓展学生的认知维度，使学生在交流中理解彼此的成长背景，意识到日语特有的表达方式，并体会语言表达的快乐。

　　社会课的研究主题是："针对当下的社会问题，选择人物、事迹作为教材，用讨论的方式启发孩子们认识社会问题。"算数课的研究主题是："以解决问题为导向的学习。"理科课的研究主题是："强化与综合学习的联动。"构筑以探索性活动为轴心的理科学习，重视孩子们的好奇心与发现能力，培养从身边生活中发现问题的习惯，解决问题时追求融会贯通，进而实现拓展思维的目的。综合和生活学习的主题是："提高源于体验的意识水平。"

　　音乐课的课题是："体会和朋友一起演奏的喜悦。倾听朋友的演奏，通过音乐彼此认可。"

　　图工课的主题是："培养审视自我和他人的能力，并付诸造型活动。关注作品的思考方法、素材和技法，养成审视一切事物的习惯，进而体会到表达的快乐。"

　　体育课的研究主题是："用丰富的体育生活实现快乐的体育学习。让孩子掌握体育技能，了解如何运用身体，并与朋友互动。"道德学习也称作"心的学习"，主题是："发现自己的生存方式，充实内心世界。"英语学习的主题是："注重输入，带着自信输出。用英语体会交流的快乐。"

　　午餐的给食指导也有研究主题："了解早睡早起、吃早饭的重要性。"让孩子们加强实践性，通过食育养成好的生活习惯，学会有节奏的生活。

该年度的研究发表会为纪念国际班成立 40 周年，主题是："有海外生活体验的儿童和一般儿童共同学习，培养在国际社会中有用的学习能力，以期建立彼此认可和共同学习的课程体系。"

发表会包括观摩各班上课和大学教授等教育工作者论坛。论坛的主题是："与海外儿童共生的学校"。

儿子出席的个别学习课就是三、五、六年级国际生的日语课，有四位国际班老师掌握每一个学生的日语学习进度。其他课程还有：四年级的混合理科课"不可思议的软假面"、五年级的混合社会课"大家一起保卫我们的国土"、六年级的混合数学课"发现、应用、确定"。混合课就是国际班学生和普通班学生一起上课。普通班的观摩课有：一年级的菊子道德课"用韩文问好"、三年级的"彻底变成谁，思考他的想法"、五年级的"打开邂逅的大门"。了解研究发表会的内容不仅可以进一步理解学艺附小的教学活动，对"研究开发学校"的职能也有了更清楚的认识。学艺附小是一所国立小学，因为其所属大学是教育专科院校，所以，它的研究功能更为突出。

檀聪日记

2010 年 2 月 1 日（星期一，雨）

今天开始在梅花班上课。从去年 4 月开始，我和梅花班一起上体育课。基本只能当旁观者，很难融入，但现在不一样了。梅花班好像变得容易融入了，很意外，也许因为朋友多了吧。

第一节课就去了午餐室，是为了给老师写感谢信。

第三节课是英语课，完全不明白。

第四节课又到午餐室写了东西。

下午是练习歌剧。农民说台词的时候是怎样的，我觉得很微妙，得要好好想一想。

班主任留言

吐字清楚，大声地用力说话，就可以了。

2010 年 2 月 2 日（星期二，雨）

今天下雪了，但比北京少些。

第一节课是体育，我以为会中止，结果变成打雪仗了。在中国的学校，只要下雪，都是不能外出的。打雪仗的时候和渡边君玩儿疯了，往菊花班女生身上扔了足够的雪。途中，四年级百合班的人对我开攻了，挨了多少打实在是难以言表。当然，我也拼命还击了。回教室后脱下外套，本来应该很冷，结果感觉特别热，大汗淋漓，这种体验还是有生以来第一次。

午餐的时候，我们小组每人都拿了两瓶牛奶，然后，奥村拿起放在阪本君桌上的牛奶，问我要不要。我说，当然要，于是，我有了三瓶牛奶。说完"开动"之后，我们小组的三人马上喝了一瓶牛奶。喝完之后，他们对我说，快喝，会长高的。此时，我环视了一下四周，大家手中都是只有一瓶牛奶。看来我们小组的三个人是做了不正常的事。

下午是歌剧彩排。商店街那场戏的舞蹈太厉害了。

班主任留言

因为是考学季节，缺勤人多，所以，牛奶有富余。老师之前有过被灌五瓶牛奶的遭遇。

2010 年 2 月 4 日（星期四，晴）

今天从一早开始就是练习歌剧的合唱，最后又发来两首歌的歌词，歌名是《我的朋友》和《太阳在附近的山丘上》。大家分头干自己的事，之后 B 组演员又练习了唱歌。练习合格的奖励是在暖和的地方待三分钟，不合格的被惩罚在冷的地方站三分钟。途中突然听到避难训练的广播，据说，这是本年度最后一次避难训练了。

第三、四节课是家庭课，说了好多事。讨论主题有二，一个是：什么东西环保，再一个是：想象自己长大以后住在怎样的地方。特别有意思。下课以后，草野老师还特意问我和原田："我说的话都能听懂吗？"我们都回答："没问题。"

下午的歌剧时间是在体育馆和实习研究室练习的。

班主任留言

今天的避难训练是今年第十次。

都是百合班的朋友，原田有什么困难，你可要伸手相助哦。课后给她看笔记，给她讲解不懂的词汇，拜托了。从周一开始，每天早上把日记交到六年级百合班教室来，回家的时候再过来取走。

为低年级做礼物

　　并非创立时间早或者持续时间长，就可以说学校拥有历史。学校的历史一定是以精神的积淀和传承为基石的。毕业生为低年级同学亲手制作礼物的传统是学艺附小的典型的精神传承行动。

　　六年级毕业生为低年级自制礼物是生活团的毕业季活动之一。礼物的形式是 A4 文件夹，封面写文字，封底画画。儿子要为四位低年级同学做礼物，两名男生、两名女生。

　　毕业季活动太多，要写收录到《毕业文集》的作文，要给若干老师写感谢信，还要坚持写 10 万字的成长故事，而且每天仍要交日记，已经忙到难以保证睡眠时间的程度。为低年级同学制作礼物的事只能排到晚上 12 点以后，有两个晚上甚至做到凌晨 1 点多。不过，做完以后，儿子很满意地表示，自己也想要一个礼物。

　　生活团举办欢送毕业生的聚会，届时，毕业生把自制的礼物送给低年级同学。据说，拿到礼物的同学特别高兴，尤其是两个小女生，非常喜欢儿子画的熊猫。

低年级同学也要给毕业生送礼物，都是废物利用的手工作品。大多数低年级同学对儿子的印象是：他经常说些好玩儿的事给大家听。看来，儿子是个让大家开心的人。令人欣慰。

PTA 每月有一次例会，会后各年级百合班的妈妈们就按惯例一起吃午餐，并策划国际班的一些活动。百合班要参加全校和年级活动，另外还有国际班的单独活动。

席间，有一位四年级女生的妈妈说，她从女儿嘴里听到最多的名字就是"檀君"，说檀君和以前的六年级同学不一样。在她的印象里，六年级学生都"劲儿劲儿的"，因为要小升初了，显得很紧张，但檀君和所有国际班的同学都关系密切，大家甚至在议论，檀君升学了，国际班就没意思了。另一位五年级男生妈妈说，她的孩子与男生相处容易，和女生就不知如何相处，但檀君和男生、女生都相处得好，非常羡慕。

人缘是天赋。百合班里有从迪拜回到日本的同学，好像儿子在中国上学时候的那位韩国同学，也特别喜欢给儿子打电话。儿子用手机接着日本同学的电话，那边座机又响起韩国同学的国际长途，一边中文，一边日语，快乱套了。

当时儿子说，学习成绩一般般就可以了，交朋友才是最重要的。而且，他还有个谬论，认为学习拔尖就没朋友了。这可能也是他逃避学习的借口。

从考高中开始，儿子已然完全忘记了要保持学习成绩一般般的谬论，而且，他还开始组织学习小组。高中以后，每年班主任的评语都少不了对儿子"厚道"的赞扬，似乎"厚道"是他一如既往的性格特点。初中时代他组织的学习小组成员都考入了不同的高中，因为住得近，学习小组一直保持定期活动。结果是：大家都在原有的基础上取得了

日本国立小学 365 天

飞跃性的进步,有考入庆应大学文学部的,有考入筑波大学社会学院的,儿子自己则考入了顺天堂大学医学部。大家都成了初中母校毕业生中的佼佼者。

檀聪日记

2010 年 2 月 9 日(星期二,晴)

今天是久违了的毕业委员会活动,我和足立君一样没有工作。

第二节课的歌剧时间练习了"太阳附近的山丘"部分和"江户时代"部分。

第三节课是国语,学习了汉字的构成方法。这个在百合班已经学习过了。据说,下次的国语课要学习万叶假名。

第四节课又继续换座位的事情。

激励时间确定了静冈修学旅行的第一天路线。

下午的歌剧时间是在体育馆练习的,连贯下来的,中途一点儿没停。之后回到教室已经是下午4点了。

回到家里,看着日记本,发现了一件事情。字写得小了,而且,写字速度大为提高。为什么发生了这样的变化呢?应该是因为最近《成长记》写得太多了。按时间计划,每天在坚持写呢。

班主任留言

修学旅行的日程百合班还要单独做。《成长记》可是必须要坚持写的啊！

2010 年 2 月 11 日（星期四，雨）

今天是家长观摩日，没上普通课，而是让家长观看歌剧排练。这次的排练就像正式的演出，在体育馆进行。B组是从"便利店"那一幕开始演，江户时代的角色不用出场。本以为会一直演到结尾，可是在"舞者独角戏"那一段就停止了。然后吉原老师对家长们说："让我们期待正式的演出！"

排练结束之后，大家收拾了现场，收拾完之后，又各自按工种分头行动，B组演员留在歌剧区的体育馆，江户时代的角色去音乐室排练。而且，又增加了新戏，排练一次就必须休息5分钟，太累了！

下午从A组演员开始走过场，B组演员走过场之前，江户时代的角色在相互喊号鼓劲，他们喊的是"御汤！"（此为练声）。

最后练习了太鼓部分。

2010 年 2 月 13 日（星期六，雪）

今天是中国的除夕，一年的最后一天，俗称"大年三十"。

大年三十最重要的事，我认为是家人团聚。平时在海外工作的人，这一天都要回国，可我做不到。不过，我想回中国的第一理由是放炮，不是日本卖的那种小花炮，而是声响巨大的那种。放那种炮最过瘾，好不容易敢放炮了，又来了日本。大年三十"噼里啪啦"的声响一直持续着，根本没法睡觉。

我是下了不再放炮的决心才来日本的。

班主任留言

过去在横滨中华街看到过（放炮）。

为低年级做礼物

小学生歌剧：自编、自导、自演

　　进入毕业季，孩子们开始了小学毕业前的最后冲刺。毕业歌剧是全体六年级学生自己撰写剧本、自己作词、自己作曲、自己做演员、自己画道具、自己组建乐队。歌剧演出时间是 2 月 18 日。新年后的大半时间都在练习排演歌剧，孩子们几乎不上课。

　　六年级学生在毕业前推出自编、自作、自演的歌剧是学艺附小的又一传统，已有 40 年历史，每年产出一部歌剧。

　　半年多前的暑假，儿子加入了歌剧委员会。歌剧委员会的初期活动是写剧本。第一轮工作规定每位学生写一个故事，同时附上人物简介。儿子确定了"未来科技"主题，故事梗概是小学毕业 15 年后的 2025 年，外星人袭击学校，他们这批毕业生的精英使用电脑、空战等技术拯救了学校。有好几个同学写友情主题，老师整理后写出剧本初稿拿给歌剧委员会的学生们，结果被全盘否定了。

　　经过三番五次的磨合，最终确定的主题是"朋友之绊"，故事围绕"什么才是朋友"展开。

日本国立小学 365 天

在 300 多年前的江户时代，一个男孩在日食那天被卷走，乘时光机来到了现代的小学六年级。江户男孩看到手机很惊讶，但同时也感慨：现代的孩子拥有了科技，却变得不会交朋友。现代小学生看到江户男孩助人为乐不讲回报，也不懂帮派关系，甚为感动。于是，现代的孩子们明白了，并非大家坐在一起就是朋友；想朋友之所想，实现心的交流才叫朋友。

有这样一场戏：五个孩子在一起打球，分为两方，一方两人，另一方三人。三人方有 A 同学、B 同学和 C 同学，C 同学不太会玩儿，A 同学和 B 同学总是不把球传给 C 同学，那 A 同学和 B 同学就称不上与 C 同学是朋友。

最后，现代小学生开始真心帮助江户男孩，又在日食那一天，让江户男孩重返江户时代，并通过网络改变了历史：原来的历史是江户男孩失踪，后来变成了江户男孩继承王位。

歌剧委员会在确定剧本后就进入舞美设计和撰写歌词的工作阶段。谱曲由音乐老师担当。国立小学的音乐老师太有水平了，谱曲十几首，都既好听又上口。歌剧演出之后，全校就开始流行这些歌曲，课间、放学后、活动时都会播放。很快，一年级到五年级的学生也就全都会唱了。

真正进入紧张的歌剧排练是在 1 月中旬以后。在不到一个月的时间里，学艺附小六年级的 127 名学生的歌剧表演能达到那么高的水平，实在令我佩服不已。

演出时，来自维也纳的权威音乐人也来观看，并惊叹不已。他称赞说，不仅在日本，全世界都难得看到水平这么高的小学生歌剧作品。

歌剧演出一个月前开始征询每个学生的参与意愿，是做演员、工作人员还是参与乐队工作。儿子很想尝试舞美、灯光、音响等工作，但我多嘴说了自己的主张。我觉得儿子最擅长做舞美工作，之前的音乐汇报会已经体验了乐队，做演员恐怕和他以后的人生不太有缘，所以，就建议他感受一下演员的不易。

平时不听话的儿子这次鬼使神差地听了我的话，第一志愿写的是做演员，第二志愿做乐队，第三志愿做工作人员，结果导致他后悔不已。报名做演员都会获得一个角色，儿子被分配到一个戏份不多的江户农民的角色，还是 B 角。他一个劲儿地埋怨我让他"失业"了。

B 角和 A 角的戏不完全一样，演出共两天，B 角演出给学生看，A 角演出给家长看。A 角演出的时候，B 角唱合唱；B 角出演的时候，A 角唱合唱。也就是说，做演员的话，不管是 A 角还是 B 角，都要唱好所有歌剧的曲目。

乐队学生更不易，不到一个月要练出两套音乐——A 角戏和 B 角戏不同，插入音乐的地方也各异。乐手是学生，指挥也是学生，是个女生，指挥所有合唱成员和乐手。演出那天，乐队戴小白帽，很帅气。

工作人员共十几名学生，管理灯光、舞台和音响等。演出结束后先请工作人员上场，他们穿的是平日的清扫服，也就是工作服，很威风。灯光人员不能登台，体育馆两侧灯光交互点亮以示彼此鞠躬，非常动人。

演出谢幕之后，由担任歌剧委员会委员长的同学讲述自编、自创、自演的过程，讲述流畅，充分体现了平日的训练有素。演剧和讲话都让在场的所有人感动落泪。

给学生看的演出是在第二天，B 角家长也能看，所以，A 角戏和 B 角戏我都看了，各有不同的感动。第一天的演出，主角唱得太好了，那么有声乐天赋的孩子实在难得；第二天的演出，剧情更好看。

演出结束后，六年级全体学生站在礼堂两侧通道与一至五年级的退场观众一一握手，情景热烈感人。一至五年级的学生要给演员们写信。儿子收到了五封信，与乐谱和剧本一起收录成册，作永久纪念。

歌剧从编排到演出的整个过程中，有两句话让我印象深刻，一句话是班主任在儿子日记中的批复，老师说："歌剧活动不是心血来潮就可以做得来的娱乐。"再一句话是老师在总结歌剧活动时说的："歌剧活动一直是六年级学生的毕业学习内容，它集中了所有科目的内容。"

学艺附小的歌剧演出从头到尾都看不到老师。当然，排练过程中是有老师辅导的，但从演出一直到谢幕仪式都是以学生为主，老师只做了最后的总结发言，而老师又通常被学生的出色表现感动得哽咽而说不出话来。

檀聪日记

2010 年 2 月 16 日（星期二，晴）

今天做了歌剧的最后彩排，和正式演出时一样，合唱团也加入。可是，幕布一直关不上，真不好演。之前对"我的朋友"那段的进入时机有点不明白。最后敲太鼓的地方，进入时机好多了。所有问题都赌在最后的练习上了，可又在开幕式的地方增加了新内容。老师说，就看最后的一锤子买卖了。

班主任留言

"啊，起驾！"之前，麦克风声有了。

小学生歌剧：自编、自导、自演

2010 年 2 月 17 日（星期三，晴）

　　今天本来是有算数课的，结果变成了毕业委员会活动。对我来说一直是没工作的毕业委员会，这下终于来工作了。什么工作呢？印刷！我和吉原老师、足立君一起去印刷了宣传册。

　　下午是 A 组彩排，他们的演技非常厉害。最后一幕，我被感动了。

班主任留言

　　彩排时老师看着剧本，最后一幕，哭了。

2010 年 2 月 18 日（星期四，晴）

　　今天是 A 组的正式演出，B 组配合舞美、剧务同学一起工作。吉原老师看我头戴红丝带，就说："檀君，没想到，这红丝带很适合你呀。"

　　A 组演员的演技太厉害了，我想，这应该就是和传说中的歌剧水平很相近了吧。而且，演出时间刚好是一小时整，一分钟都不差。最后一幕，川井君的声音从麦克风里传了出来。

班主任留言

　　明天轮到你，最后的声音千万别失败啊！

修学旅行

修学旅行在日本一般是小学、初中和高中各一次，也是教育大纲的规定课程，属于特别活动之一。小学是最后学年组织修学旅行，而初中和高中因为在最后学年有考学，很多学校就安排在初二和高二实施修学旅行计划。

其实，公立小学在最后学年只有移动教室，而没有修学旅行。学艺附小是国立的，所以才组织了修学旅行吧。移动教室也是住宿活动，和修学旅行有什么区别吗？同样是住宿活动，修学旅行去的地方会比移动教室更远，最大的区别还在于，住宿不是野营设施，以区别于临海学校、林间学校等活动。

修学旅行在日本始于 1882 年，也算是有一个多世纪的历史了，有老师引领，是学生的集体活动。小学修学旅行主要还是去离学校比较近的观光地。东京的学校会去箱根、伊豆、新潟等，学艺附小是去静冈、富士山附近。

静冈的相关资料附在日光移动教室的说明书之后，也有"自由选题"栏目和相关历史文化介绍，但儿子就读那年没做海报和发表。

静冈也是一座历史名城，与名扬四海的德川家康有联系。静冈原名"骏河"，是日本过去的行政区划之一，相当于中国的省，7世纪时叫"骏河国"。这里气候温暖，自然资源丰富，有2000多年的农耕生活历史。相当于中国省会的城市叫"骏府"，经济文化繁荣。德川家康7～19岁时在骏府作为人质生活了12年。

修学旅行的内容之一，是爬上1159级台阶到久能山顶参观东照宫。但修学旅行不仅是参观名胜古迹，还包含体验活动，孩子们体验了制作玻璃杯，并参观了黑暗迷宫。

"黑暗迷宫"是一个强化五感体验的科学馆项目。人们一般过多地依靠视觉，不仅更多地关注颜色和外形，还用视觉确认自己是否站直了。在进入全黑的世界之后，人会觉得站不稳，那是因为不能靠视觉确认自己的位置。再就是，在全黑的世界里要走出迷宫，只能靠脚去感觉地板，靠手去触摸墙壁，步步谨慎前行。而且，还要靠听觉和嗅觉辨别方向。因为视觉使用过多，其他感觉器官就逐渐退化了，所以，在进入全黑世界之后，有人会发现：自己的触觉、听觉、嗅觉都更加灵敏了。

檀聪日记

2010年2月24日（星期三，晴）

盼望已久的静冈修学旅行就在明天了，今天举行了出发仪式。

终于知道我在哪个组以及成员都有谁了，我的小组里没有紫藤班的同学。在小组里决定生活长的时候，是用石头剪子布的方式，我输了，结果是杉山君做生活长，渡边君做保健长。之后在我去拿湿毛巾的时候，不知谁说要重新选生活长和保健长。这次采用自荐方式，阪本君做了生活长，杉山君做了保健长，我还是什么都没当。修学旅行算是最后的大活动了，轻松快乐也不错，非常期待明天！

班主任留言

决定生活长和保健长时没出麻烦吧？

2010 年 2 月 25 日（星期四，晴）

东京车站：今天激动地来到集合地点的东京车站，结果，负责给百合班点名的渡边君没在。

巴士中：在巴士里，我坐在过道的附加席上，运气太坏了，抽了这么个座位签。不过，和旁边的同学聊了很多。藤本君说我，貌似还没适应，其实已经很适应了。有点不太明白他什么意思。在附加席要是睡着了会挨谷口打的。

小巴士里：中途换成了小巴士，气氛完全不一样了。坐大巴士感觉像旅行团，小巴士却像平常出门儿。

在杯子上画画：开始以为要做钥匙链，其实是做玻璃杯。在杯子内侧选好位置，把自己画的画贴上，然后在杯子外边涂上红色泥浆似的东西，用吹风机把泥浆吹干。等泥浆干了，把杯子放进一个非常有意思的机器里，开始对画的部分进行喷砂。喷砂工序完成之后，边冲洗杯子边搓画，就那样，自己的原创模纹玻璃杯就做成了，太好玩儿了。

RuKuRu（科学馆）：这里有一个全黑迷宫地带，进入里面是处在一个什么都看不见的状态。真的是什么都看不见，完全的黑暗世界。参观之后老师说，为了补偿什么都没看见的遗憾，要去爬久能山看东照宫。

采摘草莓：草莓是这时期最好吃，老师说，吃了这里的草莓，超市的草莓就不想吃了。我最感兴趣的还是摘草莓，不过，尝了草莓，觉得真是太好吃了。而且，草莓特别大，我一口气吃了 40 个。

久能山东照宫：虽说是为了补偿什么都没看见的遗憾而登山，可台阶有上千级呀！我是最后到达山顶的，到达时已大汗淋漓。

海洋科学馆：这个科学馆非常有意思，可以做各种实验，还摸了地下千米的水。

回程巴士中：回程是和紫藤班在一个巴士里，我的零食忘在了家里，所以准备睡觉。结果，从前面往后面传的零食太多，完全不能睡了。

感谢会

年初几个月，我的大部分生活是参与操办学艺附小的毕业活动，终于明白了：这所国立小学之所以能完成那么多的活动，在很大程度上是靠家长们的支持。

3月5日是继歌剧演出之后的又一大型活动——"感谢会"，是学生和家长为感谢老师而举办的。该活动也是学艺附小的传统，每年毕业生都要组织这样一次聚会。除了仪式活动，六年级学生要给老师写感谢卡，仅熟悉的老师就有十几位，每张不重复，制作起来也需要不少的时间。我们毕业班PTA委员要落实给班主任买礼物、送礼物的事项。

围绕毕业活动，参与操办的家长们分成三个组：歌剧组、感谢会组和纪念品组。感谢会组的工作非常繁重，包括从活动策划到准备各种用品、布置会场等所有活动环节。

日常扫除和组织各种活动按生活团分组，感谢会也是按生活团分桌。一共三十个生活团，每个生活团包括一至六年级的学生，感谢会只有六年级学生参加。会场按生活团布置三十桌，学生和家长坐一起。

感谢会的用品准备非常烦琐，桌上摆放的东西有定式和名堂。首先是餐垫纸，图样是一至六年级若干典型活动的名称，然后是每个活动的纪念品，有临海学校的砂糖、修学旅行的铜锣烧、移动教室的薄脆、采摘活动的枇杷、海边活动的盐饭团和咸菜等，铜锣烧还要制作成校徽的模纹。

每样纪念品及其包装都需要设计，且设计不是委托给社会公司，而是理所当然地属于妈妈们的工作范畴。大家讨论通过设计方案之后付诸制作，会场用于装饰的气球编花都是由妈妈们亲自动手制作的。

此外，还有一个重要的纪念物，那就是"认证书"，家长和孩子都可以得到，内容是证明家长和孩子都经历了学艺附小的六年的所有活动。虽然家长不去活动现场，但背后的支持是不可缺少的。可见，日本的小学教育基本是由家长和孩子共同参与完成的。

我也得到过一张感谢状，因为"读听"活动，就是给孩子朗读绘本。百合班的学生都是日语尚未达标的情况，当然像我儿子这种开始一句日语都不会的也寥寥无几，但读听活动对国际班学生的语言进步确实起到了一定的作用。

日本的读听活动主要针对幼儿和小学生。读绘本的时候要让孩子看到绘本上的画，所以，是在身体一侧双手持书，读书的人基本看不到书上的字。一边给孩子翻看绘画，一边讲述画面上的故事情节。而且，忌绘声绘色地带入读书人的情感，因为那会限制孩子的想象空间。要用平和的语言一句一句清楚地读出来，让孩子容易听懂并模仿。

读听活动起源于 1896 年儿童文学家严谷小波在京都的小学表演的口述童话，作用在于培养听的能力和对语言的想象力、对书的兴趣，促进读书人和听者的交流。

小学的读听活动利用一早班主任到教室之前的 20 分钟或午休、回家会的时间，学艺附小百合班的读听活动是在中午吃完饭之后。家长自愿报名给孩子们朗读，但选书很有学问。是不是遇到过孩子要求一遍又一遍地读同一本书？记得儿子喜欢《阿凡提》，女儿喜欢《三只小猪》，同样的书翻烂了再买的情况也发生过。总之，当幼儿要求重复读的时候，满足他是对的，选书要符合听者的兴趣。

　　日本的中小学都有图书馆，街道、地区也有，图书馆有时举办读听活动，由图书馆工作人员朗读。如果有个日本孩子说，他的梦想是做图书馆管理员，那他一定想象到自己长大以后给孩子们读书的情景。

　　每天上班的妈妈去学校为孩子们朗读自然比较困难了，但如果时间允许，做一个孩子们喜欢的朗读妈妈是一件非常自豪的事情。

　　感谢会还邀请支持学校教育活动的校外嘉宾参加，包括临海学校的驻地老师、辅导菊花种植的老师，还有教过这批学生而中途调动到其他学校的老师们。

　　有一位来自国立茶水大学附小的老师曾教过这批学生的一年级课程。她的讲话非常感人。她询问孩子们，是否还记得一年级上的一堂课，关于生命的课。她让孩子们相互拥抱并倾听对方的心跳，感受生命的存在。一年级小学生还不在意性别差异，现在，听到老师回忆那堂课，很多孩子都流了泪。

　　生命是伟大的，现在的孩子们更加懂得珍重生命了。孩子和妈妈感谢老师，孩子感谢妈妈，总之，感谢会有多重感谢之意，而宗旨只有一个：生命的传承。

　　在感谢会上有妈妈们的合唱节目，歌谱是音乐汇报会那天领的，其间练习过几次，指挥和钢琴当然都是妈妈们担任。而且，指挥妈妈是从事声乐专业工作的，要求非常严格，每次练习都从发声练起。小学阶段，女生就开始学用假声唱歌，中学时假声已经练就成熟。一般是智力障碍班的合唱才会偶尔出现用真声合唱。妈妈们自然也没有不会用假声的，可我不会。只能假唱，否则就让人笑话了。

通过感谢会的合唱，我深深地理解了：儿子不会倒立，这在体育课上该会是多么郁闷，他又为了游泳达标付出了怎样的努力。妈妈们的素质足可以证明，中国在音、体、美方面的素养教育实在是与日本相差太远了。幸亏现在有电脑工具，我在排版方面还有几分积累，否则，做 PTA 工作也是太痛苦了。

毕业典礼之后有一个六年级家长和孩子出席的毕业聚会，在饭店举行，是 PTA 主办的，主要就是我们四位六年级委员。策划了一年，所有环节我都参与了，但只是跟着做，让干啥就干啥，心有余而力不足，完全没有积极主动的能力。好在最后的聚会说明书和邀请函是我设计制作的，也算贡献了点滴吧。

说心里话，通过与儿子一起度过一年的国立小学生活，我是基本失去了在日本社会立足的信心，出身于日本教育的妈妈们太有能力了，我是无论如何都不能达标的。后来，我也 ALL OUT，全力支持孩子的教育，从中自己也受到了教育。

檀聪日记

2010 年 3 月 1 日（星期一，晴）

今天开始就进入 3 月了，逐渐地开始暖和起来。

第一节课是理科课，久违了，居然是正式地在理科室上的。可是，这已经是最后一节理科课了。我觉得特别遗憾，这一年只上了八次理科课。

第二节课是音乐，把歌剧的所有歌曲都唱了一遍。

第三节课在四个地方拍摄班级照片。

第四节课写了收录毕业文集的文章。

下午又给菊子园感谢会帮了忙。

2010 年 3 月 2 日（星期二，晴）

今天是我的 12 岁生日。

第一节课是最后的体育课，而且是百合班的体育课。我以为忘带体育馆鞋了，好好找了以后才发现，居然在口袋里装着呢。今天练习了跳箱，我完全不行。

第二节到第四节课是个别学习时间，三年级和四年级不在。

下午是最后的家庭课，做了白玉年糕团子，还挺简单的，而且吃了自己做的年糕团子，很不错！可是，因为杉山君的恶作剧，黄豆粉都堆成山了。

2010 年 3 月 4 日（星期四，晴）

今天的生活团时间是欢送六年级的告别会，特别高兴！做了游戏，是模仿游戏，最后送了礼物。还有，"六年级的一句话"，我也说得还不错。

下午做了感谢会的会场准备，用新的抹布擦体育馆。中途去创作室给自己做的陶艺茶碗上了色。我的茶碗是红色的。

2010 年 3 月 5 日（星期五，晴）

今天是菊子园感谢会。

第三、四节课做了准备，决定了合唱的位置。中途看到笠松老师着急地跑到了奥村面前，发生了什么，完全不知道。

回到教室时已经是下午 1 点了，离感谢会开始还有 30 分钟。我们赶忙在三年级百合班吃了午饭便当。

我们进入感谢会会场的体育馆时，家长们正在练习唱歌。

到了 1 点半，感谢会开始，校长等很多人讲了话。讲话结束之后是会餐，吃的东西全是六年期间的回忆。我只有日光甚五郎煎饼、冰砂糖、印有学校标志的饼干。

学生加演的节目是歌剧简约版，最后是学生全体唱了歌剧主题曲《绊》和《朝向目标》。唱完歌之后收拾会场，以生活团为单位拍照，最后回到教室。下学时已经 5 点半了。

毕业典礼

日本有一首毕业歌叫《3月9日》，与《粉雪》同为电视连续剧《一公升眼泪》的插曲。3月9日是毕业季的重要日子。欢送会上，六年级国际生要讲话，也许是因为留下了太多的记忆吧，儿子没有文稿也说得非常充实和流畅。他说："刚到这个学校的时候完全不会日语，从老师那里学来的，只要以笑脸面对一切就没问题了，后来带着笑脸一路走来，现在只有笑脸。"

3月10日是毕业典礼彩排的日子。与其说是彩排，不如叫礼仪课，教了鞠躬的方法、打坐的做法、接毕业证书的规矩等等。

校服上有个白色领子，为的是保持校服干净如新，平时每天换洗白领，但毕业典礼时就不戴白领了。这一天也举办了生活团的解散仪式，还有最后的国际生个别辅导课，并练习了毕业典礼的告别诗朗诵。

3月12日是最后的数学课。儿子说，大声喊"谢谢"的时候，他开始对毕业有了实在的感受。

3月13日，彩排了将近一周的毕业典礼终于来到了。毕业典礼上，家人一起列席，有爸爸、妈妈、兄弟姐妹。以前的学校活动也有家人参加，但那都是儿子先去学校，家人随后再来。毕业典礼这一天是全家一起到校，一起离校，而且不背书包，只带一个可以装毕业证书的提兜。还有，过去一直是到校先换校鞋，而毕业典礼这一天到底是非常特殊的日子，允许土足进入校舍，进体育馆也不用换鞋。

这一天，儿子作为学艺附小的学生，最后一次上学，最后一次下学。我和孩子爸、女儿都出席了毕业典礼。

毕业典礼在庄严的音乐声中开始，出席典礼的家人和一至五年级学生已经在体育馆安静地坐好，等待毕业生入场。领取毕业证书按姓氏发音顺序，儿子是最后一个领取毕业证书的，但第一个入场。

班主任带队，毕业生一个个入场，走上主席台，从校长手里接过毕业证书。经过大约一个半小时，终于轮到儿子领取毕业证书了。接证书动作是经过练习的。儿子走上主席台，先在台侧面等待之前的毕业生走下主席台，然后直角转身走到校长面前，鞠躬；先伸右手，再伸左手，手臂要直，接过证书，合上证书放到左手，待校长伸手后再伸出右手与校长握手；后退一步，鞠躬，转身，走下主席台。

毕业证书颁发完毕之后是毕业生一人一句地朗诵告别诗，回忆六年的校园生活。朗诵的人哭了，听的人也哭了。

告别校园

春天来了，武藏野；梅花的花瓣绽开了，春天的气息充满了校园。

我们 127 名毕业生，今天，毕业啦！

大家都曾经是好朋友，回忆起六年的小学生活，那些流连忘返的日子呀！

一年级，2004 年，4 月 7 日。

家人领着我的手，走进了小学的大门，入学典礼。

第一次的教室，初次见面的老师。

（录音：有吉校长、表老师、中村老师、栗原老师原声）

生活团的朋友们都前来热烈地迎接，牵着我们的手，参加了和乐会。当时那六年级哥哥姐姐的温度，现在仍不能忘记。

大大的校园，我们兴奋地一起走进，四处观看。

二年级，在商店街做了采访，眼睛闪闪发光，走访大街小巷。

炎热的夏天拔杂草，大家种大豆、做豆腐。

三年级，漫步校园周边，被石神井公园的自然包围；大泉的课外学习，分成几个组买东西，在选材上下了大功夫，做咖喱。

四年级，背着重重的行李，登山路。

富浦宿舍翻新啦！亲手捕捉海里的生物，欢声笑语。捡石头，收藏。富浦移动教室。

五年级，穿上自己编织的草鞋，一步一步石台阶，旧街道。箱根移动教室。

品尝日本秋天的味道，百合国际班，富士山。秩父移动教室。

海外的生活和文化传达给大家，海外生活发表会。"百合岛"。（儿子朗诵句）

六年级，来到一年级的教室，一起做游戏，一起欢笑，作为最高年级，更自信了，更自觉了。生活团的活动。

新绿耀眼走山路，来到美丽的湖边，奥日光走乡村，还有那么多老师，教我们自然、传统和文化。日光移动教室。

让大大的波浪埋没着，大家变成了一条条鱼，大远泳。和伙伴一起齐心协力，到达了目标。富浦临海生活。全力迈进。

（响起富浦临海之歌）

不行，再练，多少次懊恼，终于练成了团体操。那是大家汗水和眼泪的结晶，金字塔，还有咬牙做成的人塔。

六年的生活体验，在菊花棚浇水，在田间耕作，养菊花，耕大田，做成菊子酱汤，放飞纸气球。向秋天蓝色的天空放飞梦想。菊花节。

牵着一年级学生的小手，一心奔向山顶。全校远足。

六年级，第三学期。

（播放毕业生自创歌剧片段）

在各种活动中收获了很多，有伙伴在，不管什么事都能做成。我们自编自演的歌剧，我们传达信息的歌剧，《友情：六年一班的旗帜》。

我们自己做的策划，在静冈和伙伴一起，加深了友情。班级活动，静冈，修学旅行。

小学生活很快乐，都深深地留在了我们的心里。

美丽回忆的一页，静静地闭上眼睛，那接二连三的回忆，像泉水般涌现。

老师，六年的小学生活，谢谢！

食堂、事务室、后勤的师傅们，谢谢你们的照顾。

在校生的大家们，我们度过了非常快乐的时光。

爸爸、妈妈，感谢你们。

今天，我们登上了小学的山顶，心中充满了感谢，带着菊子的自豪，步入中学，树立新的目标，继续攀登。

世界呀，不管有多大，我们都挺起胸膛，坚强的，而且纯洁的。

老师、朋友，还有春天的光芒在闪耀。留下美好记忆的菊子园，再见了！再见了！再见了！

毕业生几乎都是边哭边朗诵告别诗的。儿子没哭。也许因为珍惜，儿子说，他意外地感觉毕业典礼很短。

校长是音乐科班出身，在毕业典礼上唱了歌，大家都是流着泪听完的。校长的声音特别好听，还经常去中国教唱歌。这一年，也是他的退休年，和儿子这届毕业生一起毕业，他的告别讲话也质朴、情深。

3月，春天的季节，樱花就要开了。在迎接这样一个季节的时候，刚才我向127名毕业生颁发了毕业证书，和每一个毕业生握手的感觉还记忆犹新。祝贺大家毕业！此外，对一直守护孩子度过人生重要阶段的家长们，也表示深深的谢意。我们一起度过了快乐的时光和许多艰难的时刻，祝贺你们。为71届毕业典礼付出努力和给予大力支持的班主任、吉原老师、笠松老师、安藤老师、岩浅老师，还有各位工作人员，能够和你们共享毕业活动，我感到由衷的高兴，谢谢你们。全体同学，希望你们今后不忘梦想，勇往直前。在此，让我对今天前来参加毕业典礼的东京学艺大学鹫山恭彦校长、PTA日高会长，以及各位来宾，表示衷心的感谢！

毕业生的同学们，你们入学是在2004年4月。那时候，高年级热烈地欢迎你们，我想，你们是带着期待，也怀有不安开始了小学生活。现在，看到你们表情自信、姿态端庄，真是体会到了时间的流逝，也感慨时间积累的分量。

今天我要讲三点，首先是国际化。

你们大显身手的时代将会是越来越国际化的，比如环境问题、地球暖化，很多问题都不是一个国家所能解决的。为解决这些问题，需要跨国界的交流。这一点在前日的温哥华奥运会上也表现得非常突出。日本团队的队员是日本人，但教练却是外国人，这种情况在其他国家也很多见。

国际宇航中心的日本宇航员野口聪一说，地图上看地球是有国界的，但从宇宙看，地球是一个，没有国界。

我们的学校在40年前开设了日本最早的国际班，这个班的学生一定更能体会国际化的意义。我们的学校将为跨国界的国际化教育继续努力，每一个孩子都是世界的希望。

我要讲的第二点是文化的重要性。

我作为音乐家有时候去海外，会产生这样坚定的想法：对本国文化的深入理解和对异国文化的敬意都是不能忘记的。每个国家都有自己的习惯和价值观念，可能语言沟通上有困难，但在国际交往中，必须彼此宽容，才能不打架，才能相互被各自的好东西所吸引，从而实现真正的交流。

不管走到哪里，不管和谁，首先要有自信，也就是对本国文化的自信，同时也不能忘记对他国文化的尊敬。

我要讲的第三点是必须坚持梦想。

一定要有梦想！刚才讲了宇航员野口聪一，当别人问起，他是怎么想到当宇航员的，他回答说，5岁的时候，到NASA宇航中心参观，看到很多宇宙现象，就产生了要做宇航员的梦想。开始语言不行，非常不安。但是，只要不忘记梦想，一步步努力，坚持梦想，那就一定能梦想成真。为实现梦想，必须要重视坚持学习这一点。带着勇气，追求梦想。

以上三点也是我们这所小学的教育宗旨，我们坚持的是心的教育，是通过各种活动培养自信的教育。我们的学校有很多集体活动，在其他学校难以体验。完成大远泳（60分钟海泳）时的成就感，估计一生难忘。还有你们自编自演的歌剧《友情：六年一班的旗帜》，让我很感动。六年级的口号是ALL OUT，希望大家记住它，并把这种精神延续下去。

领取毕业证书之后，学生要回到教室。班主任身着燕尾服，讲授最后一堂课。儿子的班主任用平常的语调讲了难懂的话题，他告诉孩子们："结束战争从礼仪开始。"为取得对方的信任，如果语言不通要怎么办？那就得自己主动用笑脸向对方致意。

毕业典礼感人至深的环节当然还是毕业生和家人一起列队走出校园。欢送毕业生的大列队充满歌声、乐声和飞舞的纸片。

最后一堂课结束之后，学生和家人来到校庭。首先是学生和家人大合影，然后等待大列队开始。此时，儿子到处收集同学的联系方式。

国际班最后走出校园，我们在校长和学校老师的掌声中走过花拱，沐浴着两侧校舍楼上不断飞下的纸片雪花。儿子走过之处都顿起一片热烈的掌声，大家看到他就只管往他身上扔纸片，见证了他在校一年的存在感。特别是生活团的朋友，一边大把地向他身上扔撒纸片，一边大声呼喊："再见，再见。"

纸片飞进他装有毕业证书的提兜里，飞进他的校服里。

最后，在装有毕业证书的纸筒上，校长、百合班班主任、六年级其他各班班主任都签了字。

回到家中，儿子做的第一件事，就是把带回的纸片放进了"时光宝盒"。

檀聪日记

2010 年 3 月 10 日（星期三，晴）

今天是毕业典礼的彩排。说是彩排，其实就像上课一样，教了行礼方法和坐的方法等。可是，时间有点紧张，练习了领取毕业证书的环节，而且是跳过梅花班和紫藤班，一上来就是百合班。呼唤朗诵没练成，练了合唱。据说，明天的午休都取消了，改为练习毕业典礼。

班主任留言

思考每一个动作的内涵，知道意味着什么就知道怎么做了。每一个动作都要认真做。

2010 年 3 月 13 日（星期六，晴）

　　今天是毕业典礼，意外的是，感觉很短！校长唱歌的时候，好多人都哭了，校长的歌声实在是太震撼了。

　　回到教室，我们上了最后一堂课。老师说，无论在什么时候，都要有笑脸。

　　最后是去校庭拍摄纪念照。纪念照拍完之后，我拿到了七个同学的电话号码。

　　最后是游行大列队，从天上飞下来许多像雪一样的纸片，钻进衣服里。和生活团的同学说了："我们再见。"

　　最后是请老师们在我的毕业证书纸筒上签了字。

　　到毕业晚会的饭店时，大家都在玩手机。我没带手机，非常遗憾。

《成长记》

儿子在国立小学的生活已接近尾声，一年中每月一大活动，每周一小活动，正常上课时间不到公立和私立学校的 1/3，教材都还是新的，孩子自己也感觉没怎么上课。

在中国上学的时候烦作业，新年回国，儿子居然主动提出要去书店，买了不少中国的习题册，说是担心上了日本的学校会在学习方面落后于中国同学。能有如此自觉性，可算是在日本上学取得的一大进步。

体验了学艺附小的近一年校园生活，儿子确实在各方面取得了显著的进步，自信了，学习方面自觉了，特别是写作能力有了提高。

来日本几个月后的 9 月初，儿子向区里举办的环境作文竞赛投了稿，写的是把餐厨垃圾做成肥料用于种花。不料开学后没多久，班主任拿着盖有练马区印章的原稿复印件对儿子说，他的作文获得了佳作奖。年初，大奖状寄到学校，校长在全校生活集会上朗读奖状并为儿子颁了奖。

写作能力的提高让孩子在人前发言可以做到出口成章了，针对某件事情会习惯性地说出经过、自己的体验、思想的转变、收获等。同时，基于发言能力的提高，孩子在写作时终于可以做到完全不停笔地写了，平均 10 分钟以内写 200 字以上，内容也像发言那样，包括了开始如何、后来怎样、自己开始是怎么认识的、后来经过什么事件发生了怎样的转变，最后是结果和收获、展望等。内容上层次有变化，行文中也呈现出节奏韵律。

毕业季全力以赴写作 10 万字的《成长记》，这也是该国立小学引以为傲的传统之一，每位六年级小学生都要写一本自己的 10 万字成长故事，内容包括从出生到小学毕业的事情，目的在于让孩子通过回顾自己的 12 年，确立未来的奋斗目标。小学六年级学生写 10 万字，不易啊，特别是儿子才学了不到一年的日语。

听说要写 10 万字的成长故事是在暑假后开学不久，普通班写 100 页稿纸以上，国际班写 30 页即可。儿子根本不知道写 100 页是怎样的概念，就想争取比照普通班的标准去完成。开始想得简单，没有深入思考。学校活动是主要部分，有很多内容可写，已经有日记了，应该可以完成。儿子明白，要一点点积累写成，不是短时间内可以完成的。可是，活动确实多，演讲、做报纸、每天写日记，内容真不少，而《成长记》大多还是只有标题和开头。

学校活动的大幅度增加是在暑假之后的第二学期，到了毕业季的第三学期，歌剧、感谢会、毕业文集、毕业相册、毕业典礼等活动一个接一个。儿子一边应付各种活动，一边还要写《成长记》，难度实在很大。

《成长记》的第一部分是《诞生篇》，通过采访父母写成。有一天，儿子得知人长大以后对小时候的事情只能记住 10%，他觉得实在太难过了，于是才明白记录自己 12 年人生的意义，决心要加油好好写《成长记》了。

可是，真下笔写的时候，发现脑子里一片空白，什么都想不起来了，完全陷入了困惑之中。他开始把零散的照片、作业、奖状、在中国小学的评价手册等收集起来进行整理，于是，思路的泉水从一个记忆点涌出。没记忆时挤内容，记忆太多时又得压缩内容。总之，《成长记》是边想边写成的。

按历年的规矩，《成长记》由学校负责装订成册。毕业生在校庆返校时常常是拿上这本《成长记》，给在校生朗读其中的某些段落，回顾自己当年的小学生活，激励在校的同学们。而且，有这么一本《成长记》，自己也可以随时看看，它是一种精神财产。

儿子坚持每天写两页，大约 800 字的稿纸，计划在毕业前完成 120 页，且这 120 页中没有图画和照片，全部都是文字。

接近毕业的日子，学校对《成长记》的书写格式做了说明，国际班变成写 50 页了。此时，儿子只完成了 10 页，很着急。我给他出主意，可以画几张画和放些照片。

毕业前两个月每天写 1 页，到了毕业前 1 个月，就要每天写 2 页了。毕业后的 10 天，每天写 5 页。

写《成长记》的时候要随时翻看过去的日记和活动说明书，看到刚入学时候自己写的日记，儿子发现有很多语句不知在说些什么，不过也同时发现，这样不知所云的句子日渐减少。

通过写作《成长记》，儿子彻底理解了 "ALL OUT" 的含义，做到了全力以赴，才可以真正回顾自己的 12 年人生。此时，孩子爸说，无论你至今做出了多少成绩，那也不是未来的保证。听了爸爸这句话，

日本国立小学 365 天

儿子重新思考了写作《成长记》的意义。他懂得了：《成长记》不是记录自己的成就，而是从中发现自己的可能性，并思考自己的志向。

3月13日毕业典礼以后的10天，儿子在苦写《成长记》中度过，每天5页稿纸，有时写得更多。

3月24日交稿，之前的几天有时写到半夜3点半，累了就冲个澡接着战斗。初春时节，乍暖还寒，屋里的温度也就不到20摄氏度，可孩子就穿个背心，好像必须近乎光膀子才能奋斗。

3月22日，基本内容完成，留下一天时间编写页码和写章节分页、目录等。学校要求写的70页稿纸是B4大小，装订成书后实际是B5大小、140页的规模。儿子编完页码是175页。

交稿的时候，居然发现有页码编到360页的同学，那应该是写得最多的，就是运动会团体操时做儿子倒立对手的来住君。后来听说，来住君的《成长记》装订成了上、下卷两册。

交完《成长记》稿件，学艺附小的活动才算大功告成。装订后的《成长记》、毕业文集、毕业相册、毕业歌剧DVD，还有毕业旅行的照片，等等，在7月同窗会时领取。

毕业文集：《菊园》

　　毕业于学艺附小，儿子拿到了许多纪念物，毕业证书、毕业相册、皮制书皮和笔袋等，还有《毕业文集》。虽然当下网络发达，日本各校对制作文集还是一如既往地重视。儿子升入初中以后，因为每年要换班，所以，升级前都会印制文集，收录所有学生的作文。

　　学艺附小的毕业文集叫《菊园》，儿子毕业那年的主题是："我们喜欢的歌曲和记忆"。从校长纪念文开始，由一至六年级的学生作文构成，每一年级的作文还有写作技巧主题。那我们就来看一看，国立小学在作文方面对各年级提出了怎样的要求？对基础不同的国际班作文是如何评价的？

一年级：等我们长大了

　　对一年级的学生，老师问，等你们长大了想做什么？于是，每一个学生都眼睛发亮地开始诉说自己的想法，一年级的作文就是把那些梦想一句一句地写下来。文集中刊登了所有一年级学生的梦想，希望他们能一步步接近自己的梦想。以后读到"等我们长大了"的一年级作文，也能想起和找回小时候的自己。

二年级：做了的事、看到的事，排好顺序

写文章的时候，总有学生用"很快乐""很有意思"之类的词句，什么事情快乐了？自己做了什么？只用形容词表达不可取，从小学二年级就要开始懂得这点。首先写看到和听到的、说了什么，把快乐的内容传达给读者，不能上来就形容"快乐"。读同学文章的时候要思考哪里写得详细，哪里传达了心情，觉得好的词句在哪里。发现了别人的好，再回过头来读读自己的作文。

三年级：想写不能马上就写，要先整理心绪

有时会有想写的冲动，"啊，这件事要写下来"，如此心情很重要。但是，只凭心情开始写作会马上卡住，或写成松散的长文。所以，首先要整理心绪，最想写什么，简短地记在纸上，再选择相关的事件和感受，一个个记录下来。然后，要决定按什么顺序去写。整理之后再写就能做到突出中心和条理清晰了，也就是说，要把"想写"的心情先变成笔记，然后再以笔记为基础去构思文章。

四年级：勤于记录，明确写作中心

四年级是对各种事物发生浓厚兴趣的年龄，学校生活的内容也一

下有了大幅度拓展。记录下自己做的和思考的事情，对成长非常有益。三年级学习了"遇到想写的不能马上写"，要记下重要的事情；四年级就是去更多地实践，根据留下的笔记明确自己最想写什么，并决定写作顺序。文集刊登的作文都是表达非常明确的范文，要注意同学的写作方法，如果觉得有什么可取之处，那就在下次写作文时用用看。

五年级：写作要有读者立场

五年级已经可以写长文了。可是，长文的最大危险是内容不能传达给读者。所以，文章并非多写就好。要想把文章内容传达给读者，必须明确自己到底想说什么，要传达什么；然后再想，按怎样的顺序写传达效果更好，举什么例子最利于表达。意识到这些方面才能写出长而有魅力的文章，让读者喜欢看。

国际班：明确表达留在心里的事情

百合班每天写日记,其中有很多闪光之处,反映出每个学生的优点,读起来很有意思,传达了丰富的日常生活。还有，更重要的是可以从中看到每个学生在日语方面的成长，进而感受到国际班学生对日语的自信。文集中刊登的文章反映了国际班每一个学生的思考和感受方法，也能看得出有时刚记住的词语马上活用了。珍惜每一个词句,仔细阅读,即可念出味道。

六年级：短歌集《菊子的足迹》

在菊园生活了六年的学生有太多美好的回忆，要求以短歌的形式来表达，并刊登在文集之中。

"短歌"是日本的传统诗歌形式，有如中国的五律、七律等格律诗。但短歌不是以字数规定格式，而是按字音数量构成，一共五行，第一行五个字音，第二行七个字音，第三行五个字音，第四行七个字音，第五行七个字音，通常称之为"五七五七七"的表现形式。每人写两首，铭刻各自的记忆。校园生活、上下学、和乐会、富浦临海、运动会、菊花节、全校远足、自编自演歌剧、养菊花、交流学习，这么多题材，每一个记忆都是财富，六年级学生的富有足以可见。然后，他们将去创造越来越多的回忆。

从短歌集读得出味道，能感受孩子们的大踏步成长和对未来的希望。长大成人以后，当他们有一天再打开这本短歌集，一定会发现：自己曾经是诗人，也一定会浮现值得怀念的朋友的笑脸。

学校の　一年間は　楽しいな（学校的 一年里 好快乐呀）

もう一年間　残りたいなあ（再一年 可惜不能留下）

忘れない　思い出はまだ　しっかりと（不会忘的　那些回忆 牢牢地）

みんなで泳いだ　富浦の夏（大家游泳　富浦临海的夏天）

檀聪

413

图书在版编目（CIP）数据

日本国立小学 365 天／谭琦著. —北京：
生活·读书·新知三联书店，2017.9 （2022.10 重印）
ISBN 978－7－108－05922－2

Ⅰ.①日… Ⅱ.①谭… Ⅲ.①小学教育－日本
Ⅳ.① G62

中国版本图书馆 CIP 数据核字（2017）第 123314 号

责任编辑　黄新萍
封扉设计　张 红 朴 实
责任校对　常高峰
责任印制　李思佳
出版发行　**生活·讀書·新知** 三联书店
　　　　　（北京市东城区美术馆东街 22 号）
邮　编　100010
网　址　www.sdxjpc.com
经　销　新华书店
排版制作　北京红方众文科技咨询有限责任公司
印　刷　北京隆昌伟业印刷有限公司
版　次　2017 年 9 月北京第 1 版
　　　　　2022 年 10 月北京第 6 次印刷
开　本　880 毫米 ×1230 毫米　1/32　印张 13
字　数　277 千字　图 21 幅
印　数　23,001－26,000 册
定　价　45.00 元

（印装查询：010-64002715；邮购查询：010-84010542）